JN142269

改訂新版

Process Education

プロセス・エデュケーション

学びを支援するファシリテーションの理論と実際

津村俊充［著］

金子書房

改訂新版の出版にあたって

本書の初版が出版されたのは2012年10月です。１年前の2011年９月に開いていただいた私の還暦パーティに集まってくださった方に御礼の気持ちから著書プレゼントを宣言したこともあり，当時は忙しいスケジュールの中で慌ただしく出版にこぎ着けた感が強かったのでした。

初版は，私が南山大学在職時に，2005年から４年間にわたり文部科学省教員養成関連GP採択にともなう南山大学人文学部心理人間学科，人間文化研究科教育ファシリテーション専攻，ならびに人間関係研究センターの同僚とともに行った全国規模の「ラボラトリー方式の体験学習」の実践研究の成果の１つでもありました。当時出会った学校教育，社会教育の実践現場の方々とのやりとりの中で，「ラボラトリー方式の体験学習」をもう少しわかりやすい言葉にしてもらいたいという要望を聞きながら過ごした結果，『プロセス・エデュケーション』という名称に至ったのでした。まさに「プロセス」に着眼して，学習者が自ら試みながら学ぶ「体験学習の循環過程」を用いた学びの場をいかに創ることができるかが大きなテーマであったことから，「プロセス・エデュケーション」という言葉を世に出すことができました。

初版の出版から６年あまりが経ち，「プロセス」の説明に用いる氷山図も改良を重ねてきており，また「体験学習の循環過程」に関する記述ももう少し記したいという思いが強くなってきました。さらに，グループワークの誕生とラボラトリー方式の体験学習の原点となる「Ｔグループ」にも初版では触れることができていませんでした。改訂新版を出版するにあたり，「プロセス」，「体験学習の循環過程」，「Ｔグループ」に関する記述を追加することにしました。これらの記述を読んでいただき，「プロセス・エデュケーション」の基礎となる「コンテントとプロセス」と「体験学習の循環過程」の理解を深めることにより，プログラムを実施する際のファシリテーションのありようとスキルをさらに学んでいただけるのではないかと考えた次第です。

また，2018年に金子書房よりW.ブレンダン・レディ（著）『インターベンション・スキルズ――チームが動く，人が育つ，介入の理論と実践』の翻訳本を出版することができました。『インターベンション・スキルズ』に記述されているファシリテーターやコンサルタントがグループに働きかける介入に関するアイディアを初版にはいくつか引用しています。改訂新版の出版に際して，レディの著作から引用した図表などの見直しを行うこともしました。『インターベンション・スキルズ』とあわせてお読みいただくとプロセスに働きかけるファシリテーションについての理解が深まるのではないかと考えています。

改訂新版を出版するに際して，概念的な説明の箇所だけでなく，「プロセス・エデュケーション」の実施に際して，実習教材の種類もさらに吟味し，修正追加記載を行いました。本書を一冊持っていただくことで，対人関係能力育成や人間関係づくりのプログラムを実施したいと考えている学校教育関係者やキャリアコンサルタント（カウンセラー），また「コミュニケーション」，「リーダーシップ」，「チームワーク（チームビルディング）」，「グループマネジメント」，「ファシリテーション」などをテーマとした研修をデザインし実施したいと考えている組織開発や人材開発に関心をもつコンサルタントの方々にもお役に立つことを願っています。

2015年３月の南山大学退職を機に，同年４月に一般社団法人日本体験学習研究所（Japan Institute

For Experiential Learning：JIEL（ジャイエル）と読む）を開設し，ラボラトリー方式の体験学習，とりわけＴグループ（人間関係トレーニング）をコアプログラムとした「プロセス・エデュケーション」の各種公開講座を開催しています。「ラボラトリー体験学習基礎講座」，「Ｔグループファシリテーター・トレーニング」，「グループプロセス・コンサルテーション」，「チーム診断コンサルテーション」，「アプリシエイティブ・インクワイアリー（AI）の基礎講座」などプロセスから学ぶことをベースにした幅広い講座を開催しています。また，環境教育などの分野において「プロセス・エデュケーション」の考え方を応用した「インタープリター・トレーニング」といった講座にも展開しています。

本年，本書改訂新版を出版できますことは，JIEL 開設５周年の記念誌的意味もあります。これまでの５年間の実践的研究活動の蓄積から本書が改訂され，さらにはこれからの JIEL の公開講座の発展的展開に向けての大事な活動のベースになることを願っています。

本書の利用とあわせて，JIEL 主催の各種公開講座にご参加いただき，「プロセス・エデュケーション」を活用し，「一人ひとりの違いが明確になり，一人ひとりの良さを認め合いながら，共に生きる，共に仕事をする喜びを創り出す社会づくり」を探求していきたいと考えています。

「共に生きる」といったテーマは，今日地球規模での課題となっている SDGs（Sustainable Development Goals）の達成とも繋がっていると考えています。SDGs は2015年９月の国連サミットで採択された「持続可能な開発のための2030アジェンダ」にて記載された2016年から2030年までの国際目標です。それらは，持続可能な世界を実現するための17のゴールと169のターゲットから構成され，地球上の誰一人として取り残さない（leave no one behind）ことを誓っています。そうした地球規模の取り組みにおいても，一人ひとりを大切にした教育の実践であり，人と人とのつながりづくりに貢献する「プロセス・エデュケーション」は SDGs 達成に貢献しうるのではないかと考えています。

「プロセス・エデュケーション」が人間も含めた地球上の生き物がつながりをもち，関わり合いながら生きる持続可能な社会や世界づくりにお役に立つことを願っています。

2019年４月吉日
津村　俊充
WEB ページ：http：//jiel.jp

目　次

第Ⅳ部　プロセス・エデュケーションを実践する

第Ⅴ部　プロセス・エデュケーション実践のための諸理論を理解する

第 I 部

プロセス・エデュケーションを理解する

第1章

プロセス・エデュケーションとは

（1）なぜプロセス・エデュケーションか

シャイン（Schein, E.H., 1999, 稲葉・尾川訳 2002）は，「プロセス・コンサルテーション」という言葉を用いて，支援や援助において，当事者がいかにプロセスに気づき，当事者相互にそれらのプロセスを共有することによって組織改善は行われると考えている。そのためには，当事者の主体性の尊重と当事者とコンサルタント（援助者）との関係づくりが大切であると考える。それは，コンサルタントが組織，とりわけクライアントの依頼に応じて調査・分析を行い，情報を提供するような「情報－購入型，すなわち専門家モデル」のコンサルタントでもなく，コンサルタントに組織の点検を依頼して，問題点を指摘され改善すべき課題を示されて組織改善を行おうとする「医師－患者モデル」のコンサルタントとも異なるアプローチである。彼は，第三のモデル（アプローチ）として「プロセス・コンサルテーション・モデル」を提唱している。

シャインは，「コンサルタントが組織を支援しようとして行うことの大部分は，人にできるのは，人間システムが自らを助けようとするのを支援することだけだ，という仮定がその中心にあるからだ」と述べている。組織改善が促進されるのは，当事者が問題に気づき当事者が相互に支援する関係をつくることが大切であると考えている。

このことは，さまざまな教育の場面においても，同様に考えられる。本来教育者が行う学習者への支援は，学習者自身が何を学びたいのかを発見し，学習者自らが学ぼう・成長しようとする意欲が生まれる関係づくりを促進・支援することが大切な課題であるといえるだろう。

たとえば，学校教育におけるさまざまな教科学習で，教科に関する指導法や教材研究などのコンテント（内容）に関わる教育研究や教育改善も重要であるが，それと同時に，授業の過程や学級の中，学校の中における生徒と生徒の関係，生徒と教師との関係，教師と教師との関係づくりも学校教育の重要な課題である。生徒や教師の関わりの中で起こる人間関係の諸問題が学校生活に大きく影響を与えており，ひいては教科における学びに影響を与えると考えられる。人間関係の諸問題とは，ラボラトリー方式の体験学習において扱うプロセス（関係的な過程）であり，学校教育の改善とりわけ人間関係に関わる改善策は，学習者自身がプロセスに気づき，プロセスを改善することができるようになることが，学校教育改革の近道であると筆者は考えている。

また，組織活動においても人間関係の質により，企業・組織の成果に影響を与えるモデルとして，キム（Kim, 2001）は「成功の循環モデル」（図1－1）を提唱している。企業・組織によって成果として，売り上げを上げること，利益を拡大すること，サービスを向上すること，ブランド力を上げることなど，さまざまな「結果の質」が考えられる。従来型のマネジメント

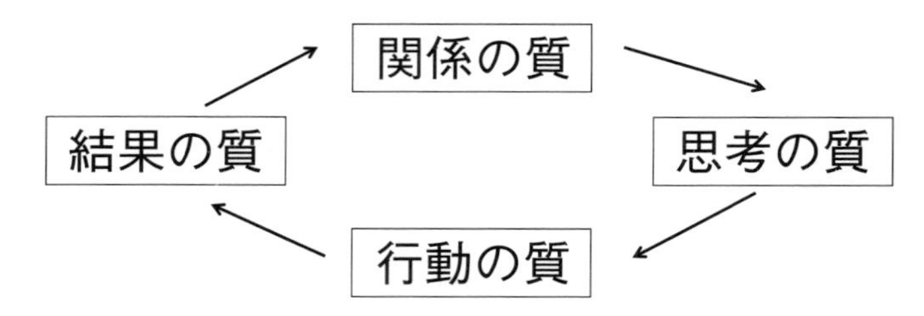

図１－１　成功の循環モデル（Kim, 2001）

では，「結果の質」を上げるために，成果を数量化し，そのために「行動の質」をコントロールするようにフォーカスしてきている。その結果，組織の中のメンバーは，やらされ感がおこり，受動的な行動が増えてくることになる。行動力が乏しくなり，創造的な動きや協働を主体的に起こすような行動は控えられるようになる。その状況を突破するために，「思考の質」を高めたいと思い，創造性豊になるような思考を求めるがそれを実現するための平等性やオープンさをもつ関係性が現場にはなく，閉鎖的な雰囲気が充満し不信頼の風土に落ち込んでいく可能性がある。こうした循環を「バッドサイクル」とよんでいる。

① 「結果の質」：業績・成果が出ずに悪い状況に陥る。
② 「行動の質」：よりよい結果を出すために行動目標などを決めて，成員の行動を統制しようとする。
③ 「思考の質」：行動目標を達成することのみに，またせねばならない行動に注力し，創造的な思考ができなくなる。
④ 「関係の質」：対立や命令で従わせようとする関係が生まれたり，責任のなすり合いや自己防衛が起こってしまう。
⑤ 「結果の質」：その結果，目標としていた売り上げや成績が思うように達成することはない。

というように，頑張っても結果が出ないサイクルに陥ってしまう。

一方，ミーティングなどで自由な発想が生まれ，それを発言して協働するための交流が生まれるためには，まず「関係の質」を高める必要があると考えられる。自由な発言やメンバー相互のコミュニケーションから生まれる気づきや学びが発露し，相互依存な関係が醸成されると，その組織，そのチームはまさに協働的な活動，共創的な関わりが生まれ，メンバー一人ひとりの「思考の質」を高めることができる。自主的，主体的な思考は自ずと「行動の質」を高め，その結果組織の業績・成果である「結果の質」を向上させることができると考えられている。こうした循環を「グッドサイクル」とよんでいる。

① 「関係の質」：相互理解が起こり，メンバー相互に一人ひとりを尊重し合っている関係が生まれる。
② 「思考の質」：お互いを助け合う協働・共創の思考が生まれ，重要な情報やアイディアなどが共有されるようになる。
③ 「行動の質」：メンバー一人ひとりが自発的に行動したり，新たなチャレンジや助け合ったりする行動が生まれる。
④ 「結果の質」：その結果，売上や成績など組織がめざす業績が向上する。
⑤ 「関係の質」：そして，更に組織の関係性が良くなる。

というように，組織がどんどん成功していく好循環な状態が生まれると考えられている。

こうした企業活動，組織活動においても，どのような人間関係がその組織やチームの中に生まれているかといったプロセスに着目した関わりや働きかけの必要性を理解すると共に，プロセスを観る視点とプロセスに具体的に働きかけるスキル（介入力）を育成することが大切になってきている。

学習者がプロセスに気づき，そのプロセスに働きかけていくことは，シャインの提唱する「プロセス・コンサルテーション」においても重要なことであり，組織開発をはじめチームや組織の活性化に取り組もうとするコンサルタントにとってもとても大切なアプローチになると考えられている。

前述した「プロセス・コンサルテーション」を手がかりにして，これまでの「ラボラトリー方式の体験学習」という教育理念・教育方法を実践していく教育活動を総称して「プロセス・エデュケーション」と呼称したいと考えている。

シャインは，「プロセス・コンサルテーション」とは，「クライアントとの関係を築くことである。それによって，クライアントは自身の内部や外部環境において生じている出来事のプロセスに気づき，理解し，それに従った行動ができるようになる。その結果，クライアントが定義した状況が改善される」と考えている。

シャインによる「プロセス・コンサルテーション」を援用しながら，本論で提唱する「プロセス・エデュケーション」を再定義するならば，「プロセス・エデュケーションとは，教育者と学習者，学習者と学習者との関係を築くことである。それによって，学習者は自身の内部や外部環境において生じている出来事のプロセスに気づき，理解し，それに従った行動をすることができる。その結果，学習者自らの関心に基づき，課題を見出し，それを解決しようとする学びが起こり，さまざまなリソース（自らのもつ能力を含めた資源や仲間などの外的な資源）を活用して，学びが深まる」と考えている。

（2）プロセス・エデュケーションがめざすこと

プロセス・エデュケーションでは，子どもをはじめ学習者の学びを深めるだけでなく，プロセスを大切にした教育活動が学習者相互の関係性やグループや学校組織全体の活性化を高めたりすることができると考えている。すなわち，プロセスを尊重し，一人ひとりが大切にされるならば自ずと，生徒間はもちろんのこと，生徒と教師との関係においても，学ぶことへのモチベーションは高まり，相互に学び合う行為が生まれ，その結果一人ひとりの学びは深まると考えているのである。今日文部科学省が提唱する主体的で対話的な学びの場としてのアクティブ・ラーニングには，プロセス・エデュケーションの考え方と実践がベースになると考えている。

上述したプロセス・エデュケーションを実現するためには，プロセス・コンサルテーションが行えるコンサルタントを育成するように，プロセスを大切にした教育実践者としてのファシリテーターの育成がとても重要になる。

本書では，プロセス・エデュケーションの実践者をファシリテーターとよぶことにする。さまざまな関係の中に起こるプロセスとは，誰かに教えてもらうことでなく，学習者自身がプロセスに気づくことを促す働きが重要になり，そのプロセスに着眼し学習者やグループが成長することを促す働きをする人をファシリテーターとよぶ。本書では，プロセスの理解を深めることとプロセスに働きかけるファシリテーターのあり方についてできる限り詳細に検討したいと考えている。

佐藤（2006）は，「『学びの共同体』づくりは学校改革の哲学でもある。」と述べ，その哲学に「公共性」，「民主主義」，「卓越性」をあげている。学校は多様な人々が学び合う公共空間であり，すべての子どもの学びの権利を実現する公共的な使命をもっている。そして，彼は，その「公共性」の原理は「民主主義」の原理に支えられており，それは多様な人々が共同する生き方（a way of associated living）である，デューイの哲学が根底にある，と述べている。「卓越性」では，学びの場で自他のベストを尽くして最高のものを追求する態度の必要性を説いている。

プロセス・エデュケーションでは，佐藤の言葉を借りるならば，これらの哲学がどのように実現できているのか，そしてその実現をめざしてどのような関わりが大切になるのかを，プロセスという関係性の視点から吟味しながら，教師と学習者がともに学び合う場づくりが生まれることを願っているのである。

プロセス・エデュケーションがめざすことは，一人ひとりの個が尊重され，学習者が主体的に学びの場に参加することができるような効果的な学び合いの関係を創り出すことである。効果的な学び合いの関係とは，学習者相互の関係はもちろんのこと，学習者とファシリテーターである教育者，また学びに関わるさまざまな関係者も含めた相互依存・相互信頼の関係をさしている。このことを実現するためには，学びを支援するためのファシリテーターの資質の向上は必須の条件になるであろう。ファシリテーターは，効果的に学びを支援するためにプロセス・エデュケーションに関わる基礎的な知識はもちろんのこと，人間観，学習者観，教育観の点検から，またその教育実践のために必要なスキルアップをしていかなければいけないと考えている。

シャインの「プロセス・コンサルテーション」やノルズ（Knowles, 1980）の「アダルト・エデュケーション」，ジョンソンら（Johnson, et al., 1984）の「協同学習」，アージリスとショーン（1996）の「組織学習」などの考え方は，「プロセス・エデュケーション」がめざそうとしている学びの特徴を考える大切なヒントを与えてくれる。そのなかで，学習者として学ぶこと，教育者として学ぶことの代表的な考え方を示しておく。

1）学習者として「学び方を学ぶ」

アージリスとショーン（Argyris & Schön, 1996）は，組織における学習プロセスには，シングル・ループ学習とダブル・ループ学習があることを提唱している。シングル・ループ学習とは，問題状況に対してある解決策（モデルや理論）が示され，その行為とその結果で学習が成立している学習を指している。たとえば，シングル・ループ学習とは，花を咲かせるには，水が必要であると学び，水を絶えず切らさないように水やりを続ける行為といえばよいだろう。しかし，水を切らさずやっているにもかかわらず，花が咲かないことが起こる。それは，光がどのように当たっているのか，室温はどのくらいに維持されているのか，など背景にある変数に気づくプロセスが大切であり，それはダブル・ループ学習とよばれる。

体験学習の循環過程を学ぶことは，まさにダブル・ループ学習のアプローチを学ぶことでもある。行為（体験）を通して，何が起こっているのか（結果の観察）に気づき，なぜその結果になっているのか，その背景にある変数は何かなど考え（分析），新しい行動仮説を立てて（仮説化），学習を展開していく。体験から学ぶということは，まさにダブル・ループ学習を学ぶ機会になっているのである。

ラボラトリー方式の体験学習では，「人と人とが近づくためには，相手の目を見ること」とか，「相手の言っていることを聴いているといった態度を示すために，相手が話すとうなずくこと」といったシングル・ループ学習をすることではない。これらの例は，体験を通して，教育者が伝えたい結果を教えている（スキルを学ぶ）だけのシングル・ループ学習であって，本来のラボラトリー方式の体験学習のめざすところではないのである。

ラボラトリー方式の体験学習では，「魚を与えるのではなく，魚の釣り方を学ぶのである」といった表現で表されることがある。まさに，こうしたダブル・ループ学習の学習アプローチを指しているといえる。

2）教育者として「行為の内省から学ぶこと」

ショーン（Schön，1983　佐藤・秋田訳，2001）は，人と関わることを専門とする職業人は，内省的実践家（reflective practitioner）であることを提唱している。内省的実践家とは，教育者であるならば，学習者との関わりにおいて，その状況の中で「行為に対して内省すること（reflection in action）」が行われ，学習者とともに，より本質的でより複雑な問題に立ち向かうことができる専門家であることだと述べられている。このことは，教育場面，またファシリテーションをしている場面において，ファシリテーターが学習者と関わっている体験の真っ只中で，内省がなされ，学習者の反応や自分の中に起きているプロセスがモニターできたり，また提示している学習教材などに対する学習者の反応などにも気づいたりしながら，ファシリテーターは行動修正ができることを意味している。すなわち，体験の中で，内省→分析→仮説化のステップを踏むことができて，学習者に適切に対応できる実践家のことを内省的実践家とよぼうとしているのである。こうした内省的実践家になることは，なかなか容易なことではないだろう。

内省的実践家になるために，ファシリテーターは自分の体験を一度立ち止まり，ふりかえりをすることが大切になる。ショーンの言葉を借りるならば，状況と関連させながら特定の行為について内省すること（reflection on action）が大切になるのである。それは，体験学習を実践するファシリテーターの場合，体験学習の設計から実施までをファシリテーターの「体験」としてとらえ，その体験で起こったことを体験学習のステップである「意識化」→「分析」→「仮説化」するというふりかえりを経て，自分の行動のレパートリーを広げていくことができると考えられる。

以上のように，ファシリテーターが関わる学びの場において自身がとった行為に対して内省すること（reflection in action）ができる実践家になるためには，また生の学習者との関わりの中で内省するためにも，一度立ち止まり自身がとった行為についてじっくりとその場・その環境の中でその行為が与えた影響を考えどのような行為がふさわしかったのかを内省するためにも，体験学習の循環過程が大切になるのである。

引用文献

Argyris, C., & Schön, D. A. (1996). *Organizaional Learning II, Reading.* MA : Addison−Wesley. (Original edition 1974).

Kim, D. H. (2001). *Core Theory of Success, Organizing for Learning.* Waltham, MA : Pegasus Communications. p.87.

Johnson, D. W., Johnson, R. T., & Holubec, E. J. (1984). *Circles of Learning : Cooperation in classroom.* Interaction Book Co.（杉江修治・石田裕久・伊藤康児・伊藤　篤（訳）(1998). 学習の輪　アメリカの共同学習入門　二瓶社）

Knowles, M. S. (1980). *The Modern Practice of Adult Education : From Pedagogy to Andragogy.* Person Education, Inc.（堀　勲夫・三輪健二（監訳）(2002). 成人教育の現代的実践――ペダゴジーからアンドラギジーへ　鳳書房）

Kolb, D. A., Rubin, I, M., & McIntyre, J, M. (1971). *Organizational Psychology : A Book of Readings.* Englewood Cliffs, NJ : Prentice−Hall.

佐藤　学 (2006). 学校の挑戦――学びの共同体を創る　小学館　p.299.

Schein, E. H. (1999). *Process Consultation Revisited : Building the Helping Relationship.* Addison-Wesley Publishing Company, Inc.（稲葉元吉・尾川丈一（訳）(2002). プロセス・コンサルテーション――援助関係を築くこと　白桃書房）

Schön, D. A. (1983). *The Reflective Practitioner.* Basic Books, Inc.（佐藤　学・秋田喜代美（訳）(2001). 専門家の知恵　ゆるみ出版）

第2章

プロセス・エデュケーションの核となるラボラトリー方式の体験学習

現在の学校教育現場の実情から，子どもたちのコミュニケーション力をはじめとする対人関係能力の育成は急務である（津村，2007，2008）。今日，対人関係能力の欠如や人間関係トレーニングの必要性が生まれているのは，子どもたちがともに遊んだり，いろいろな人びととお互いに関わったりする人間関係の直接体験の場が少なくなっていることが影響しているのではないかと指摘されている（石田，2005）。

津村ら（2008）は，文部科学省の平成17・18年度文部科学省大学・大学院における教員養成プログラムにおいて南山大学プロジェクト「豊かで潤いのある学びを育むために～ラボラトリー方式の体験学習を通した豊かな人間関係構築を目指して～」が採択を受け，さらに平成19・20年度と引き続き，文部科学省専門職大学院等教育推進プログラムに南山大学プロジェクト「教え学び支え合う教育現場間の連携づくり～ラボラトリー方式の体験学習を核とした2つの連携プロジェクト～」が選定を受けて，学校教育における人間関係づくりの授業実践の試みを東海地区での実践からスタートし，全国規模に展開している。

文部科学省から受けた評価では，学力の向上が大きな今日的な課題ではあるものの，学校や教室内での人間関係は周辺的な領域の問題でありながら，重要かつ喫緊の課題であることが指摘された。人間関係づくりの教育実践のために，「ラボラトリー方式の体験学習」の考え方やグループワークを授業に導入し，その効果性や有効性を調査研究しながら，学校現場の教員にプロセス・エデュケーションの考え方や進め方を伝え，子どもたちの人間関係づくりの授業実践の開発を試みている。この試みは，子どもたち相互の人間関係づくりの学びの場の提供だけでなく，生徒と教師間との信頼関係づくりにも貢献してきている。

（1）ラボラトリー方式の体験学習とは

「ラボラトリー方式の体験学習」とは，「特別に設計された人と人が関わる場において，“今ここ”での参加者の体験を素材（データ）として，人間や人間関係を参加者とファシリテーターとがともに探求する学習」と定義されている（津村，2010）。

「ラボラトリー」とは，「実験室」と日本語訳することができるが，実験とは実験者と実験対象といった，いわゆる実証的な実験を指しているのではなく，実験者（学習者）が自ら実験対象（学習者）となって，ファシリテーターから提示された特別に設計されたグループ体験（実験）やコミュニケーション体験（実験）を通して，学習者がプロセスに気づき，そのプロセスを素材にしながら，体験学習の循環過程を活用し，自分の対人関係のありようや他者，グループなどの理解を深め，個人とグループがともに成長をすることを探求する活動であるといえる。

「ラボラトリー方式の体験学習」のキー概念として，「コンテントとプロセス」と「体験学習の循環過程」の二つの考え方が重要であると

図2−1　コンテントとプロセスの氷山図

考えている（津村，2001）。すなわち，「プロセス」と「体験学習の循環過程」の2つの視点を尊重した教育実践，学習体験を学習者にファシリテーターが提供することができるかがプロセス・エデュケーションにとって重要となる。

（2）コンテントとプロセス

1）プロセスとはなにか

プロセスには，いくつかのレベルのプロセスがあると考えられる。1つは，個人レベル，特に，学習者にとっては，“わたし”レベル，すなわち“わたし”はどのように動き，どのようなことを考えたり感じたりしているのかといった視点でのプロセスである。次に，対人間レベルのプロセスである。他者との関係，特に他者とコミュニケーションをしているときのプロセスである。さらには，グループレベルのプロセスである。これは，さまざまなグループダイナミックスの視点からとらえることができる。グループ内にとどまらずグループ間，組織内，組織間のプロセスにも焦点を当てていくことができるだろう。グループレベルに関するプロセスの視点は，シャインやレディのモデルでは，プロセス・コンサルテーション，特にグループ・プロセス・コンサルテーションといった視点からのグループレベルを中心にしたプロセスが提唱されている。

本章では，一般的なコンテントとプロセスの記述を行い，その後，ウェインシュタインら（Weinstein, Hardin, & Weinstein，1976）のアイディアをもとに個人レベルのプロセスの視点について記述する。第5章に，グループ・プロセスの視点について，シャインやレディのモデルを紹介するとともに，彼らのアイディアを統合した氷山モデルの提案をしたいと考えている。

2）「コンテントとプロセス」とは

人間関係をとらえる視点として，コンテントとプロセスといった2つの見方がある。コンテントとは，対人間コミュニケーションにおける話題やチーム活動における課題を指している。一方，その話題や課題に関して話をしているときに，二者がどのような話し方や聞き方をしているか，二人の関係のありようやノンバーバルな行動や二人の間に起こっている気持ちや考えていることなどをプロセス（関係的過程）とよぶ。

コンテントとプロセスを氷山図（図2−1）で示すことができる。水面上の話し合っている話題は注目しやすいのだが，水面下で起こって

図２−２　個人レベルのプロセス

いる二者の関係の中でのさまざまな気持ちなどは見えにくい。見えにくいが，個人の中で，関係の中で，またグループの中で起こっていることがプロセスであり，このプロセスが人間関係に影響を与えており，またそのときの，またその後の自分自身の行動にも影響を与えることになる。他者との関係の中で，相手から言われたこと（明白な発言内容：コンテント）によっても影響を受けるが，一方相手からどのように言われたか（たとえば，表情やしぐさなどのノンバーバルな行為）によって影響を受けることがある。たとえば，賞賛や激励の言葉をもらうときにも，どのように伝えられるかによって，自分を賞賛してくれたと素直に喜ぶことができたり，どことなくうわべだけでむなしく聞こえてきたり，過度なプレッシャーを感じたりと，話し手の伝え方や両者の関係性によってさまざまな影響を受けることになる（プロセス）。そうした関わりを通して，自分の気持ちや考えがまた新たに生まれ，それらに応答するように反応が起こるといった，連鎖的，時には循環的な相互作用が行われていくことになる。

コミュニケーション力を高める教育プログラムを考える際に，話すこと（内容）を豊かにするために，話題として取り扱う意見や考えなどのコンテントを豊富にして，そのコンテントをどのように適切に整理して話すか，といったようなコンテント中心のプログラムとして設計し実施することも考えられる。しかし一方，どのような話し方をしているのか，どのような聞き方をしているのか，自分が相手にどのような影響を与えているのかといったこと，すなわちプロセスに焦点を当てて，話者のありようを点検し，改善していく学習プログラムを設計することもできる。この後者のプログラムを展開していくためには，学習者やファシリテーターが，何が起こっているかといったプロセスを明確にし，どのようなねらいの教育プログラムを設計するのか，どのようにプロセスに気づくプログラムにするのかなど，プロセスに焦点を当てたプログラムづくりが重要になる。プロセスを大切にしたプログラム設計をする際には，どのような枠組み（理論やモデルなど）を活用するのかといったフレームワークを明確にしていくことも重要になる。

３）個人レベルのプロセスの視点

①　体験を語る３つの視点

図２−２に描かれているように，個人レベルのプロセスを探求する際には，行動，思考，感情

の3つの視点をもつことが大切であると考えられる。個人の対人行動を分析的にとらえようとする際に，生理的な反応も含めた感情領域，思考領域と行動領域の3つの気づきの領域が複雑に関係し合っていると考えられている。たとえば，目の前に起こっているある状況の認知（思考）を刺激として感情が生起し，その後そのことにより特定の考え（信念・思考）が想起され，その結果，その人固有の行動が生起すると考えることができる。一方，先にとった行動が原因（刺激）となってある感情や思考を生み出すこともあると考えられる（Ellis，1994　野口訳，1999；Beck，1995）。それらの要因が関連し合う中で，心地よい感情や思考が生起するならば，それは強化因子として働き，その行動は再度引き起こる可能性が高まることになるであろう。逆に，その行動が不快な感情や信念を引き起こすならば，その後その行動は避けることになる。この3つの要素は連鎖的な関係性をもっており，そのメカニズムをていねいに分析することが，学習者の対人関係の行動パターンを探求する重要な課題になるのである（Weinstein et al., 1976）。成長のためには，その体験データ（プロセス・データ）をていねいに拾い出し，分析するプログラムを，ウェインシュタインら（Weinstein et al., 1976）は開発している（第9章参照）。

体験を語る3つの要素である，行動，思考，感情を分化して捉えられるようになること，そしてこれらの3つの関連をパターンとして認識でき，学習者自らの体験を語ることができるようになることは自己理解の深化と成長には不可欠であり，自己成長のための重要なワークの課題となる。体験しているプロセスを何度もこれらの3つの視点からふりかえるワークを通して，自らの体験をていねいに語ることができるようになると考えられている（Weinstein et al., 1976）。

②　体験を語る発達段階

トランペットモデルの提唱者である，ウェインシュタインとアルシュラー（Weinstein & Alshuler，1985）は，自由記述的な質問紙調査を用い，「人は自分の体験をどのように語るか」を分析し，自己知識（Self-Knowledge）の発達段階を提唱している。自己知識とは，各人の内的体験の記述，予測とマネジメント（取り扱い方）からなり，自己知識の適切さ（adequacy）を増加させることはカウンセリングの本来的な目標であると考え，彼らはその発達過程の検討を行っている。

彼らによると，自己知識の発達段階として4つの段階を提唱している。

第一段階は，**断片的な要素を羅列するステージ**（Elemental Self-Knowledge）とよばれ，自分の経験を，記憶している断片的な要素の羅列だけで語るステージである。それらはカメラやテープレコーダで記録されるような外から見える事柄だけであったり，一つの感情論だけで語られるので，語り手の心の中は聴き手によって推測されることになる。語られる事柄には因果的なつながりはなく，何らかの分類がなされたり，解釈されたりすることはほとんどない。使用される感情語は，楽しい（happy），悲しい（sad），好き（like），希望（hope），そして…したい（want）といったものである。

第二段階は，**状況まで語ることができるステージ**（Situational Self-Knowledge）と命名され，自分が体験したことと関連する状況を語ることができるようになるステージである。「～なので（because）」「～から（since）」「それ故（therefore）～」「だから（so）～」「だけど（although）～」などの接続詞を用いて外的状況と内的状態とを結びつけようとする。しかし，それは比較的素朴であり，“一方向的”である。このステージでの自己知識は特定の状況での自己に固着しており，諸状況を通して見られる自己の一貫性や状況間での関連などはあまり語られないのが特徴である。

第三段階は，**パターンとして語ることができ**

るステージ（Pattern Self-Knowledge）とよばれ，一群のある状況の中でいつも経験する自分の行動の仕方や心の動きをパターンとしてとらえて語ることができるステージである。すなわち，個々の状況の記述だけに終わらず，さまざまな状況を通して一貫している自己の行動の仕方，感情の生起，考え方などを語ることができるようになる。たとえば，「私は年上の人と一緒にいると権威に対する問題を感じやすい」などである。ここでは，自分自身の行動のパターンを語ることができ，内的反応の記述として，パーソナリティ特性，心理的特徴や内的葛藤などが語られるようになる。

第四段階は，**自分のパターンを修正／変更できるステージ**（Transformational Self-Knowledge）と命名されており，自分自身のパターンをいかにモニターし，修正し，マネッジしているかを語ることができるステージである。すなわち，自分の内的な生活を豊かにしている心の中でのさまざまなプロセス，たとえば，自分はどのように感情を表現するか，またどのようなときに本当の感情を自由に表現することができるかなどの自分自身の内的な体験と行動のレパートリーを語ることができる。このステージの能力をもつ人は，自分の中に起こっていることが，ただ状況的な決定因に依存しているだけでないことを知っているのである。このステージに達している人は，ネガティブな反応を一時的にとめることができ，状況を再解釈することを通して状況に新しい意味を与えることができる。よって，このステージの人は自分自身の内的な状態を創り出す能力をもっているともいえる。

この自己知識の能力は，彼らによると，一般的な知的能力の発達とは必ずしも関連がなく，この自己知識の発達を促進させるためには教育システムの中で意識的に配慮するように特別に計画されたプログラムが必要であり，その１つの試みとしてセルフ・サイエンスによる学習プログラムを設計し，彼らは提供している（Weinstein, Hardin, & Weinstein，1976）（第９章参照）。

ウェインシュタインら（Weinstein, Hardin, & Weinstein，1976）は，このような自己知識（Self-Knowledge）の発達段階を提唱し，行動，思考，感情の３つの要素から気づきを豊かにすることを通して，自分自身の行動のパターンを探るプログラムをセルフ・サイエンスとよび，その中で Education of the self という具体的な教育プログラムを開発して，展開しているのである（第９章参照）。個人の成長，変化に向けた重要な課題は関係の中に起こるプロセス・データ（感情，思考，行動）を集めて，それらの情報をもとに行動パターンとしての認識ができることである。そのパターンを同定した後，そのパターンがもたらしている働きを吟味し，そのパターンに潜んでいる個人の自己不信の信念（self-doubt）を見つけ出し，本来自分が肯定的に生きていくための再方向づけとなる信念（re-direction）を確立するところから個人は新しい展開(成長)へと導かれると考えられている。

ラボラトリー方式の体験学習を用いた人間関係トレーニングを行う場合にも，参加者がグループ体験の中で自分の体験をどのように語ることができるようになるか，といった自己知識の発達モデルをファシリテーターは知っていることは有益だろう。特に，体験していること（プロセス）に気づき，そこから学ぶことができるようになることは，絶えずプロセスに気づき学び続けるといった学習態度を身につけることであり，それは自己知識の第四段階の自己のパターンを修正・変更できるようになっていくことであるといえる。

（３）体験学習の循環過程

人間関係トレーニングの研修で，コミュニケーションのさまざまなスタイル（たとえば，受動的なタイプ，攻撃的なタイプ，主張的なタイプなど）について話をしているときに，ある参加者は，主張的な（アサーティブ）コミュニ

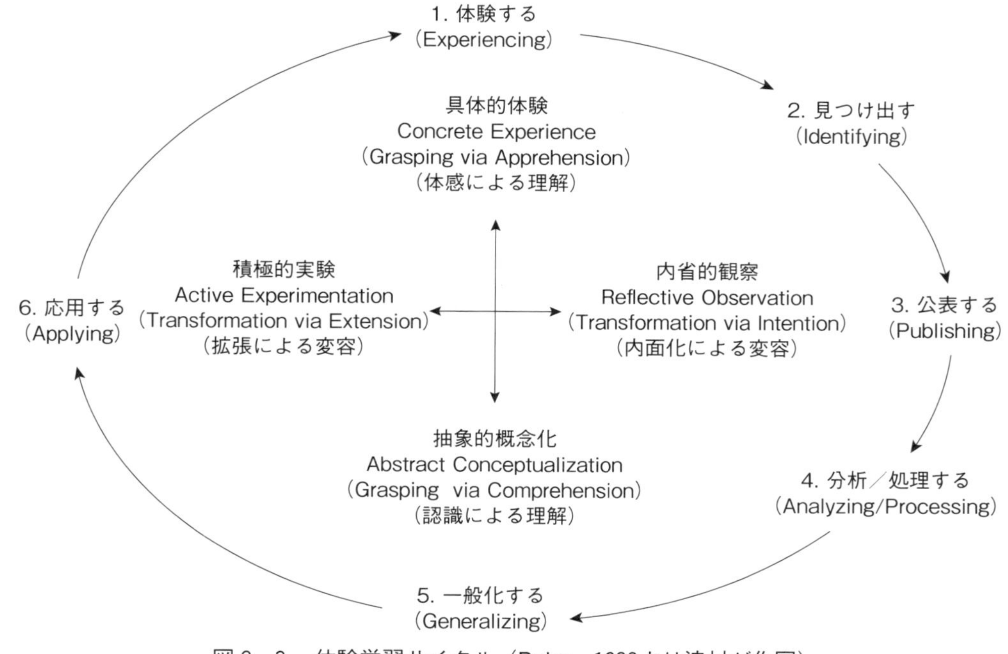

図2－3　体験学習サイクル（Bahn，1990より津村が作図）

ケーションは大切であると言われても，どのように振る舞えばよいのかわからなので，具体的な主張的なコミュケーション行動のモデルを示してもらえないかと求められることがある。

ある人は，グループで話し合っている間，じっと黙ってメンバーが自由に話をしたり，逆にうまく話ができていなかったりする様子を見て，その観察を通してどのようにコミュニケーションをすればうまくいくのかを学ぶ参加者もいる。

また，ある人は，グループワークに参加して実際にコミュニケーションをすることに抵抗を感じたり，苦手であったりする人がいる。それらの人たちは，コミュニケーションのプロセスモデルの小講義を聞いたり，その講義について討論することを通して学ぶことに強い関心を示す。

また，ある人は，他のメンバーが熱心に自己開示し，お互いに親密になる様子を見て，自分も自分自身のことについてもっと話していくとわかってもらえるかなと考える人もいる。

私たちは，体験を通して学ぶときに，学習者によって，学びのプロセスの中のそれぞれの学びのスタイルで反応し，学びを深めているのである。

1）コルブの体験学習サイクル

Kolb（1984）は学習のサイクルとして4つのステップを提唱している。図2－3は，バーン（Bahn，1990）によって，コルブのモデルとパイファーのモデルを重ねて描かれた図を筆者によって日本語訳したものである。図2－3の内側の4つのステップをコルブは記述している。

私たちの学びのサイクルとは，（1）具体的体験（Concrete Experience：CE）をして，（2）その体験をふりかえり，観察する内省的観察（Reflective Observation：RO）をして，（3）抽象的概念化（Abstract Conceptualization：AC）を導き出し，（4）新しい状況で試みるとよいと思われる選択肢を考える積極的実験（Active Experimentation：AE）として仮説を立て，新しい具体的体験に移ることができるようになるという4つのステップである。

Tグループを代表とする人間関係トレーニン

グに参加すると，参加者はたくさんの学習体験をする。人間関係に関わるトレーニングの場面では，自分自身について学ぶ機会を得たり，自分の行動が他者にどのような影響を与えているか，また逆に他者の行動が自分にどのような影響を与えているか，グループにはどのような機能があるか，グループはどのように発達するか，効果的なコミュニケーションとはどのようなものかなどを学ぶことになる。体験からの学びを豊かにするためには，自分自身の世界を構成したり自分の行動の土台になったりしている考え方やある種のルールのようなものを探究していく必要がある。そのために，体験学習のサイクルを活用することは役に立つだろう。

コルブの体験学習のサイクルをもう少し詳しく紹介する。

ステップ１：具体的体験

私たちは，家庭や学校など日常生活の人間関係の中で，さまざまな体験をしている。人間関係トレーニングでは，日常生活における体験に加えて，Ｔグループに代表されるような課題や手順があらかじめ決められていない（構造化されていない）グループ体験や，ファシリテーターによって準備された構造化した実習体験に参加することが，このサイクルの学びの具体的な体験となる。ファシリテーターは，学習者が興味や関心をもって参加できるように実習の準備をする。参加者の中に実習に参加することへの抵抗感が生まれることがもし起ったならば，その感情も大切な体験として取り扱われることが重要である。

ステップ２：内省的観察

このステップは，体験したことを内省したり他者の行動を観察したりして気づいた（意識化した）ことを拾い出してわかちあうことである。人間関係トレーニングなどの研修では，拾い集めるデータとして，グループでの話し合いの話題や結果（コンテント）だけでなく，関係の中に起こっている（いた）プロセスに焦点を当てることが大切になる。このステップでは，ファシリテーターはプロセスへの気づきを促進するような働きかけをする。

また，学習者一人の気づきだけでなく，他のメンバーの気づきも共有することを通してグループプロセスの理解を深める。そのために，実習体験後，個人でプロセスに関して気づいたことをふりかえり用紙に記入し，その気づきを体験をともにしたグループメンバーと話し合う時間が準備される。

ステップ３：抽象的概念化

このステップでは，ステップ２で共有化したデータをもとに，グループの状況を分析したり，そのプロセスが起こった理由や対人関係における学習者自身の傾向や特徴を考えたりする。このステップでは，グループ体験を通して，コミュニケーション，リーダーシップやチームワークなどに関する概念化や一般化を行うことが大切になる。コミュニケーションを豊かにするために必要な留意点は何か，チームワークを高めるための大切な要因は何かなどを話し合い吟味し，概念化する。

ステップ４：積極的実験

ステップ３で概念化したことをもとに，学習者が自らの成長のために次の機会に具体的に試みたい行動目標をつくるステップである。学習者が実験的行動を成功させるためにできる限り具体的で効果的な行動計画を立てることが大切になる。

このような一連の循環過程［具体的体験（CE）→内省的観察（RO）→抽象的概念化（AC）→積極的実験（AE）→新しい体験（CE'）］を通して，学習者の新しい行動レパートリーが増え，学習者の対人関係能力が高まり成長すると考えられている。たとえば，新しい行動を学習することを考えると，主張的な（アサーティブな）コミュニケーションができるようになるための理論を学んだなら（AC），それを活かして，自分の行動目標（課題）を考えて（AE），実際に自分の行動目標（課題）を実践し（CE），その結果どの程度適切にコミュニケーションできたかをふりかえる（RO）といった一連のサイクルを踏むことが大切になる。

2）問題解決ステップとしての循環過程

この学びのサイクルの４つのステップは，問題解決ステップともいえる。一般的な問題解決のステップでは，日常の生活（具体的体験）の中で，問題に気づき（内省的観察），その問題がなぜ発生したかの理由を考え（抽象的概念化），その問題の解決策を吟味して改善策を立てる（積極的実験）。そして，その改善策を実施（具体的体験）し，その結果，その問題はどのようになったのか確認・評価（内省的観察）して，さらに問題が発生しているならば，なぜその問題が引きつづき起こっているのかを考える分析のステップに進むことになる。これが，一連の問題解決ステップである。近年は，AI（Appreciative Inquiry の略）アプローチと称したチームづくりや組織開発がクーパーライダーら（Cooperrider, Whitney, & Stavros, 2008）により提唱され，問題点を見つけ出し，その問題を改善するのではなく，グループや組織のありたい姿（Dream）を描き，それを実現するために何ができるかを考えることが，高いモチベーションを生み出すことになると言われている。このような AI アプローチは対話型のチームづくり，組織開発とよばれている。この AI アプローチに対して，前述の診断，分析，改善策実行といった一連の問題解決型チームづくりや組織開発は，ギャップ・アプローチとよばれることがある。

問題解決法は，PDCA サイクルと類似しているようにも見える。PDCA とは，PLAN（計画）→DO（実行）→CHECK（評価）→ACT（改善）といったサイクルを指している。これを前述の体験学習のステップにあてはめてみると，積極的実験（PLAN）→具体的体験（DO）→内省的観察（CHECK）に，あてはまりそうであるが，次の ACT（改善）は，どこにあてはまるのだろう。上述の問題解決のステップでは，新しい積極的実験（ACTION PLAN）を指しているのだろう。そうすると，PDCA サイクルでは，どうも抽象的概念化のステップが十分ではないように思われる。きっと，CHECK の中で内省的観察と抽象的概念化の作業をすることになったり，次の ACTION を考える際に抽象的概念化といった分析を行ったりしているのかも知れない。体験学習の循環過程の４つのサイクルを援用するならば，抽象的概念化といった分析のステップをていねいにすることが必要になると筆者は考えている。PDCA のサイクルは類似のようであるが，ていねいに改善をすすめるためには体験学習の循環過程を意識したステップの活用を推奨したいものである。

3）循環過程にみる学びの好み

コルブの学びのサイクルの４つのステップに関して，私たちはこれまでにさまざまな体験を通して学習してきており，前述したように学習者によって学びの好みが考えられる。ある人は，体験することが好きであったり，ある人は概念化することが好みであったりするのである。これは学びの好みとよばれることがある。

人間関係トレーニングの場面において，具体的体験（CE）を好む人は，積極的にグループの話し合いに参加したり，フィードバックをしたり求めたり，また自分についての情報提供を積極的にしたりする活動を起こしやすいと考えられる。

内省的観察（RO）を好む人は，他者の行為をじっくり観察したり，ふりかえり用紙やジャーナルに自分や他者の動きを細かくていねいに記述したりすることにエネルギーが向けられる。

抽象的概念化（AC）を好む人は，書籍を熱心に読んだり，理論やモデルについて説明を受けたり，考えたり話し合ったりすることに力を入れて取り組む傾向にある。

積極的実験（AE）を好む人は，新しい場面で新しい行動をすることを考えたり，気づきや

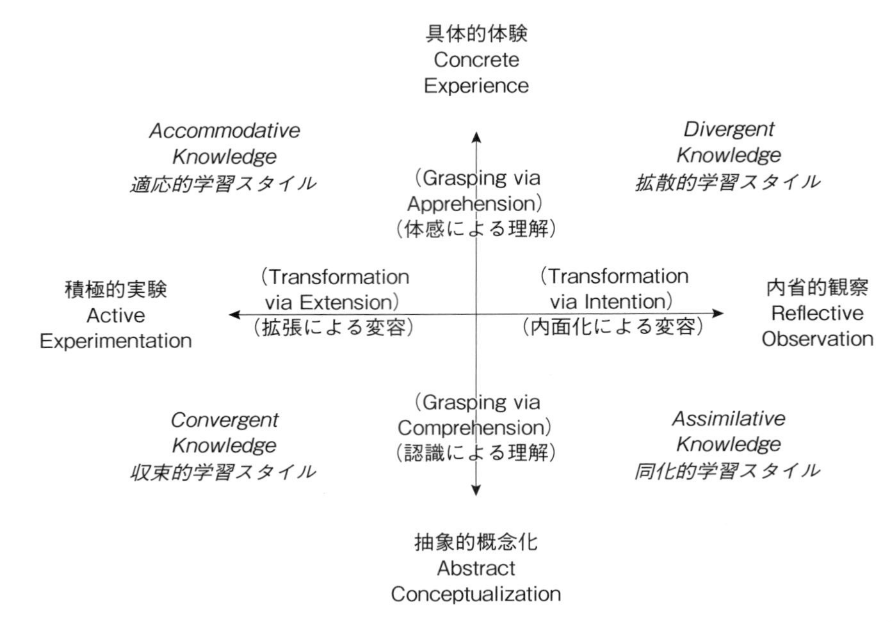

図2－4　学習サイクルにみる学習スタイル（Kolb，1984のアイディアより津村が作図）

学びを日常生活で活用することに関心を示したりすることにエネルギーを注ぐことになる。

私たちは，どのステップを自分は好みなのか，自分の学びの好みを知っておくことは大切である。どのステップで時間をしっかり使う癖があるのか，スキップしてしまいがちなステップはどこなのかなどを点検しておくことも大事である。そして，学びをより確かなものにするためには，このステップを一歩でも次のステップに向かうように努力してみることをおすすめする。

また，グループでさまざまな学びの好みをもったメンバーがふりかえり，わかちあうことにより，グループのメンバーの学びの嗜好の違いが学びを豊かにすると考えられる。たとえば，体験を好むメンバーはわかちあいや話し合いをすることに積極的になったり，内省的観察志向の人はいろいろグループのプロセスデータを提供してくれたり，抽象的概念化を好む人は理論やモデル，考え方を提供してくれたり，積極的実験を好む人は未来に向けて新しく試みることのアイディアを提供してくれるだろう。学びの好みが違うメンバーがいることによって，これらの４つのステップをグループの力によって循環し学びを豊かにすることができると考えられる。

４）体験学習サイクルの２つの次元と４つの学習スタイル

コルブは，図2－4のような学習スタイルを説明している。彼は，４つのステップを特徴づける２つの次元を体験学習サイクルの中に見出している。１つは，具体的体験と抽象的概念化対極の理解の仕方からなる次元である。具体的体験は五感によって感知し，体感したり実感したりする方法で理解する（体感による理解）極（Grasping via Apprehension）と，もう一方は抽象的概念化による了解・納得として理解する（認識による理解）極（Grasping via Comprehension）である。私たちは，物事を理解しようとするときの志向性として，これらの極に示されるようなどちらの傾向が強いかを考えることができる。

もう１つの次元は，変容（transformation）に関する次元であり，内省的観察と積極的実験が両極にある。体験を深めたり表出したりすることに関する次元であり，内面化とは内省的観察に結びつき心の中で内省的志向を促すこと（内面化による変容）であり，拡張とは外部への操作的な志向を促し積極的実験に結びついている（拡張による変容）。後者は，具体的体験や抽象的概念化で理解した体験を内省したり，新しい体験に展開したりするために必要な次元として考えられる。

コルブは，これら2つの次元を用いて，学習のスタイルを4象限に分け，4つの学習スタイルを提唱している。

【拡散的学習スタイル】は，具体的な体験と内省的観察にすぐれた学習能力である。このスタイルの人は，意味や価値を創造する力や気づく力をもっているとされている。多くの視点から具体的な状況を眺めることができ，さまざまな関係をゲシュタルトに統合することができる。このタイプの人は，ブレインストーミングのアイディア創出セッションのように，いろいろなアイディアや意味することを生み出すときに機能する。また，人間に興味をもっており，創造的で，感情にも関心をもっている。

【同化的学習スタイル】は，内省的観察と抽象的概念化に優れている学習能力である。帰納的な理由づけを行ったり，理論的なモデルを創り出したりする場で，またさまざまな観察をしたことを1つに統合して説明しまとめる場で，能力を発揮する。応用科学よりは基礎科学に関心をもち，実用的価値よりも理論的で厳密であることが重要視されると考えられている。

【収束的学習スタイル】は，抽象的概念化と積極的実験にすぐれた学習能力である。問題解決，意思決定やアイディアの実際的な応用場面で機能する。問題を解いたり，1つの正しい答があるような状況で機能したり，仮説演繹的な理由づけで知識を統合化できたり，具体的な問題に焦点を当てることができる。社会的・対人的なことがらよりも，技術的な課題や問題を取り扱うことを好みとする。

【適応的学習スタイル】は，同化的学習スタイルとは対照的で，具体的な体験と積極的な実験に優れている。このスタイルの人は，物事を行うことやプランや課題を考え出すことに興味をもち，新しい体験に関与することを好む傾向にある。このスタイルの人は，探究したり，リスクを冒したり，行為を行うことに関心をもち，変化している環境に自分自身を順応させねばならないときにうまく適応させることができる。適応がうまくいかないときには，プランや理論を捨てることもできる。

体験学習の循環過程のモデルからこのように学習スタイルのありようにまで考えを広げることができる。自分の学習スタイルの傾向を知ることは，自分の長所を知ることにもなるとともに，自分の短所を克服するための情報源としても有効に活用することができるだろう。

5）パイファーの体験学習のステップ

パイファー（Pfeiffer，1991）は，体験を通して学ぶ際の学習者の具体的な活動に焦点を当て，体験学習の循環過程のサイクルを図2－3の外側の円に書かれている6つのステップで紹介している。NTL Institute における人間関係トレーニングの場面では，一般に紹介されているモデルでもあり，彼の考え方を，バーン（Bahn，1999）の記述をもとに紹介しておく。

①　体験する（Experiencing）

「体験する」とは，実習や集中的なグループワークの中で体験していることすべてが学びの対象になる。「体験する」ことは，ラボラトリー方式の体験学習の基礎となるステップである。体験から学ぶためには，ファシリテーターによって準備された実習やグループワークのような体験をベースとするだけでなく，日常の体験にも光を当てることが大切になる。

②　見つけ出す（Identifying）

体験をした後に，学習者の一人ひとり自分が思い出せる具体的な行動をできる限りふりかえり列挙してみることが大切になる。それは，学習者自身が内省することであり，またグループワークをともに行った他のメンバーからのフィードバックも重要なデータとなる。気づいたことや気づかなかったことを意識化することである。

たとえば，

・グループの中で私はどのように動いていたか？
・グループに影響を与えた出来事は何か？　影響を与えた人は誰か？
・出来事を起こした人が探求をしたいことは何か？
・その他，気になることは何か？

などに焦点を当ててふりかえる。

③　公表する（Publishing）

グループワークを行った後，各メンバーがどのように感じたり，どのように反応したりしたかなどをふりかえり用紙にメモをしてから，それらをもとにお互いに気づきを分かち合うことが大切になる。

たとえば，

・その出来事が起こったときのメンバーの内的な反応は？　一人ひとりのメンバーに起こったことは？
　➢それが起こったときに，私は……を感じた。
　➢それが起こったときに，私は……と考えた。
　➢その状況をどんなふうに考えたか？
・その出来事が起こったときのメンバーの外的な反応は？
　➢それが起こったときに，私は……と言った。
　➢それが起こったときに，私は……の行動をした。

以上のように，内的な反応として，気持ちや感情，また思考や認知などを，外的は反応として行為のレベルでふりかえり，お互いに言葉にして伝え合うことが大切である。

④　分析する／処理する（Analyzing/Processing）

各メンバーは，上述の公表された気づきのデータをもとに，それらのデータの意味することを分析し，話し合う。

・観察者（メンバー）がその出来事から仮定することや考えられることは何か？
　➢その出来事が起こったとき，あなたがそのように反応したもとにある自分の仮定や考えにはどのようなものがあるか？
・出来事に対する解釈や意見はどのようなことがあるか？
　➢出来事に対して：あなたの行動の意図は何だったか？　実際に起こったことをどのように解釈できるか？

⑤　一般化する（Generalizing）

参加者は，前述の分析などをもとに，一般化することにより，学びの定着化を試みることになる。

たとえば，

出来事に対して，あなたの意図やグループの反応をもとにして考えると，あなたは何を学びましたか？　以下のような問いに答える形で，言葉にしてみると，

・自己理解に関するメッセージとして
　➢「私は，私自身について……のことを学びました。」
・行動を強化するメッセージとして
　➢「私が確証したりもう一度やれるとよいと思ったりした行動は，……です。」
・行動を変化させるメッセージとして
　➢「私が試みたい新しい行動は……です。」

⑥　応用する（Applying）

他の状況や新しい状況の中で前述のステップを踏んで学んだことの転移を促す試みが必要になる。

　➢「あなたが今回の研修から日常に帰ってこの学びを日常にどのように活かしますか？」

ファシリテーターとは，以上の6つのステップをていねいに踏んで学ぶことを学習者に促す働きをする人といえる。体験学習のファシリテーターの働きは，学習者がそれぞれのステップを通して学びを深めることを促進する学びのファシリテーションを適切に行えることである。

引 用 文 献

Argytris, C., & Schön, D. A. (1996). *Organizaional Learning II, Reading.* MA : Addison-Wesley. (Original edition 1974)

Bahn, J. (1999). Experiential Learning Cycle. *Reading Book for Human Relations Training.* 8th Edition. NTL Institute for Applied Behavioral Science.

Beck, J. S. (1995). *Cognitive Therapy : Basic and Beyond.* New York : Guilford Press.

Cooperrider, D. L., Whitney, D., & Stavros, J. M. (2008). *Appreciative Inquiry Handbook : For Leaders of Change.* 2nd ed. Crown Custom Publishing. Inc.

Ellis, A. (1994). *Reason and emotion in psychotherapy.* Revised and updated. New York : Birch Lane Press.(野口京子（訳）(1999). 理性感情行動療法　金子書房)

Henkelman-Bahn, J. (1999) Experiential Learning Cycle. *Reading Book for Human Relations Training.* 8th Edition. NTL Institute for Applied Behavioral Science and others. pp. 295-299.

石田裕久（2005).「対人関係トレーニング」瞥見　南山大学人間関係研究センター紀要　人間関係研究，Vol.4，125-133.

Kolb, D. A. (1984). *Experiential Learning : Experience as the Source of Learning and Development.* Englewood Cliffs, NJ : Prentice-Hall.

Pfeiffer, J. W. (ed.), (1991) The Experiential Learning Cycle. In *Theories and Models in Applied Behavioral Science.* Vol. 2. San Diego, CA : Pfeiffer and Company.

Schön,D.A. (1983). *The Reflective Practitioner.* Basic Books, Inc.(佐藤学・秋田喜代美（訳）(2001). 専門家の知恵　ゆるみ出版)

津村俊充（2001). 学校教育にラボラトリ・メソッドによる体験学習を導入するための基本的な理論と実際　体験学習実践研究会　体験学習実践研究，Vol.1，1-10.

津村俊充（2007). 人とかかわり学ぶことの大切さ――学校教育にラボラトリー方式の体験学習を導入する意味　体験学習実践研究，Vol. 7　1-12.

津村俊充（2008). 学校の人間関係を改善する　宮川充司・津村俊充・中西由里・大野木裕明（編）スクールカウンセリングと発達支援　ナカニシヤ出版　pp.143-155.

津村俊充（2010). グループワークトレーニング――ラボラトリー方式の体験学習を用いた人間関づくり授業実践の試み　教育心理学年報，第49集　171-179.

津村俊充・中村和彦・浦上昌則・楠本和彦・中尾陽子・河浦佐知子・大塚弥生・石田裕久（2008). 小・中学校における人間関係づくりをめざしたアクションリサーチ――ラボラトリー方式の体験学習を用いた教育実践の試みとその評価　南山大学人間関係研究センター紀要　人間関係研究，Vol.7，26-53.

Weinstein, G., & Alshuler, A. S. (1985). Educating and Counseling for Self-Kowledge Development. *Journal of Counseling and Development,* 6, 19-25.

Weinstein, G., Hardin, J., & Weinstein, M. (1976). *Education of the self.* Mandala.

第3章

グループワークの誕生と特徴

人間は，本来社会的動物であり，一日の多くの時間を集団の中で過ごしている。グループワークを集団活動と訳すならば，わたしたちは日々集団活動を行っているといえるだろう。集団とは，複数の個体の集合体を指す。ただ，社会心理学においては，共通の目標をもって相互作用を行い，影響を及ぼし合っていることなどの要件を満たしてはじめて集団といえる。家族，学校，職場や遊び仲間，地域活動などさまざまな集団があり，わたしたちはその集団の中で人と出会い，お互いに影響を及ぼし合い，成長し合っているのである。

一方，わたしたちは集団において不適応を起こしたり，十分に個人のもつ能力を発揮し損ねたりしている現代社会の問題がある。諸問題を解決するために，Bradford, Gibb, & Benne（1964　三隅訳，1971）は集団を用いることによって，個人の社会的再適応（rehabilitation）と社会環境の再組織を遂行することは可能であると述べている。まさに，日常生活における人々との関係から生まれる諸問題は，集団活動（グループワーク）を通して，改善することが可能なのである。

本章で扱うグループワークとは，特定の目的で集められたメンバーで構成されるグループにおいて，メンバーの相互作用過程であるグループ・ダイナミックスを通して，個人の性格や行動の成長や改善を図るために行われる活動を取り上げることにする。このように定義づけたとしても，グループワークとは実は幅広い用語であり，読者の方々の関心領域の数だけ，グループワークがあるかもしれない。精神障害，神経症，アルコール依存症や非行・犯罪者などと，特定の問題を抱えたメンバーから構成されて実施される集団精神療法（group psychotherapy）といわれるグループワークもあれば，治療的な目的だけでなく発達課題への取り組みを促進するようなグループ・カウンセリングや個人の成長をめざすようなグループワークもある。また，ソーシャルワークの現場においては，ソーシャル・ケースワークとコミュニティ・オーガニゼーションとともに，3本柱の1つとして，ソーシャル・グループワークを重要な活動に取り上げている。ソーシャル・グループワークの歴史は，古くは19世紀のイギリスにおけるグループワークにまで遡ることができるとReid（1981　大利訳，1992）は述べている。

その他にも，企業におけるQCサークルといったものもグループワークであり，多数のグループワークとして企業の諸問題の改善に取り組む活動がある。たとえば，アクションラーニングという手法も実務を通じたリーダー育成，チーム・ビルディング，組織開発を効果的に行う問題解決手法の重要な働きとしてグループワークを取り上げている（Marquardt，2004　清宮・堀本訳，2004）。

本章では，心理学や社会心理学と関わりの深いグループワークとして，集団精神分析，ベーシック・エンカウンター・グループ，そしてTグループ（Tとは，トレーニングの頭文字）の

3つの集中的なグループを中心に取り上げることにする。なお，グループワークの実践としては，筆者が実際に実施している，Lewin らにより開発されたラボラトリー方式による体験学習の「Tグループを中心とした人間関係トレーニング」を紹介する。

(1) グループワークの歴史

1) 集団精神分析

MacKenzie (1992) は，グループ・アプローチの志向性として，分析的 (analytic)，グループ全体 (group as a whole)，活動指向 (action oriented)，体験的 (empirical) の4種の枠組みを取り上げ，これまでの著名な文献をレビューしている。鈴木・齋藤 (1995) は，MacKenzie の研究をもとに，表3-1に示したように代表的なグループ・アプローチの研究と実践をまとめている。

一般に，集団精神療法の始まりは，1905年 Pratt による肺結核患者に対して「結核患者学級 (tuberculosis class)」による教育・指導を取り上げることが多い。その他にも，18世紀の後半に Mesmer が行った集団催眠療法を草分けとする考えもある (Bion，1961　対馬訳，1973)。表3-1によると，Pratt (1907) の研究と実践は，体験的なアプローチに分類されている。また，Freud (1921) が集団と個人との心理に共通性を発見し，両者には共通のメカニズムが存在していることを主張しており，共通のメカニズムとしての暗示の効果やリーダーシップの問題がそこにあることを明示していると，磯田 (1995) は記している。

Pratt の後，分析的なアプローチとして，Burrow (1927) の研究があり，彼は精神分析理論に基づき，学生集団に対して精神分析的研究を行い，「個人が全体の一部としての役割から引き離されると，環境神経症になる」と考え，精神分析における集団的方法の重要性を唱えたのである (加藤，1987)。

活動指向のタイプの研究として，Moreno があげられている。彼は，妻とともに心理劇 (サイコドラマ：psychodrama) を開発し，ウィーンで売春婦や非行少年を中心に集団精神療法を実施したのである。集団内での治療的な行動化に重点を置いており，その心理劇における“今ここ” (here and now) での現象に着目したのである。その後，彼は，ソシオメトリーを提唱し，集団の心理的な特徴を測定し，心理的な構造を理解することの研究を行ったのである。今日ではその技法を，特にソシオメトリック・テストとよび，対人関係の分析技法として用いられている。

彼は，1925年アトランタで開かれたAPA (アメリカ精神医学会) において集団を精神科治療に用いる手段として，集団精神療法という用語を用いている (磯田，1995)。その後，臨床心理学者である Slavson との対立があったとされる。それは，精神科医としての Moreno と臨床心理学者としての Slavson という対比とともに，非精神分析学派と精神分析学派といった対立であったともされる。

表3-1によると，グループ全体を扱った研究の始まりとして，Bion をあげている。Bion (1961　対馬訳，1973) は，個人の無意識の理論をグループ全体に適応し，クライン派の精神分析の考えをもとに集団心性を解釈することを試み，集団に起こる諸問題は集団を通して治癒されることを提唱している。つまり，グループ全体についても，クラインが発達の理論で提唱している分裂的－妄想的ポジション (schizoid-paranoid position) と抑うつ的ポジション (depressive position) とで解釈できるとしたのである。前者は，原始的な自我発達時に，外的現実からの不安にさらされた乳児が，投影や否認，分裂，投影的同一視を行うなどの原始的防衛機制を働かせ，自分を守ろうとする状態である。後者は，対象を統合して認識できる段階で，現実的検討ができるようになり，防衛機制も神経症的な機制 (抑圧，置換，昇華など) に変化してくる状態である。たとえば，グループの初期

表３−１　代表的なグループ・アプローチの研究と実践
（鈴木・齋藤，1995を参考に，MacKenzie，1992より作成）

著作の区分（発表年）	分析的（Analytic）	グループ全体（Group as a Whole）	活動指向（Action Oriented）	体験的（Empirical）
形成期				
1907				Pratt
1928	←	←		Burrow
1936	Wender			
1940			Moreno	←
1943	←	Bion		
1947		←	←	Lewin
1948			Jones	
1951		←	←	Dreikurs
理論的発展期				
1952	←	Ezriel		
1955			←	Corsini
1957	←	Foulkes		
1957				Frank
1957	Slavson			
1957	Durkin	←		
1958	←		Berne	
		Stock		←
1963	Redl	←		←
1967			Rogers	←
整理統合期				
1968	←	←		Parloff
1970	←	Rioch		
1971				Yalom
1974	Scheidlinger	←		
1977	Schiffer			
1977	←	Horwitz		
1978	Glatzer			
1981	Stein	←		

←は，関心領域がつながっていることを示している。

に葛藤状態になったとき，メンバーがグループを否定したり，リーダーに対して不満をぶつけたりする状態は分裂的−妄想的ポジションであり，その事態から脱してリーダーへの敵対行動を内省し理性的に行動できる状態は抑うつ的ポジションに移行したと解釈できる。

また，Bion（1961　対馬訳，1973）は，すべてのグループは「ワーク・グループ（work group）」と「基底的な想定集団（basic assumption group）」とがあり，この２つの状態をいったりきたりしていると考えたのである。「ワーク・グループ」とは，グループが目標や課題をもち議論をしながら進行しているグループの状態であり，個人レベルでは理性的で分別のある自我をもつ状態に相当している。「基底的な想定集団」は，グループが分別のない非効果的な行動をとっている状態である。この「基底的な想定集団」には，「依存（dependency）」，「闘争－避難（fight-flight）」，「つがい形成（paring）」の３つ主題が考えられるとしている。それは，集団が発展していく３つの相としての「包含（inclusion）」，「力（power）」，「親密性（intimacy）」と，もしくは集団の発展段階としての「抵抗（resistance）」，「攻撃性（aggression）」，「創造性（creativity）」と対応しているととらえることができる（吉松，1987）。

Foulkes（1948）は，Bion の概念をさらに発展させ，さらには Slavson や Moreno の考えも包含する形で，集団精神療法（Group Analysis）を作りあげてきている（磯田，1995）。

２）ベーシック・エンカウンター・グループ

1946年と1947年にシカゴ大学カウンセリング・センターにいた，非指示的カウンセリングの創始者である Rogers とその仲間たちによって，第二次世界大戦後の復員軍人の問題に対応するためのカウンセラー養成の方法として集中的なワークショップが行われた。こうしたカウンセラー養成から始まったグループ・アプローチを「ベーシック・エンカウンター・グループ」と称している。グループ体験は，一人ひとりの人間の存在を尊重し，“今ここ”での関係に生きるとき，メンバー相互に驚くほどのエネルギーの集中が起こり，そのとき個人やグループの変化成長が起こることを彼自身が発見していったのである。その後，Rogers（1968）は「集中的グループ体験は，おそらく，今世紀の最もすばらしい社会的発明である」と記し，彼はグループの力の偉大さを讃えている。

Rogers が始めたエンカウンター・グループでは，彼の主張するクライエント中心療法（Client-centered therapy）の視点をグループ状況にもち込むことから，一対一のメンバー相互の理解や出会いに強調点がおかれている。表３－１に見られるように，このグループ体験はグループの中で対話が実現するといった活動指向のグループ・アプローチといえるだろう。すなわち，グループ体験を通して，個人の気づきを深めることに焦点が当てられ，グループの視点からのかかわりやグループ・ダイナミックスの理解に向かうアプローチは比較的少ないと考えられる。

1960年以降，人間性回復運動（Human Potential Movement）と連動しながら，Rogers の所属する人間研究センター（Center for Studies of the Person, La Jolla, California）が中心になり，エンカウンター・グループは米国をはじめ全世界にわたり急速に普及していった。このグループ体験は，参加者の心理的な成長（personal growth）や個人のコミュニケーションや対人関係の改善・発展を主たる目的とすると共に，治療的な志向性ももっていたのである。

日本でも，1969年に Rogers のもとで学んできた畠瀬稔らが，1970年に「エンカウンター・グループ・ワークショップ」と称してグループを実施して以来，畠瀬らを中心とした人間関係研究会や，村山を中心とする福岡人間関係研究会などが実践と研究を推し進め，広く日本で知られるようになってきている（村山，1977）。

エンカウンター・グループは本来，非構成的グループ体験といわれ，グループが取り組む課題や手順があらかじめ決められていないところからグループ体験が始まり，曖昧な状況の中から深い出会い体験が起こるような関わりが生まれて，メンバー相互に成長していくことをめざしている。最近では，國分（1992）が，構成的グループ・エンカウンターというグループワークを開発し，学校教育をはじめ幅広い領域で実践している。彼によると，構成的グループ・エンカウンターの利点として，グループワークが所定の時間内に実施することができることや，心理的外傷を引き起こすことを予防しやすいこと，またリーダーの負担や能力などが比較的軽くてすむことなどから，実施の容易さを主張している。

3）Tグループ

Lewinらによるグループ・ダイナミックスに関わる実証的研究は，上述の集団精神分析にも，またエンカウンター・グループにも影響を与えている。また，彼らが開発したTグループは，集中的なグループ体験を通して，個人の対人行動から組織変革まで可能にする学習方法として全世界に普及し，人間関係トレーニングとしてさまざまな領域で活用されている。

遡れば1946年の夏，米国コネティカット州ニューブリテン市において，マサチューセッツ工科大学集団力学研究所とコネティカット州教育局人種問題委員会との共催によるワークショップが，Lewinらの研究者を中心に開催された。ソーシャルワーカー，教育関係者，産業界の人々や一般市民が参加し，公正雇用実施法の正しい理解と遵守を促進する地域社会のリーダー養成をすることが目的であった。具体的な問題としては，ユダヤ人とアメリカ人の雇用差別の撤廃を推進するために，ワーカーの再教育を行い，人間関係能力の向上をめざすためのグループワークが実施されたのである（Benne，1964　坂口・安藤訳，1971）。

そのワークショップのプログラムには，現場の問題を持ち寄り問題解決のためのグループ討議やロールプレイングなどを取り入れていた。一日のプログラムが終わった後，Lewinの発案でグループ討議の場面に観察者を置くことにし，グループの中で何が起こっていたかを記録していくことになった。毎晩研究者と観察者が集りスタッフミーティングを開き，グループの中で何が起こっていたか（リーダーやメンバーの行動の分析と解釈）を話し合い，どのようにグループが成長しているか（グループの発達過程）などを議論していたのである。メンバーからスタッフミーティングに出席したい旨の要望が出され，Lewinはその会合に参加することを許可した。

ある晩，観察者のグループ状況についての報告を聞いていたあるメンバーが，その内容に異議を唱え出し，そこにいた他のメンバーもそれに補足をしはじめたのである。結局は，研究者，観察者，そして参加メンバー全員が，一堂に会して，3時間におよぶ討議になったのである。その討議の中では，今，その場で話し合っている人たちの間で起こっていることにも焦点が当たることになり，そのことから，その人自身の行動，他のメンバーの行動や集団行動についての深い理解を得ることができたのである。すなわち，グループの相互作用過程において，“今ここ”で生起している事柄に対する認知と解釈がメンバー間で異なっていたのである。そして，それぞれの感じ方や見方を開示しながらグループで吟味することにより，刻々と変化していくグループの真実のプロセスを理解することができ，その討議を通してグループが成長していくことを発見したのである。（Benne，1964　坂口・安藤訳，1971；星野，1990；津村，1990a；山口，1989）

それは，メンバーが，自分自身の行動やそれが周りに与える影響などについて，データを把握し，防衛的にならずに，それらのデータを考察することができるようになれば，自分自身，他者への反応，他者の行動，集団行動などについて，有意味な学習ができるといった新しい学習方法の発見であった。この学習方法を後に，ラボラトリー方式による学習－体験学習－とよんでいる（津村，2002）。

Lewinらにとってはこうした出来事は衝撃的であり，グループ・ダイナミックスや人間関係に関する学習は，一方的に聞く講義よりも，参加者がそのときその場でまさに体験していることを学習の素材として学ぶ体験学習が有効であることを確信したのである。翌1947年夏，メイン州ベセルにおいて，前記ワークショップと同じトレーニングスタッフで，３週間のプログラムが行われた。それは「基礎的技能トレーニング（Basic skills training）」とよばれ，その後「Ｔグループを中心とする人間関係ラボラトリー（Human relations laboratory）」へと発展していったのである。残念なことに，Lewin はこのとき他界しており，こうしたトレーニングの発展を自分の目で確かめることはできなかったのである。

学習者自身の体験をもとに学ぶラボラトリー方式の体験学習は，1948年以降は，NTL（National Training Laboratories：アメリカ教育協会（NEL）の訓練部門，現在は NTL Institute for Applied Behavioral Science）が主催し，米国だけでなく，世界中に広まり，現在に至っている。

日本におけるＴグループを用いた人間関係トレーニングの変遷については，津村（1996）を参照していただきたい。

（２）グループ・リーダーの働き

１）リーダーの呼称

グループワークを運営するリーダーの呼称は，体験集団の種類によって異なる。集団精神療法のグループにおいては，セラピスト（治療者）という名称が一般的である。エンカウンター・グループにおいては，ファシリテーター（促進者）という呼称が使われる。Ｔグループでは，トレーナー（訓練者）という用語が使われていたが，近年はファシリテーターと呼ばれることが多くなってきている。

こうしたリーダーの呼称は，グループ運営の目的やありようを反映している。集団精神療法においては，治療を受け回復を求める患者に対して，治療を施す治療者といった「治療する者－治療を受ける者」という関係が明確にある。

一方，エンカウンター・グループにおいては，参加者であるメンバー間の人間関係を促進すること，そこでのメンバー間の出会いが起こることを援助することを目的としており，究極的にはリーダーはグループのメンバーの一員になるようなグループ運営を理想としていることからも，ファシリテーター（促進者）と呼称している。

Ｔグループにおいて，初期の頃は，グループ・ダイナミックスの理解や効果的なリーダーシップのありかた，人間関係技能などを参加者が習得することを目的にしており，「訓練者－訓練を受ける者」といった関係であり，リーダーはトレーナーとよばれていた。Ｔグループや感受性訓練が盛んに行われていた一時期，特にビジネス界にＴグループが導入され始めたときには，グループ体験の効果として参加者に衝撃的な体験をもたらすように，トレーナーは個人を変えるための操作的なアプローチを開発・実施していったグループワーク運営もある（津村，1996）。そして，トレーニングにおける倫理観，人間観を再度問い直す必要に迫られたのである。それは，一方的に影響を与えるトレーナーから一人ひとりのメンバーの自主性・自発性を尊重し関わることのできるリーダーになるといった原点に戻ることであった。

中村（1998）は，集団精神分析（特に，Bion のアプローチ），エンカウンター・グループと比較しながら，南山短期大学および南山大学におけるＴグループのアプローチを吟味している。彼は，Hensen, Warner, & Smith（1976）が示したグループ・アプローチの２軸，①リーダー中心－メンバー中心，②過程重視－結果重視を用いて，南山流のＴグループは「メンバー中心」で「過程重視」の象限に位置することができると述べている。

このことは，今日のＴグループが，グループ・ダイナミックスの理解やリーダーシップスキルの開発といった目的よりも，参加者のニーズの変化もあり自己理解や自己成長に向けたグループ運営に関心が向けられてきていると考えられる。前述のリーダーによる操作的なアプローチに対する反省もあり，よりメンバー尊重

表3－2　各種グループ・アプローチの機能的類型（小谷，1987より一部引用）

ゴールにわかる強調点 / 介入の軸	体験的 (experiential/here and now)	再構成的 (psychodinamic/reconstructive)
個人中心 (individual within a group)	Basic Encounter（Rogers） Gestalt Therapy（Perls）	Psychoanalysis in Groups (Wolf & Schwartz)
グループ中心 (group as a whole)	T-Group（NTL）	Tavistock Group (Bion, Ezriel)

型のかかわりをリーダーが行うようになっており，最近ではトレーナーという呼称よりも，メンバーが体験から学ぶことを促進する働きをする人物という意味で，ファシリテーターといった呼称を使うことが多くなってきている。

2）リーダーの介入

グループは，それぞれある目的をもって運営されるわけであるが，その目的のもと，グループ・メンバーに対してリーダーが働きかける行為を介入（intervention）とよぶ。小谷（1987）は，ゴールにわかる強調点と介入の軸の２側面から，各種グループ・アプローチの分類を試みている（表3－2）。

個人中心の介入が行われやすいグループ・アプローチとしては，体験的グループ領域に，Rogersのベーシック・エンカウンター・グループやPerlsのゲシュタルト・セラピー・グループなどを，再構成的グループ領域にWolf & Schwartzのグループの中での精神分析をあげている。一方，グループ中心の介入が行われやすいグループ・アプローチとしては，体験的グループ領域に，NTLで開催されているＴグループを，再構成的グループ領域に，Bionなどのタビストック・グループをあげている。

グループの種類やグループの目的により，リーダーの介入は異なることは当然であるが，大別すると，小谷（1987）が指摘するように，メンバー個人に焦点を当てて行う介入と，グループに起こっている事柄にも関わる介入とがあるといえる。小谷も述べているが，初心のセラピストはグループ・ダイナミックス，とりわけその深層ダイナミックスに深く関与するよりも，人間関係的レベルの「グループの中の個人」に介入することが適切だろう。それだけグループに関わる介入は難しいといえる。また，グループに関わる介入のベースは，メンバー個人への働きかけをなくして成り立たないともいえるだろう。

一方で，こうしたグループワークの中におけるリーダーの介入の仕方や視点には共通項も考えられる。精神分析的な解釈を試み，再構成的なアプローチを求める集団精神分析においても，治療者にそったアプローチ，すなわち治療者と共にグループ運営を進める視点を強調する動きもある。Bionの概念を発展させたFoulkes（1948）は，集団におけるリーダーをコンダクター（指揮者）と名づけている。磯田（1995）は，Foulkes（1948）の考える集団精神療法においては，治療者は集団に解釈を加えるばかりではなく，むしろ集団全体のバランスをはかりながら，集団の言語的，非言語的な交流を促進するという作用を果たすことであると述べている。

上記のことより，いかなるグループワークにおいても，リーダーの呼称はファシリテーターという名称がふさわしいように思われる。以下に，グループワークにおけるファシリテーターの促進的な介入の一般的な視点をあげておく。

① 心理的に安全なグループ風土づくりに取り組むこと。
② 個人やグループの現状を受容する共感的態度をもつこと。
③ メンバーの話を傾聴する態度をもつこと。

④　個人やグループの見える部分（行動レベル）と見えない部分（気持ちや無意識のレベル）のいずれに対しても感受性をもつこと。
⑤　“今ここで”（here and now）起こっていることを大切にすること。
⑥　言語的レベル，非言語的レベルでメンバー間の交流を促進すること。
⑦　グループや個人に感じていることを，リーダーも含め，メンバー間相互に対峙したりフィードバックしたりすることを促進すること。
⑧　メンバーの自発性や自主性を尊重すること。
⑨　リーダー自身が自分と向き合い正直で誠実であること。
⑩　グループの治療的・成長的潜在力に対して信頼をもつこと。

（３）グループワークのメカニズム

グループ・ダイナミックスの創始者といわれるLewinらによる一連の研究は，さまざまなグループ・アプローチの研究者や実践者に影響を与えている。特に，彼による「場の理論（field theory）」の提唱（p. 52参照）は，グループ・ダイナミックスを解明するための有効なモデルとなっている。リーダーシップ・スタイルが動機づけや創造性に影響を与えるというリーダーシップ研究，集団凝集性（group cohesiveness）とメンバーのグループへの魅力や意志決定との関連性に関する研究や，集団討議と自己決定が態度変容に影響を与えるといった一連の研究など，かなりの研究がグループワークに影響を与えているといえる。一方，近年，グループワークの実践者は，実験的・実証的な分析による研究の深化よりも，事例的・質的分析による研究が盛んに行っているのが現状である。今後は，実験的・実証的な研究の再考ととともに，これらのアプローチのバランスのとれた研究が求められるだろう。

Corsini & Rosenbergs（1963）は，集団精神療法はじめグループワークにかかわる300あまりの論文をレビューし，治療過程におけるグループのメカニズムの分類を試みている。これらは，種々のグループワークにも共通に見られるメカニズムであると考え，Bion（1961　対馬訳，1973）や大利（1980）による紹介をもとにしながら，グループのメカニズムを記しておく。

Ⅰ．知的要因（intellectual factor）

①　観察効果（spectator therapy）

メンバーがグループ内での他のメンバーの言動を見たり聞いたりして他者の問題を知り，またその解決の過程を観察することによって，自分自身の問題を異なる視点からとらえることを学ぶ。

②　普遍化（universalization）

他のメンバーも同じような問題をもっていると認知することにより，自分だけが特異な存在ではないことを自覚し，いわゆる世界が広がり，大きな視野で自分の問題や悩みを考えることができるようになる。

③　知性化（intellectualization）

メンバーが自分の問題や悩みを客観的に把握したり知的に解釈したりすることができ，問題解決への洞察を深める過程であり，不合理な不安が減少する。

Ⅱ．情緒的要因（emotional factor）

①　受容（acceptance）

リーダーがメンバーを，またメンバー同士がお互いに相手を尊重し，共感し，あたたかく受け入れ，信頼の風土が生まれることによって，メンバーは自信と安定感を得る。

②　利他性（愛他性：altruism）

受容に近いメカニズムで，メンバーがお互いに援助者の働きを積極的に担う。メンバーに対してあたたかい激励や親切な助言を行い，メンバーをあたたかく包み込むような積極的な行動が生まれる。

③　転移（transference）

個人的なアプローチの場合と異なり，リーダーに対する強い愛着や同一化といった転移だけでなく，メンバー相互の感情的な結合が生まれ，メンバー相互の愛情や同情が生まれる。

Ⅲ．行為的要因（actional factor）

①　現実吟味（reality testing）

メンバーは，脅威のない安全な雰囲気の中で，メンバーは自分の過程や対人関係の問題などを再現したり，自分自身の新しい行為を試したりしながら，現実的な生活場面での対人的な行為の仕方を学ぶ。

②　換気（ventilation）

日常生活において罪や非難をおそれて，抑圧されている感情や考えが受容的な雰囲気の中で解放され，表現され，情緒的な緊張の解消が可能になる。いわゆるカタルシスのメカニズムである。

③　相互作用（interaction）

リーダーとメンバー，あるいはメンバー同士の相互作用をさしており，明確に性格づけることは困難なメカニズムであるが，グループ内の相互作用がメンバーの精神の健全化に効果をもつ。

以上のことは，さまざまなグループワークによる効果を検討する際のメカニズムとして大切な視点を提供してくれる。このほかに，グループの成長・発達過程を理解することもグループワークのもつメカニズムを考えるためには重要になるだろう（村山，1977；津村，1990b）。

引用文献

Benne, K. D. (1964). History of the T-group in the Laboratory setting. In L. P. Bradford, J. R. Gibb & K. D. Benne (Eds.), *T-group theory and laboratory method* (pp.80–135). John Wiley & Sons.（ベネ，K. D.　坂口順治・安藤延男（訳）(1971)．ラボラトリにおけるＴグループの歴史　三隅二不二（監訳）　感受性訓練（pp.111–179）日本生産性本部）

Bion, W. R. (1961). *Experiences in Groups.* Tavistock Publicaitons.（ビオン，W. R.　対馬忠（訳）(1973)．グループ・アプローチ（pp.209–236）サイマル出版会）

Bradford, L. P., Gibb, J. R., & Benne, K. D. (1964). Two Educational Innovations. In L. P. Bradford, J. R. Gibb & K. D. Benne (Eds.), *T-group theory and laboratory method* (pp.80–135). John Wiley & Sons.（ブラッドフォード，L. P.　三隅二不二（訳）(1971)．教育における２つの技術革新　三隅二不二（監訳）　感受性訓練（pp. 1 –19）　日本生産性本部）

Burrow, T. (1927). *The Social Basis of Consciousness.* New York : Harcourt Brace.

Corsini, R. J., & Rosenberg, B. (1963). Mechanisms of group psychotherapy : Process and Dynamics. In M. Rosenbaum & M. Berger (Eds.), *Group Psychotherapy and Group Function.* New York : Basic Books.

Foulkes, S. H. (1948). *Introduction of Group-Analytic Psychotherapy*. London : Wiliamm Heinmann Medical Books Ltd.

Freud, S. (1921). *Group Psychology and the analysis of the ego.* Stand, Edit. Vol.18 (pp.67–143). London : Hogarth Press.

Hensen, J. C., Warner, R. W., & Smith, E. M. (1976). *Group counseling : Theory and process.* Rand McNally College Publishing Company.

星野欣生（1990）．Ｔグループ Q&A　南山短期大学人間関係研究センター紀要　人間関係，Vol. 7，189–198．

磯田雄二郎（1995）．集団精神療法総論――絡み合う三すじの糸――Moreno, Slavson, Bion　集団精神療法，11(2)，191–202．

加藤正明（1987）．集団精神療法の歴史　山口隆・増野肇・中川賢幸（編）　やさしい集団精神療法入門（pp. 3 –17）　星和書店

國分康孝（編）(1992)．構成的グループ・エンカウンター　誠信書房

小谷英文（1987）．神経症者の集団精神療法　山

口隆・増野肇・中川賢幸（編）　やさしい集団精神療法入門（pp.303–320）星和書店

Mackenzie, K. R. (Ed.) (1992). *Classics in Group Psychotherapy*. The Guilford Press.

Marquardt, M. J. (2004). *Optimizing the Power of Action Learning*. Davies-Black Publishing.（マーコード，M. J.　清宮普美代・堀本麻由子（訳）（2004）．実践アクションラーニング入門――問題解決と組織学習がリーダーを育てる　ダイヤモンド社）

村山正治（編）（1977）．講座心理療法7　エンカウンター・グループ　福村出版

中村和彦（1998）．非構成的なグループ・アプローチの歴史的・理論的背景に関する検討――Tグループ，エンカウンター・グループ，精神分析的集団療法を中心に　南山短期大学人間関係研究センター紀要　人間関係，15，72–98.

大利一雄（1980）．グループの力動　武田健・大利一雄（共著）　新しいグループワーク（pp. 49–72）日本YMCA同盟出版

Pratt, J.H. (1907). The class method of treating consumption in the homes of the poor. *Journal of the American Medical Association*, 49, 755–759.

Reid, K. E. (1981). *The History of the Use of Groups in Social Work: From Character Building to Social Treatment*. Greenwood Press.（リード，K. E.　大利一雄（訳）（1992）．グループワークの歴史――人格形成から社会的処遇へ　勁草書房）

Rogers, C. R. (1968). Interpersonal Relationships: U.S.A.2000. *Journal of Applied Behavioral Science*, 4(3).

鈴木純一・齋藤英二（1995）．集団精神療法の最近の動向　精神医学，37(10)，1020–1029.

津村俊充（1990a）．コミュニケーションスキルの開発と訓練　原岡一馬（編）　人間とコミュニケーション（pp.118–130）ナカニシヤ出版

津村俊充（1990b）．体験集団における相互作用過程　大坊郁夫・安藤清志・池田謙一（編）社会心理学パースペクティブ2　人と人とを結ぶとき（pp.89–110）誠信書房

津村俊充（1996）．日本人の人間関係トレーニング　長田雅喜（編）　対人関係の社会心理学（pp.232–241）福村出版

津村俊充（2002）．Tグループを中心としたトレーニング・ラボラトリ　伊藤義美（編）　ヒューマニスティック・グループ・アプローチ（pp.79–98）ナカニシヤ出版

山口真人（1989）．Tグループ　心理臨床，(2)，（pp.289–294）星和書店

吉松和哉（1987）．集団精神療法とは何か　山口隆・増野肇・中川賢幸（編）やさしい集団精神療法入門（pp.18–35）星和書店

第4章

Tグループを中心としたトレーニング・ラボラトリー

（1）ラボラトリーとは

Bradford, Gibb, & Benne（1964　三隅訳，1971）は，教育おける２つの技術革新（innovation）として，Ｔグループ（Ｔとはトレーニングの頭文字）と，トレーニング・ラボラトリーをあげている。Ｔグループがトレーニング・ラボラトリーの中核部分をなすとともに，ラボラトリーはすべての参加者の学習ニーズを満たすように創り出そうとする，１つの仮住まいとしての共同体（community）であると彼らは述べている。

ラボラトリーとは，実験室という意味であるが，それは参加者自らが実験者であり被験者でもあり，参加者が実験的に体験し探求しながら集団と個人の成長をめざすコミュニティそのものなのである。そのために，グループは創造的で協調的で信頼に満ちた関係づくりに取り組み，その風土づくりのもとで，さまざまな行動を試みながら，新しい行動を習得していくことになる。

トレーニング・ラボラトリーでは，「集団こそ，個人と社会構造との関係を連結するきずなである」と考え，「集団を用いて，個人の社会的再適応（rehabilitation）と社会環境の再組織を遂行すること」をラボラトリーに求め，実験的に学習していく場所を創り出すように計画し実践していくのである（Bradford et al., 1964　三隅訳，1971）。そして，ラボラトリーで学習したことを日常生活の場に適応することができるようにトレーニングをプログラムすることも大切である。トレーニング・ラボラトリーの最終のめざすところは，「学び方を学び（learning how to learn）」，それを現実の社会変革に生かしていくことであり，社会変革の推進体（change agent）となるリーダーを養成する場となることである。

（2）トレーニング・ラボラトリーの要素

ラボラトリー方式によるトレーニングでは，基本的に４つの構成要素が大切にされる（津村，2002）。

①　**集中的なグループ体験：Ｔグループ**

対話による集中的な小グループ体験はＴグループとよばれ，トレーニング・ラボラトリーでは中心的な学習の場となる。Ｔグループでは，特定の課題を与えられた仕事集団や決められた話題がある討議集団とは異なり，グループの課題，特定の話題や手続きがあらかじめ決められていない。Ｔグループでは，“今ここ”で起こっていること（プロセス）を学習の素材としながら，参加者自身の他者とのかかわり方やグループメンバーのお互いの影響関係などを吟味し，自分自身について，グループについて，人間関係についてなどを学ぶのである。

②　**構造化された体験（実習）とふりかえり**

構造化された体験とは，学習者が気づきを深め新しい学びを得るためにファシリテーターによって意図的に計画・準備されたグループ体験である。一般にこの体験を「実習（exercise）」

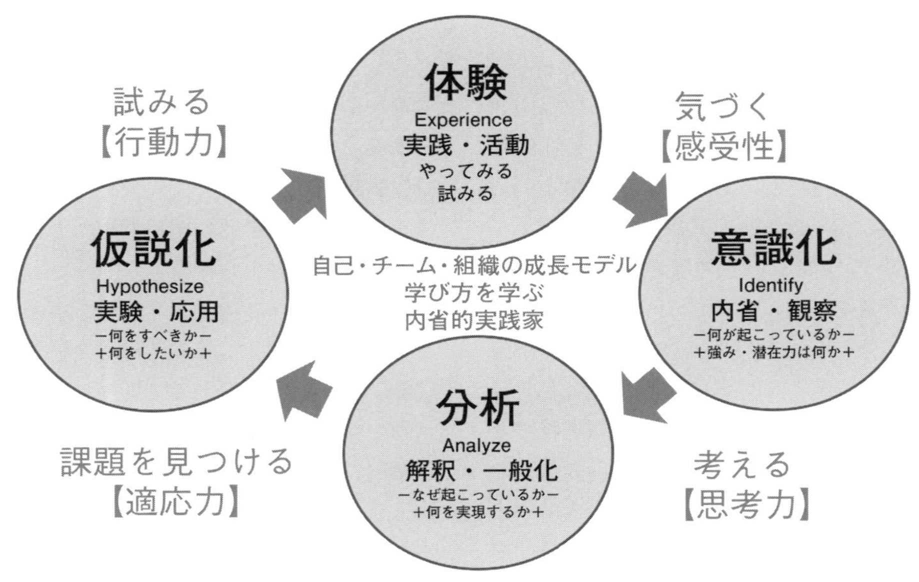

図４－１　体験学習の循環過程の４つのステップ

とよんでいる。Tグループのように課題や話題，手順などがあらかじめ決められていない体験を構造化されていないグループ体験とよぶ。実習は，トレーニングの目標を達成するために，ファシリテーターが特定の状況を準備して，学習者がその状況に参加することによって，自分や他者，グループへの気づきを深め学習目標と関連した考察が深まるように工夫された体験である。コミュニケーションのありように気づくための実習やチームワークやリーダーシップを学ぶためのグループワーク実習などがこれにあたる。

③　小講義

小講義は，参加者が体験からの学びを広げたり深めたりして一般化することを促進する働きをもっている。学習者の行動の意味を明確にしたり，新しい行動の発見や習得をしたりするために役立つモデルや理論などをファシリテーターが提供する。このことは，トレーニングの場だけでなく，日常の体験の中に学びを応用実践するためにもトレーニング・プログラムの中では重要な要素となる。ラボラトリー方式の体験学習は，認知的な学習に対するアンチテーゼとして導入されて発展してきているが，近年体験偏重の傾向が強くなっているとの批判もある（柳原，1985）。ラボラトリー方式のトレーニングがめざすところは，あくまでも「体験と知識の統合的な学びの場」づくりである。

④　チェックリストや記入用紙などの道具（instrument）

ここで取り上げるチェックリストや記入用紙は，治療者がクライエントの心理状態を測定・評価するために行われる第三者が解釈するものだけではない。それよりも，学習者である参加者が自分自身やグループのありようを理解するための道具をさしている。すなわち，学習者自らが，自己診断を行い，自己成長やグループ変革を試みる課題を探求し，その改善に取り組むといった，まさにアクションリサーチの視点から必要となる道具を意味している。この測定道具は，科学的・理論的に検証されているものもあれば，グループ体験後に用いる，学習者の気づきを書き留める「ふりかえり用紙」なども重要な道具である。

（3）体験学習の循環過程の４つのステップ

Kolb, Rubin, & McIntyre（1971）では，体験学習に関する論文をレビューしながら，新しい行動を修得したり，今までの行動を修正したりするための体験学習のモデル（experiential learning model）を提唱している。また，Kolb（1984）は，体験学習のサイクルを「具体的体験」→「内省的観察」→「抽象的概念化」→「積極的実験」の４つのステップとして考えている。Kolb の体験学習の循環過程に関しては第２章で詳述している。また，Pfeiffer（1991）は，学習者の具体的な活動に焦点を当てた体験学習の循環過程を提案している（p. 17参照）。

これまで論じてきた体験学習の循環過程のサイクルと，長年，南山短期大学と南山大学においてラボラトリー教育の中で提示してきている「体験（Experience）」→「指摘（Identify）」→「分析（Analyze）」→「仮説化（Hypothesize）」のステップの用語（星野，1992）を極力活用しながら，今日のポジティブ・アプローチも参考に，筆者は体験学習の循環過程を図４－１に示したステップを提案する。

まず「①体験」のステップとして，トレーニング・ラボラトリーなどで具体的な体験をして，その体験を内省したり，他者の行動を観察したり，他者とのフィードバックの授受を行ったりして，自分のありようや他者のありよう，グループのプロセスなどに光を当てることによって「②意識化」するステップが大切になる。これまで「Identify」を「指摘」と訳し，体験学習の循環過程のステップを説明してきたが，「指摘」という言葉を使うと，問題点に光を当てることになりがちで，また他者からの評価的なフィードバックを伴う「指摘」が期待されているように考えられやすい。学習者にはまだ気づいていないポジティブな側面にも光が当てられることを考えると，「気づく」＝「意識化」するという言葉で示すことで，ニュートラルで気づいていなかったことを気づくとともに，今まで気がついていたことではあるが再度確認することも大切なデータとして扱いやすくなると考えている。

内省したり観察したりして「意識化」されたデータの意味を考えたり，抽象的な概念を用いて吟味したりする「③分析」を通して一般化を試み，その一般化された学びを応用して，新しい場面で実験的に試みる体験に導くための自分の行動目標を立てる「④仮説化」を行う４つのステップを体験学習の循環過程と考えている。

①　ステップ１：体験

自分や他者，グループや組織などのありようを詳細に探求するための基礎的な体験を指している。Ｔグループの中でメンバーの言動もまた行動しないことも１つの体験であり，構造化された実習体験も学びのための重要な具体的な体験になる。さらには，日常生活におけるさまざまな体験も，トレーニングの学びを現実的な場面から内省し学んだり生かしたりするための大切な体験となる。

②　ステップ２：意識化

「意識化」のステップは，体験から学ぶために重要なステップである。グループの中での自分や他者，グループのダイナミックスを理解するために，感受性豊かにグループの中に起こっているプロセス・データを拾い集めることが必要になる。目に見えている話題や課題だけでなく，その活動の間に起こる目に見えにくい心理的関係的なプロセス・データを見つけ出せるような視点をもった内省と観察が大切になる。本人が気づいていないことも多くあり，活動の最中や活動後にファシリテーターやメンバーからの問いかけに応答することや他者から気づいたことを教えてもらうフィードバックにより有効なプロセス・データを見出すことになる。

どうしても，学習者は自分に足りないものや課題になるような問題に目が向きやすいが，最近は，ポジティブ・アプローチやナラティヴ・セラピーといった考えをベースにして本人がもつ強みや潜在力を見出すことができるようなインタビューなどを行うことにより，思いがけない価値ある自分や他者に出会う（意識化する）ことも自己理解や他者理解に有効な学びのステップとなる。

③　ステップ３：分析

ステップ２で収集されたデータが意味するもの，そこにいるメンバーの特徴やグループダイナミックスの現象を解明する「分析」のステップが重要になる。このステップでは，ステップ２でメンバー相互に気づいたことや考えたことなどを率直にわかちあいができる関係づくりが大切になる。なぜそのことが起こったのか，個人やグループの特徴やパターンとしてどんなことが考えられるのかなどを分析する。ポジティブ・アプローチでは，ステップ２で見つけた強みや潜在力を最大限に生かすと，個人やグループがどのようなことが可能になるのか，チームや組織の大胆な未来像（dream）を考えるステップである。このわかちあいの時間が自由に語り合えるようになるためにもこのステップでのメンバー間のかかわり方が大事になり，ファシリテーターの働きかけもとても重要である。実習教材を用いたプログラムでは，ファシリテーターは参加者の気づきや学びをインタビューしながら聴き，これまでに発見されているモデルや理論なども適宜提示しながら，参加者の体験からの具体的な気づきを概念化や一般化ができるように支援することがファシリテーションの大切な働きになる。

④　ステップ４：仮説化

このステップは，ステップ３で分析した学びを応用し，自分やグループの成長に生かすために，メンバー自身が具体的に実験的に取り組む課題を見出すステップである。仮説化する課題は，できる限り具体的な行動目標であることが望ましい。問題解決的アプローチでは，どうしても改善すべき行動や活動が何かといったことが課題になるが，ポジティブ・アプローチでは未来像に向けてそれを実現するためにやってみたいことを具体的にリストアップし選択するステップでもある。

「仮説化」のステップで立てた行動目標を実際に試み，それが新しい①体験となり，内省や観察を通して②意識化し，その仮説が適切であったのか，またその試みがなぜ成功したか失敗したかなどを③分析し，さらに成長のための新しい仮説化を行うといった，体験学習の循環過程を通して新しい行動を修得するといった循環過程を持ち続けることが「学び方を学ぶ」ということである。

（４）Ｔグループによるトレーニングの具体例

表４-１は，2019年２月に（一社）日本体験学習研究所主催で行われた，Ｔグループを中心とした人間関係トレーニングのプログラムである。プログラムは，大きく分けて，Ｔグループを中心とした５泊６日の合宿形式のトレーニングと，約３ヶ月後のフォローアップ・プログラムから構成されている。合宿形式のプログラムには，前述の①Ｔグループ（集中的対話グループ），②構造化された体験（実習）グループ，③小講義，④記入用紙などの道具，の４つのラボラトリー・トレーニングの要素を含んでいる。

合宿の間のプログラムは，まずスタッフが前泊して，プレスタッフミーティングを開き，前もって収集した参加者の参加動機や，スタッフのＴグループへの思いなどをわかちあいながらトレーニング・ラボラトリーのねらいをつくる。その後，初日のプログラムと大まかな流れを話し合い決定する。そして，初日のプログラムを実施後，その日の夜にスタッフミーティングを開き，グループ状況を診断しながら翌日のプログラム計画を作っていくのである。その結果が，表４-１に示されている。

プログラムの流れとして，参加者とスタッフがトレーニングにおけるねらいの明確化・共有化を行う全体会（１）から始まり，実習や小講義を含んだ数回の全体会を行いながら，13回のＴグループ・セッションを実施している。すべてのＴグループ・セッションが終了後には，各セッションの体験をふりかえり，学びを１人になって言語化するとともに，記入したデータをＴグループ・メンバーで分かち合うことにより体験を一般化する全体会（5）を行っている。最終日には，ラボラトリーにおける学びを日常生活の現場にどのように持ち帰り，その学びを日常生活に生かす手がかりを考える全体会（6）を実施して，5泊6日のトレーニングを終えている。

毎回のＴグループ・セッション後には，図4-2の「ふりかえり用紙」に各メンバーがグループのことや個人の気づきを記録している。記入されたふりかえり用紙は，メンバーがいつでも読めるようにグループ室に置いてある。時には，ふりかえり用紙に記されている気づきも大切なデータとしてＴグループ・セッション中に取り扱われることがある。

全体会は，Ｔグループとは違った状況の中で，自分や他者およびグループの動きなどに気づくための実習体験を行ったり，Ｔグループの中で体験していることを考察したり一般化したりするための小講義をしたりといった，参加者全員が集まるセッションである。たとえば，コミュニケーションやグループワーク，またノンバーバル・ムーブメントのような実習を行っている。

夜のつどいは，毎日のプログラムの最後に設けている短い全体会である。このプログラムでは，1人になり，ゆったりとリラックスをした環境の中で，スタッフが提供する詩やアクティビティや音楽などを味わい，1日をふりかえり，自己との対話をする瞑想の時である。1日は他者とのかかわりをもつグループ・セッションの中で多くの時間を過ごしていることから，特にこの夜のつどいは1日のうちで1人になる貴重な時間となる。

（5）Ｔグループ体験の効果

Ｔグループは，何か1つの特定の方向に学習結果を導こうとするものでない。すなわち，Ｔグループにおける学習効果の内容に関しては，かなり個人差が考えられる。たとえば，あまり喋らず，無口で物静かな人が，自分はあまり値打ちある人間ではないといった自己認知から抜け出し，以前より自信をもった発言ができるようになったり，日常は仕事を達成することに関心が強くて他者の気持ちなどに注意を向けずに，自分の考えだけを押し通そうとする傾向が強かった人が，他者の気持ちに気づくことができるようになったり，他者のもっている意見にも意味ある示唆を含んでいることがわかり他者とともに協力的に仕事ができるようになったりと，幅広い変化が起こるのである。

津村（1993）は，事例的研究として5泊6日のＴグループを中心とした人間関係トレーニングにおけるグループの変容過程と，参加者の学びに関する報告をしている。Gibbの4つの懸念の低減過程の分析とともに，参加者の各セッションの気づきと学びの記述を試みている。そこでの学びは豊富なものであり，かなりの個人差がある。

その研究では，トレーニング終了3ヶ月後にフォローアップミーティングを行い，Ｔグループ体験のその後の影響や効果についても検討している。Ｔグループ体験から3ヶ月経過した時点で，トレーニング経験が自分にどのような影響を与えているかに関して個々のメンバーが自由記述を行い，115項目からなるリストを作っている。そして，参加者自らがそれら115項目を疑似KJ法を用いて学びの一般化を試みている。その結果，以下のようなものが代表的な効果として抽出されている。

① 対人関係の中で起こっていることに，特にコミュニケーション・プロセスの中で，自分の聴くこと・話すことのありように，焦点を当てることができるようになっている。

② 日常の中で，人々と真剣にかかわろうとすることができるようになった自信を得ている。

③ 周囲の人々に対してやさしさを表現できるようになっている。

④ しっかりと自分自身と向きあえるようになり，ありのままの自分でいること，自分

表４－１　2018年度Ｔグループ全日程表（JIEL 主催　2019.2.9－14　清里にて）

２／９（土）	２／10（日）	２／11（月・祝）
	7：30　朝　食	7：30　朝　食
	9：00　T_2	9：00　T_6
	10：15　ふりかえり用紙記入	10：15　ふりかえり用紙記入
	10：30　休　憩	10：30　休　憩
	11：00　T_3	11：00　T_7
	12：15　ふりかえり用紙記入	12：15　ふりかえり用紙記入
	12：30　昼　食	12：30　昼　食
	自　由	13：45　全体会（３）「森の散策」
14：00　受　付		
14：30　開　会 全体会（１）「お互いに知り合う」「私の窓」		
	15：00　全体会（２）「少人数でわかちあう」	
	15：45　休　憩	
	16：00　T_4	
		17：00　自　由
	17：15　ふりかえり用紙記入	
17：30　自　由	17：30　自　由	
18：00　夕　食	18：00　夕　食	18：00　夕　食
19：15　T_1	19：15　T_5	19：15　T_8
20：45　ふりかえり用紙記入	20：45　ふりかえり用紙記入	20：45　ふりかえり用紙記入
21：00　夜のつどい（１）	21：00　夜のつどい（２）	21：00　夜のつどい（３）
21：15	21：15	21：15

2／12（火）	2／13（水）	2／14（木）
7：30	7：30	7：30
朝　食	朝　食	朝　食
9：00	9：00	チェックアウト
T_{9}	T_{12}	9：15
10：15	10：15	全体会（6）「現場に向けて」
ふりかえり用紙記入	ふりかえり用紙記入	11：00
10：30	10：30	閉　会
休　憩	休　憩	12：00
11：00	11：00	昼　食
T_{10}	T_{13}	13：00
12：15	12：15	解　散
ふりかえり用紙記入	ふりかえり用紙記入	
12：30	12：30	
昼　食	昼　食	
休　憩	休　憩	
14：30	14：00	
全体会（4）「私・グループの表現」	全体会（5−1）Tグループのふりかえり「ひとりになって」	
17：30	16：30	
	休　憩	
18：00	17：00	
夕　食	全体会（5−2）Tグループのふりかえり「グループで」	
19：15	18：00	
T_{11}	夕　食	
20：45	19：00	
ふりかえり用紙記入	全体会（4−2）続き	
21：00	21：00	
夜のつどい（4）	夜のつどい（5）	
21：15	21：15	
	コミュニティ・アワー　ハンターホール	
	22：15	

「Tグループ　フォローアップ」
2019年5月12日（日）
ねらい・再会を楽しむ
・Tグループを終えてから今日までの自分をふりかえる
・私にとってのTグループの意味を考える
・今日の体験を明日への私につなぐ

10：00	開会・あいさつ　Tグループ終了後から今日までをふりかえる
12：00	昼　食
13：00	Tグループについて考える
15：00	明日からの私につなぐ
16：00	終　了

＿＿＿グループ　T＿＿＿＿回　氏名＿＿＿＿＿＿＿

1. 今のセッションでの私を何かにたとえると

＿＿＿＿＿＿＿＿＿＿＿＿＿＿＿＿＿＿＿＿＿＿＿＿＿＿＿＿＿ようだ

2. 今のセッションの印象，主な流れ，出来事は，

3. 今のグループの中で私は，

①不安でたまらない	├─┴─┴─┴─┴─┴─┤	安心していられる
②自分の意見や感情を隠さずに言うことが多い	├─┴─┴─┴─┴─┴─┤	自分の意見や感情を隠して言わないことがある
③グループが今取り組んでいることに関心がない	├─┴─┴─┴─┴─┴─┤	グループが今取り組んでいることに関心がある
④お互いに頼り頼られていると感じている	├─┴─┴─┴─┴─┴─┤	誰かに頼っていたい気持ちのみが強い
⑤自分の感情や行動が大切にされていると感じている	├─┴─┴─┴─┴─┴─┤	自分の感情や行動が無視されることが多い
⑥何か言うとき曖昧にぼかして言うことが多い	├─┴─┴─┴─┴─┴─┤	何か言うときぼかさないで言うことが多い
⑦グループに参加している実感が強い	├─┴─┴─┴─┴─┴─┤	グループに参加している実感が弱い
⑧特定の人の影響のみが強いと感じている	├─┴─┴─┴─┴─┴─┤	お互いに影響し合っている実感がある
⑨グループに全く魅力を感じない	├─┴─┴─┴─┴─┴─┤	グループに非常に魅力を感じる

4. 今のセッションでの私に影響を与えたのは（肯定的でも，否定的でも）
誰の：　どのような言動や態度が：　どのような影響を：

5. 今のセッションでのグループに影響を与えたのは（肯定的でも，否定的でも）
誰の：　どのような言動や態度が：　どのような影響を：

6. 今のこのグループの中で気になる人，気になることは
（肯定的でも，否定的でも，自分との関係を含めて，具体的に）

7. このセッションを通して私が感じたこと，気づいたこと，その他　自由に

（南山短大・南山大学において関係者と共同で開発された）

図4－2　ふりかえり用紙

自身をそのまま受け入れることができるようになっている。

⑤　他者との関係の中で，コミュニケーションをスムーズにできるようになっている。人に頼ることができるようになっている。

⑥　自分自身の身体変化に気づけるようになっている。そのことから自分の内側に起こる感情の変化に気づけるようになっている。

⑦　職場での自分の立場から状況把握ができるようになり，適切に行動をとることができるようになっている。

⑧　Ｔグループによるトレーニングへの関心をはじめ，さまざまなことに興味が広がり，学ぶことの楽しさを味わっている。

このようにＴグループを用いたトレーニングでは，かなり幅広い人間関係のスキルの開発に有効であり，学習者自身がそのことを自覚していることがわかる。その学びはＴグループ体験を通して，自分の課題を意識化し，それを改善することに取り組むようになっていることを示している。それは参加者が前述の体験学習の循環過程のステップを活用することにより，Ｔグループ体験を意味あるものとして内在化していっていると考えられる。

Ｔグループ体験が幅広い人間関係スキルの開発に有効である一方，グループの発達過程のありようが個人の学び，特に自己認知に影響を与えることが報告されていることにも注目すべきである。

津村（1989a，1989b）は，Gibb（1964　柳原訳，1971）の４つの懸念解消過程に関する津村・山口（1981）の集団の発達過程研究の再検討を行うと同時に，Ｔグループにおける集団の発達過程と学習者のパーソナリティの自己認知との関連性についての分析を試みている。それらの研究では，Ｔグループ・セッションが回数を重ねても懸念の低減があまりみられないグループは，グループへの魅力度が低く，パーソナリティの自己認知をネガティブな方向に変化させていることが示されている。逆に，Ｔグループ・セッションの回数を重ねるにしたがい，懸念の低減が顕著にみられたグループでは，グループへの魅力度は高くなり，パーソナリティの自己認知はポジティブな方向に変化したのである。すなわち，グループ内に信頼の風土が形成されればされるほど，グループへの魅力が高くなり，自己認知もポジティブな方向に変容することを示している。このことは，Ｔグループ・セッションが進んでいく中で，グループ内のダイナミックスと個人内プロセスとの間に連鎖的な関係が起こっていることを示唆している。

このことより，Ｔグループを用いたトレーニングを行うスタッフは，グループの中で起こっていること（グループ・プロセス）に気づくことと，それぞれのメンバー内に起こっていること（個人内プロセス）に気づくこと，さらにグループ・プロセスと個人内プロセスとの相互の関連についても焦点を当てていくことができる能力が必要である。Ｔグループを学習体験集団として考えるならば，Ｔグループ・セッションの中でメンバーが一生懸命生きる体験そのものを尊重する一方で，セッションの中でも，またＴグループ・セッションの全てが終了した後においても，Ｔグループ体験をファシリテーターとメンバーとが一緒になって言語化し，そのプロセスから学ぶ作業はとても重要になるのである。

引用文献

Bradford, L. P., Gibb, J. R., & Benne, K. D. (1964). Two Educational Innovations. In L. P. Bradford, J. R. Gibb & K. D. Benne (Eds.), *T-group theory and laboratory method* (pp.80–135). John Wiley & Sons.（ブラッドフォード，L. P.　三隅二不二（訳）（1971）．教育における２つの技術革新　三隅二不二（監訳）　感受性訓練（pp. 1 –19）　日本生産性本部）

Gibb, J. R. (1964). Climate for trust formation. In L. P. Bradford, J. R. Gibb & K. D. Benne (Eds.), *T-group theory and laboratory method* (pp.279–309). John Wiley & Sons.（ギブ，J. R.　柳原

光（訳）(1971)．信頼関係形成のための風土　三隅二不二（監訳）　感受性訓練（pp.367-408）　日本生産性本部）

星野欣生（1992）．体験から学ぶということ——体験学習の循環過程——　津村俊充・山口真人（編）　人間関係トレーニング——私を育てる教育への人間学的アプローチ（pp. 1－6）　ナカニシヤ出版

Kolb, D.A. (1984). *Experiential Learning : Experience as the Source of Learning and Development.* Englewood Cliffs, NJ : Prentice−Hall.

Kolb, D., Rubin, I. M., & McIntyre, J. M. (1971). *Organizational psychology : A book of readings.* Englewood Cliffs, NJ : Prentice-Hall.

Pfeiffer, J.W. (Ed.), (1991). The Experiential Learning Cycle. In *Theories and Models in Applied Behavioral Science.* Vol.2. San Diego, CA : Pfeiffer and Company.

津村俊充（1989a）．Tグループにおける集団発達の診断尺度の検討——ギブの懸念解消過程モデルを基礎として　日本グループ・ダイナミックス学会第37回大会論文集，145-146.

津村俊充（1989b）．Tグループにおけるパーソナリティ認知の変容　日本心理学会第53回大会論文集，221.

津村俊充（1993）．Tグループにおける集団と個の変化——参加者の気づきと学びを中心にして　南山短期大学人間関係研究センター紀要人間関係，10，39-87.

津村俊充（2002）．Tグループを中心としたトレーニング・ラボラトリ　伊藤義美（編）　ヒューマニスティック・グループ・アプローチ（pp.79-98）　ナカニシヤ出版

津村俊充・山口真人（1981）．Tグループの発達過程に関する研究　南山短期大学紀要，9，81-102.

柳原光(1985)．人間関係訓練による体験学習——トレーニングから学習へ　南山短期大学人間関係研究センター紀要人間関係，2／3合併号，64-82.

第Ⅱ部

ファシリテーターの働きを理解する

第5章

グループプロセスのダイナミックス

ラボラトリー方式の体験学習を提供する際に，またグループやチームの活動を促進する際に，グループダイナミックスをどのようにとらえることができるか，グループプロセスをとらえる視点をもっていることは，体験学習を提供するファシリテーターにとっても，グループやチームを支援するコンサルタントにとっても重要である。津村（2012，2015）はSchein（1982）やReddy（1994）を参考に，できる限りグループの中で起こる事象を説明できるような氷山図を探求している。本章では，筆者が近年考えている氷山図と，グループプロセスを俯瞰するために太極図とを重ねてみることで，グループダイナミックスをとらえる視点を紹介する。

（1）グループプロセスを観る視点

チーム力や組織の改善においては，チームや組織の中で何が起こっているかに着目することが大切になる（Schein，1999　稲葉・尾川訳，2012）。たとえば，チームを活性化するために何が大切かといったテーマについての話し合いをしている（コンテント）際に，グループのメンバー相互のコミュニケーションのありよう，メンバー間の影響関係（リーダーシップ），グループの意思決定やグループノーム（集団規範）といった，グループダイナミックス（プロセス）を吟味し改善していくことによって，はじめてチームの活性化が可能になると考えられる。

Schein（1982）は，グループのプロセスを比較的見えやすいプロセスと，見えにくいプロセスがあると述べている。そして，比較的観察しやすいプロセスには，コミュニケーションのありよう，意志決定のありようを取り上げている。以下に，Schein（1982）のアイディアをもとに，グループレベルのプロセスを記述する。

1）コミュニケーションの視点

Scheinによると，コミュニケーションのプロセスに関して，①コミュニケーションのパターン，②誰が話しているか？　誰がどのぐらいの長さ話しているか？　回数は？　③誰かが話しているときに誰が誰を見ているか？　④メンバーをサポートするのは誰か？　グループ全体か？　特定の人か？　誰もいないか？　⑤誰の後に誰が話すか？　誰の話を誰がさえぎるか？　⑥コミュニケーションのスタイルは？主張型か質問型か，声の調子，ジェスチャー，支持的か－否定的か，などが示されている。また，彼は，コミュニケーションのありようを観察することによって，グループの中で，誰が誰をリードしているか，誰が誰に影響を与えているかといったことを知るための重要な手がかりになると述べている。メンバーは，コミュニケーションを通してさまざまなリーダーシップを発揮しているのである。

2）意思決定の視点

もう1つの比較的観察しやすいグループのプロセスとして，意思決定のありようをSchein

は取り上げている。その代表的な意思決定の仕方として，以下のようなものがリストアップされている。①［**反応なし**］ポトン（plop）と話題がグループの中に落ちてしまうような場合，たとえば誰かから「自己紹介した方がいいと思うけど…」という発言だけで終わる。②［**1人による決定**］（self-authorized agenda）の場合，「自己紹介した方がよいと思うので，…では私から…」と1人が提案し，それを本人から始めてしまう。③［**2人による決定**］握手（hand-clasp）といった表現を使っている。2人での決定の場合，「私は，自己紹介したらどうかと思うのです。」「僕もそう思うよ。それでは，僕から…」といった具合に意思決定が2人で行われていく。④［**反対いないよね？**］（Does any-one object？）と少数者による否定的な意見などを一応聞くような形の場合，「私たちみんな賛成よね。」（マイノリティによる決定）も含まれるだろう。⑤［**多数決による決定**］（majority-minority voting）のように挙手や投票を行い，過半数を得ることで決定する。⑥［**意見を問う決定**］（polling）とよび，「みんながどう考えているか，表明しましょう。あなたはどう思いますか？」と投票前でも後でもメンバーの意見を問いながら決定する。そして，もう1つは，⑦［**合意の吟味**］（consensus testing）とよばれ，反対の意見を吟味したり，実際に決定したことを実行したりするために強い反対があるかどうかを検証しながら合意を取り付けようとする意思決定の方法である。コンセンサスによる決定では，必ずしも全員一致でなくてもよく，本質的には全員が同意しているということが重要になる。また，意思決定の方法について合意をしておくことも大切なことである。

3）集団の機能の視点

上記のほかに，グループの中で各メンバーの行動は何らかの機能をもっていると考え，Scheinは，それらの行動を課題行動（タスク）と，集団の形成・維持行動（メインテナンス）の2つのリーダーシップ行動としてとらえている。これらは，いわゆるリーダーシップの二大機能でもある。これらの他に，個人の欲求でグループの中で動くような個人的で自己中心的行動もあると述べられている。

a．課題達成の機能

課題達成を促進する行動として，6つの機能レパートリーを挙げている。①**率先着手**（Initi-ating）の行動として，グループが仕事を始めるための問題提起や目標などを提案する行動が必要である。また，グループが変化・成長していくと，グループメンバーの中では口火を切ったりさまざまな提案をしたりする人が増えてくる。②**情報・意見の探索**（Seeking Information or Opinions）と，③**情報・意見の提供**（Giving Information or Opinions）の行動は，グループの仕事の質に決定的に影響を与えることになる。事実としての情報なのか，その情報をもとに考えたり感じたりしている個人の主観的意見なのかといった識別も重要である。また，どれほどたくさんの情報を出し合えるかといったことがグループの課題達成に大きく影響を与えることになる。ただ，情報が多ければ多いほどよいかといえば，あまりにもたくさんの情報が出されることによって，往々にしてグループは混乱状態に陥ることにもなる。そのために，④**明確化と精緻化**（Clarifying and Elaborating）の行動は，グループ活動の中でとても重要な機能である。この働きをすることで，グループ内のコミュニケーションが適切であるかを検証したり，他のメンバーのアイディアをもとに創造的で複雑なアイディアを構築したりすることが可能になるのである。⑤**要約**（Summarizing）の行動は，時間をかけてグループが取り組んできた中で生まれたアイディアなどが取り扱われずに葬りされているものがないかなどをチェックする重要な働きである。⑥**合意の吟味**（Consensus Testing）行動は，決定すべきときが近づいているところで，決定をしてもよいのか，またどの結論に至ろうとしているのかなど，要約をしながらも，意思決定に向けて働きかける機能である。

b．集団の形成・維持の機能

集団の形成・維持の機能は，とても重要であり，グループ内のメンバー一人ひとりの欲求が満たされたり，対人関係が健全に機能しないと，より高いレベルでグループのパフォーマンスを発揮することができないと考えられる。すなわち，集団がより高いパフォーマンスを上げていくためには，メンバーはよりよい関係を作りあげ，維持していくかかわりがグループの中で起こっていることが大切なのである。また，グループの課題は，メンバー間の関係が損なわれる前に，その問題生起のできるだけ初期に最小限に食い止めることができるように働きかけることが大切になるともSchein は述べている。そのためにも，集団の形成・維持の行動を意識的に行うことが必要なのである。

Schein は，集団の形成・維持を促進する行動として，5つの機能の行動をあげている。①**調和**（Harmonizing）の行動は，緊張関係が生じた場合にユーモアで緊張を和らげることで，意見の不一致や争いをなだめて鎮める働きである。ただ，この行動ばかりが極端に増えると，意見の対立や不一致が起こることを避けてしまったり，相互理解を深めるような行為を鈍らせたりする働きを強めてしまうことにもなる。それゆえ，②**妥協**（Compromising）の行動とはっきり区別して，働きかけを考える必要があると，Schein は述べている。調和の行動は，争いを否定し避けようとするのに対して，妥協とは実現可能な同意に達するために1人かそれ以上のメンバーが，部分的に自らの意思で譲歩することによって争いを減らそうとすることである。ただ，これらの行動は，あくまでも集団の維持機能であって，場合によっては，より高度な課題解決のためには，しっかりとメンバー相互が向き合いながら結論を導くような課題達成的な働きを促進するような支援がファシリテーターやコンサルタントの仕事として必要になるともSchein は考えている。③**ゲートキーピング**（Gate Keeping）行動は，コミュニケーション量を調節する行動であり，課題を達成するためにも，またメンバーがグループの活動にコミットしていくためにも重要である。この行動は，活動的すぎるメンバーの働きを制御することでもあり，また非常に消極的なメンバーを活動的になるように働きかける行為でもある。④**奨励**（Encouraging）行動は，メンバーが主張することを支援する働きであり，その行為によって，主張された内容からグループは何らかの利益を得たことを確認することもできるだろうし，発言したメンバーにとっては，自分の発言が受け入れられたと思える受容的な風土形成を促進することにもなる。⑤**基準の設定と吟味**（Standard Setting and Testing）行動は，グループの中での人間関係が崩れてしまいそうなときや，崩れてしまったときの改善処置として機能する。課題遂行にうまく至らなかったときなどに，自分たちの状況を診断したり，自分たちがやろうとしたことを表に出したりしながら，これまでの自分たちの活動を再評価することになる。また，新しいグループノーム（集団規範）や目標を再設定することで，グループのメンバー関係を再構築しようとする機能をもっている。

4）情動問題の視点

Schein は，その他にグループプロセスの視点として，もっと複雑な情動レベルのプロセスがあることを指摘している。

情動の基本的な問題として，4つの領域があげられている。①**アイデンティティ（Identity）**：「私はこのグループの何なのか？　一員なのか？」，「このグループではどんな行動が受け入れられているのか？」といった問いに代表されるような，自分がこのグループメンバーの一員としてどの程度同一視できているかという問題領域の情動である。②**目標と欲求**（Goals and Needs）：「このグループから私は何を得たいのか？」，「グループの目標は自分の目標と一致しているのか？」といった自分の目標やニーズが，どの程度グループの目標と一致しているかという懸念にねざす情動領域の問題である。③**パワー，コントロールと影響力**（Power, Control and Influence）：「誰が私たちのやっていることを支配（コントロール）しているのか？」，「私はどれくらい影響を与えているのか？」といった自分の影響力やお互いの影響関係にかかわる懸念に関する問題領域の情動である。④**親密さ**（Intimacy）：「私たちはどれくらい親密であるか？」，「お互いにどれほど信頼し合っているのか？」といった相互信頼の懸念にかかわる情動の問題領域があると考えられている。

これらの情動の問題の領域は，Gibb（1964，柳原訳，1971）の４つの懸念のモデルとも関連しているし，またSchutz（1958）の対人関係における３つの対人的欲求の領域とも重なる。

また，これらの情動の問題から生まれる具体的な反応行動として，４種ほどの代表的な行動をScheinはあげている。

個人の社会的なニーズが満たされない状況や，過度な不安が高くなると問題行動として現れることがある。①**依存ー反依存**（Dependency-Counterdependency）：これは，グループ内の権威者に対する反対や抵抗を示す行動である。時には，ファシリテーターやコンサルタントにたくさんのことを求める依存行動が見られたり，時には，ファシリテーターは何もしてくれないと強い反発行動を示したりすることがある。②**闘争と統制**（Fighting and Controlling）：自分の支配力の主張や他者にはおかまいなしに自分のやり方で試みるといった一方的な行動を示す反応である。③**引っ込み**（Withdrawing）：心理的にグループから離れることによって不快な感情の源泉（resources）から逃げる反応をとる行動である。グループの中で，発言をしなくなり，できるかぎりグループの中で目立たないようにしようとする行動をとるようになる。④**ペアリング**（Pairing Up）：グループの中で，自分をサポートしてくれる１人か２人のメンバーを探そうとする行動が生まれる。結果として，メンバー相互に守り合ったり，支持し合ったりするサブグループを形成することが起こる。

（2）グループプロセスを氷山図に描く

1）レディのモデル図

Reddy（1994）は，氷山モデル（図５－１）を示し，グループダイナミックスには５つのレベルがあることを提唱している。

レベルⅠは，グループが達成しようとしている課題や仕事であり，コンテントレベルである。

レベルⅡは，目に見えやすい事象であり，課題と対人間の葛藤などに関連する相互作用レベルのプロセスである。

レベルⅢは，メンバー間の隠れた情動の問題にかかわる事象で，核となるグループのダイナミックスのプロセスを指している。たとえば，メンバーシップ，メンバー相互の情愛関係やグループへの所属感，コントロールや力関係などのダイナミックス，また自立，能力，親密さ，友好関係などにかかわる問題も含まれている。

レベルⅣは，もっと深い層のプロセスを示し，養育歴も含め長い間に培ってきた価値，信念，態度などが考えられている。それには，防衛，その人の生育史，パーソナリティ，そして各メンバーの基本的な欲求（内包，統制，親密さ）などが含まれると考えられている。

そして，レベルⅤとして，無意識レベルのプロセスの層が想定されている。

Reddyは，コンサルタントによるグループに対する介入の焦点づけの差異を考え，レベルⅠ，Ⅱでは，グループに焦点づけた介入，レベルⅡ，Ⅲでは，対人関係に焦点づけた介入，レベルⅢ，Ⅳでは，個人に焦点づけた介入が適切であろうと考えている。

グループ活動に対する介入の深さの程度として，QCサークル（Quality Circles）や課題グループ（チーム，Task Groups）などに対してはレベルⅡぐらいのプロセスへの介入が適切で

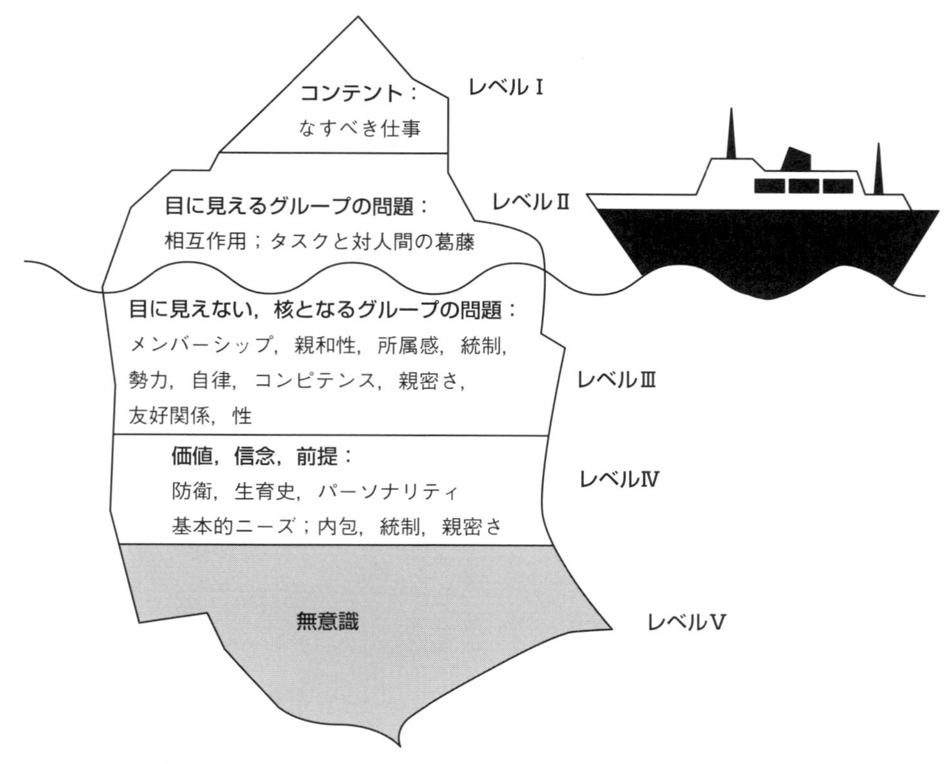

図５−１　グループダイナミックスの氷山図（Reddy，1994　林ら（訳）／津村（監訳），2018より）

あると考えられている。

一方，レベルⅢやⅣのグループのダイナミックスへの働きかけが可能になるのは，Ｔグループ（ＴとはTrainingの略）や個人成長グループ（Personal Growth Groups）などであろうと記されている。

また，レベルⅤの無意識レベルのグループダイナミクスを扱うグループ例としては，集団精神療法（Group Psychotherapy）があげられている。

２）グループダイナミックスの氷山図

Schein（1982,1999　稲葉・尾川訳，2012）とReddy（1994）が示しているグループプロセスのモデルをベースにしながら，さらに星野(2005）が取り上げている９つのグループプロセス諸要素の視点も加味して，筆者が整理したグループダイナミックスの氷山図が図５−２である。

Reddyの５つのレベルはグループへ働きかける視点を考える際に有効であると考え，同様に，５つのレベルを図５−２では示している。それらは，「コンテント」，「目に見えやすいグループの問題」，「隠れている核となるグループの情動の問題」，「価値，信念，前提」，「無意識の領域」としている。

グループが取り組む課題そのものは，「コンテント」であり，生成される産物，結果である。それは，納品される製品かも知れないし，サービスかも知れないし，または誰かを対象者にプレゼンテーションを行うことかも知れない。

これらのグループ活動をしているときに，まず比較的「目に見えやすいグループの問題」領域への着眼と介入が考えられる。その代表的な視点として「コミュニケーション」と「意思決定の仕方」が考えられる。それらのありようについては前述している。また個々のグループ内での行動は，メンバーの情動の問題から生じて

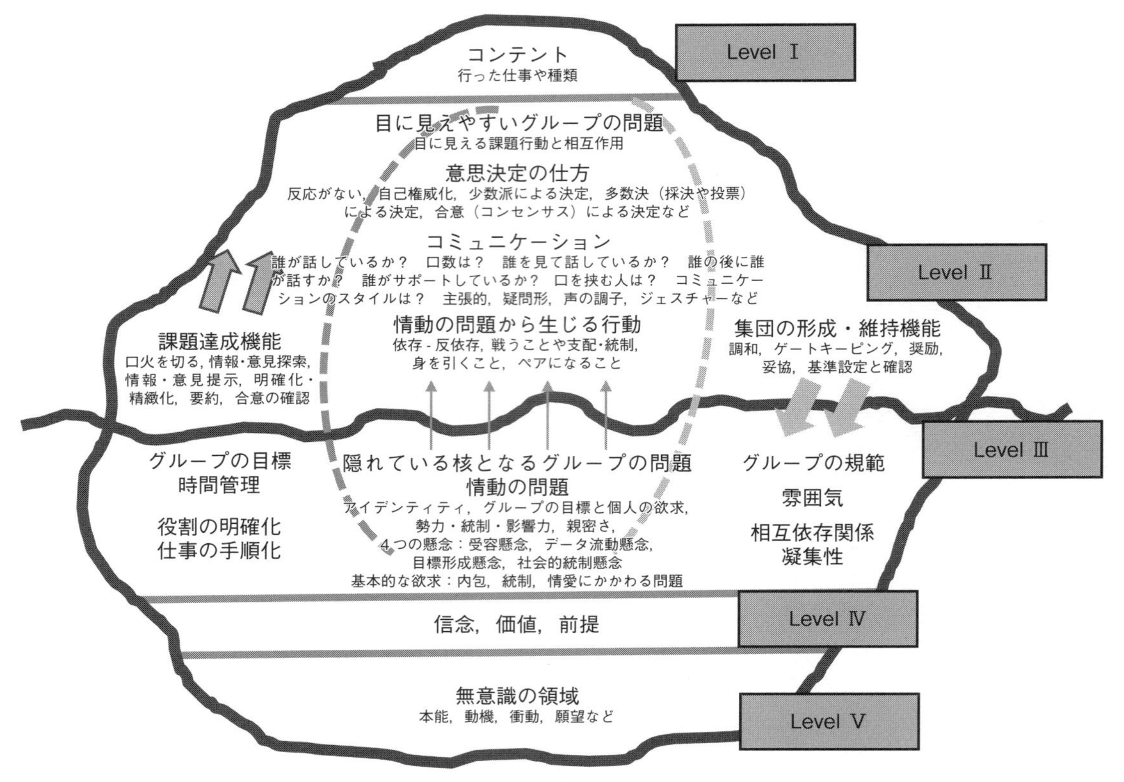

図5－2　グループダイナミックスの氷山図（Reddy（1994）の図をもとにSchein（1982，1999　稲葉・尾川訳　2012）のアイディアを参考として作図　津村（2018））

くる行動として考えられる。Scheinも紹介しているように，依存―反依存，戦うことや支配・コントロールの行動，逆に身を引いてしまう行動やサブグループ化なども考えられる。こうした行動は水面下で行われたり，また明らかな行動として示されたりすることもある。

レベルⅡでは，レベルⅢでの情動の問題から生まれる個々の言動が懸念を解消して自由なコミュニケーションが行われるようになると，その結果として合意が形成されると考えられる。逆に，不自由なコミュニケーションのもとでは特定のメンバーによる意思決定が生まれ，メンバーが納得した意思決定に至らない可能性がある。

コンテント（課題）達成に向けて必要な働きをする「課題達成機能」のリーダーシップと，グループの情動の問題に寄与するように行動する「集団の形成・維持機能」の２つのリーダーシップ行動があるが，図５－２ではそれぞれの行動が影響を与える領域の方向に向けて矢印を記している。課題達成機能はコンテントに向けて，集団の形成・維持機能は水面下の情動の問題に向けた矢印で図示している。それぞれの機能の下に，Scheinの記述を参考にして課題達成を促進するための視点として「グループの目標・時間管理」，「役割の明確化・仕事の手順化」を，集団の形成・維持を促進するための視点として「グループの規範」，「雰囲気」，「相互依存関係，凝集性」を記している。

このように２つの矢印で示すことで，グループプロセスの中での大きな２つの働きが見えやすくなり，リーダーシップやファシリテーションの機能を学ぶために，グループプロセスに気づき意識的に働きかける行動をトレーニングする教育・研修などでは，こうしたグループプロセスの氷山図は有益なのではないかと考えている。

情動の問題には，Scheinが紹介しているように，アイデンティティ，グループの目標と個人のニーズの葛藤の問題や影響力や親密さなどがあげられるだろう。情動の問題を扱うときに，Gibbの4つの懸念も，比較的理解しやすい考え方である。日常のグループで仕事をしているときに，Gibbは懸念に満ちた不信頼の風土の中で仕事をしており，懸念が低減されることで信頼し合える関係を形成することができ，新しい挑戦や学びを得ることが可能になると考えている。4つの懸念とは，①受容懸念，②データの流動的表出懸念，③目標形成懸念，④社会的統制懸念である（詳細は，p.58参照）。

① **受容懸念**とは，自分や他者をグループのメンバーとして受け容れることができるかどうかにかかわる懸念である。お互いの間に「何者であるか」，「自分はこのグループにふさわしいか」などといった恐怖と不信頼が存在している。この懸念が表出され，グループの中で解消されると相互信頼が生まれ，自他の受容が可能になる。

② **データの流動的表出懸念**とは，コミュニケーションに関する懸念で，意思決定や行動選択をするとき特に顕著に現れる。「何を感じているのか」，「こんなことを言ってよいか」などのようにメンバーのものの見方，感じ方，態度などをコミュニケートする際の恐怖や不信頼に由来するものである。この懸念が解消すると，人々は不適切な憶測で行動することをやめて，より適切なデータの収集と表出に基づいて行動できるようになる。

③ **目標形成懸念**とは，生産性に関連しており，「グループが今やっていることがわからない」，「やらされている感じがする」など個人やグループに内在する活動への動機の差異に基づく恐怖や不信頼に由来する。この懸念が解消されると，個々のメンバーがもつ本来の動機に基づいて行動し，課題への取り組みが主体的創造的になっていく。

④ **社会的統制懸念**とは，「誰かに頼りたい」，「思った通りにできない」，「規則にこだわってしまう」など，メンバー間の影響の及ぼし合いにかかわる恐怖と不信頼から生まれてくる。この懸念が解消すると，役割の分配が自由に行われ，変更も容易になり，お互いが影響を及ぼし合いながら効果的に活動を展開することができるようになる。

このような不安や恐怖に由来する懸念が高ければ，水面下から表に現れる行動として，図5−2の情動の問題から生じる行動として示されているように，「依存−反依存」，「戦うことや支配／統制を行う」また「その場から身を引いたり，仲間を探してペアになったりする」行動が見られるのである。

（3）氷山図を俯瞰する2つのプロセス

易経では，世界は陰と陽で構成されていると考えられている。コンテントとプロセスの領域も，陰と陽といった世界で考えることができる。グループ活動の中における陰と陽との世界を考えると，グループが果たそうとしている課題や目的を達成する成果やその成果に向かうためのプロセスを陽の世界として，またその活動を支える人間関係や，個々のメンバーの感情や動機などを陰の世界として考えてみることを提案したい。

このように考えることによって，どちらかが大事といった議論ではなく，どちらも大事であるといった主張が受け入れられやすいと考えたのである。人間関係トレーニングを体験すると「コンテントよりプロセスが大事である」と思いがちになるが，コンテントあってのプロセスであり，どちらも重要なのである。

コンテントや課題達成に向かうためのプロセスは陽の世界であり，それを支える関係的なプロセス（陰の世界）がなければ成り立たない。また，陰の世界である関係的な過程（プロセス）だけの充実を図ろうとするのではなく，その活動の本来の目的であるコンテントの充実

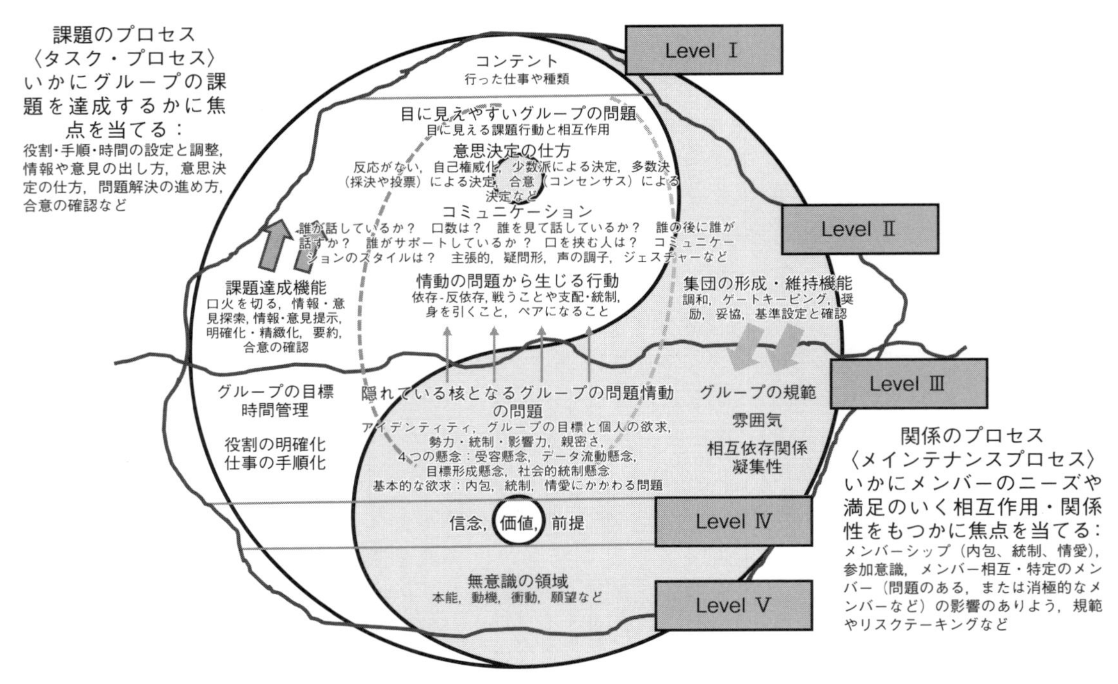

図５－３　対極図に重ねたグループダイナミックスの氷山図（津村，2018）

（陽の世界）も同じウェイトで大切にする必要がある。

陽の世界の働きを考えるには，Reddy の言葉を借りるならば「**課題のプロセス**（Task Process：タスクプロセス）」が参考になる。それは，「いかにグループの課題を達成するかに焦点を当てたプロセスである。それは，グループ活動の目標や話し合いの議題，役割，手順，時間の設定と調整のことであったり，情報や意見を提供し合う方法であったり，意思決定の仕方や問題解決の進め方，合意の確認などがどのように行われているかに着目する視点」である。

一方，陰の世界の視点として，Reddy が述べている「**関係のプロセス**（Maintenance Process：メインテナンスプロセス）」を参考にすると，「グループメンバーのニーズや満足のいく相互作用や関係性に焦点を当てるプロセスである。それは，メンバーシップ（内包，統制，情愛など）のありようなど情動をともなう参加意識の変化，メンバー相互のまたは特定のメンバー（問題のあるメンバー，消極的なメンバーなど）の影響のありよう，規範やリスクテーキングのありようなどに着目する視点」である。関係のプロセスは，課題達成における各メンバーの責任共有意識や関与度，満足度，充実度などの社会情動的な諸問題と強く関係している。

Reddy（1994）は，陽の世界の「タスクプロセス」と陰の世界の「メインテナンスプロセス」への焦点づける割合は，活動の進行と共に変動するものの，コンサルタントやファシリテーターはバランスを考慮しながら介入をしていく必要があると述べている。Reddy（1994）は，比較的グループが初期の段階，すなわちグループが形成されてそれほど時間が経っていない場合には，グループの目標を明確にしたり，役割や手順を共有化したりすることにかかわるグループへの介入，すなわちタスクプロセスに焦点を当てた介入が効果的であると考えている。そして，グループの活動が継続し，仕事が進み始めると，グループのメンバー間の関係にかかわる介入が必要になり，よりパーソナルで対人間のレベルも含めた，グループのより深いレベルの諸問題にかかわるメインテナンスプロセスへの介入が大切であると考えている（詳細はインターベーションスキルズ（Reddy（1944）林ら（訳）／津村（監訳）2018を参照)。

引用文献

Gibb, J. R. (1964). Climate for Trust Formation. In L. P. Bradford, J. R. Gibb & K. D. Benne (Eds.), *T-group Theory and Laboratory Method*（pp.279–309）.（ギブ，J. R.　柳原光（訳）(1971). 信頼関係形成のための風土　三隅二不二（監訳）　感受性訓練（pp.367–408）日本生産性本部）

星野欣生（2005）. グループプロセスで何を見るか　津村俊充・山口真人（編）　人間関係トレーニング第２版（pp.45–47）ナカニシヤ出版

Reddy, W. B. (1994). *Intervention Skills : Process Consultation for Small Groups and Teams.* San Francisco, CA : John Wiley & Sons, Inc.（レディ，W. B.　林芳孝・岸田美穂・岡田衣津子（訳）(2018). 津村俊充（監訳）インターベション・スキルズ――チームが動く，人が育つ，介入の理論と実践　金子書房

Schein, E. H. (1982). What to Observe in a Group. In L. Porter & B. Mohr (Eds.), *Reading Book for Human Relations Training* (7th ed.) (pp. 72–74). NTL Institute.

Schein, E. H. (1999). *Process Consultation revisited : Building the Helping Relationship.* Addison-Wesley Publishing Company, Inc.（稲葉元吉・尾川丈一（訳）(2012). プロセス・コンサルテーション――援助関係を築くこと　白桃書房）

Schuts, W. C. (1958). *FIRO : A three-dimensional theory of interpersonal behavior.* Science and Behavior Books.

津村俊充（2012）. プロセス・エデュケーション――学びを支援するファシリテーションの理論と実際　金子書房

津村俊充（2015）. グループプロセスに焦点をあてたファシリテーションを学ぶ研修をデザインする　南山大学研究センター紀要　人間関係研究，14, 102–132.

津村俊充（2018）. グループプロセスをとらえる視点を考える　体験学習実践研究，17, 1–9.

第6章

グループと個人の変化・成長モデル

私たちは，職場や社会生活の中で仕事が円滑にできたりできなかったり，またグループがグループらしくなったりならなかったりと，さまざまなグループ体験をしている。単なる個人の寄せ集めの集合体から，仲間意識が強く凝集性が高いグループになっていくには，グループにどのような変化が起こっているのだろうか。

グループに共通にみられる発達過程のモデルを理解することは，学習者にとっても，またファシリテーターにとっても，学びを定着させるためにも大切なことである。それは，グループの発達成長のモデルを理解することによって，自らのグループ体験の意味づけをしたり，どのような働きかけが適切であるかを吟味したりするために，有効な視点になると考えられるからである。

以下に代表的な研究者が提唱するグループの発達モデルや個人の変化モデルを紹介する（津村，1990, 1993）。

（1）レヴィンの理論

Lewin（1951）は，場の理論（field theory）を提唱して，ある場のあるときの個人の行動を規定する事実の総体を生活空間（life space）とよび，その個人がどのような行動をとるかとらないかといった，行動の場として生活空間を意味づけたのである。その行動は，現状維持的な静止的状態ではなく，変化を促進しようとする推進力と，押しとどめようとする抑止力の相反する諸力が，バランスを保っている状況であると考えている。その状況を，彼は，準定常的平衡（Quasi-stationary Equilibrium）とよんでいる。

個人や集団が変革を試みようとする過程を分析する中で，変化が意図的に生じたとしても，その変化は元の状態に戻りやすく，何らかの安定した新しい水準のもとで存続するように計画しなければならないと考えられている。彼によると，個人がグループの中で学んで変化する場合や，グループが変化する過程において，「溶解作用（unfreezing）」，「移行もしくは移動（moving）」，「再凍結作用（refreezing）」の3つのステップが必要であるとされている（図6－1）。グループ体験の中で自分がこのままではよくないかもと少し疑問をもち「溶解作用（unfreezing）」，推進力を強めたり抑止力を弱めたりする行動「移行もしくは移動（moving）」を起こし，新しい行動を定着させるためにグループの中のメンバーからフィードバックをもらったり新しい自分のありようを肯定したりする働き「再凍結作用（refreezing）」が必要になる。

人間関係トレーニングのグループの中で，初期の頃は，ほとんどの参加者は長年身につけてきた安定した行動スタイルによってグループやメンバーにかかわろうとする。たとえば，ある参加者はリーダーはいかに行動すべきであるかとか，グループはいかに動くべきであるかといった，これまでに学習している経験知に基づいて行動をする。グループの初期には，あるメンバーは話題や司会者を決めて討議をしましょう

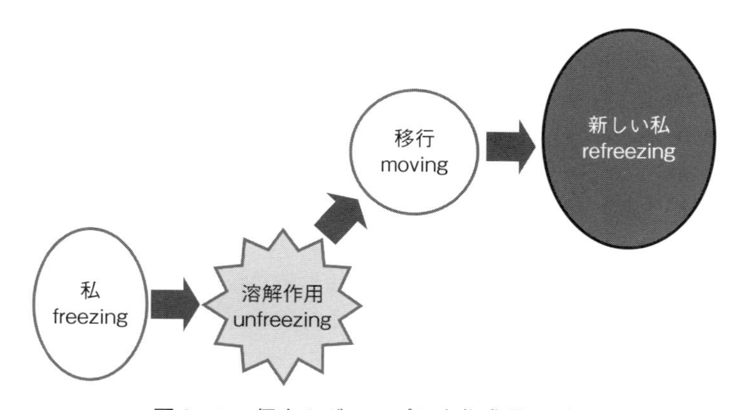

図6−1　個人やグループの変化成長モデル

と提案したり，グループのたどり着くべき目標を設定しようとしたりする。しかし，その行動が他のメンバーに支持されなかったり，反応が乏しかったりすると，彼／彼女は自分の行動に疑問を感じたり，グループの今の状況を吟味したりして，自分のかかわり方や考え方に対して不安を感じ始める。そこで，彼／彼女は“今ここ”で自分は何をしたいのか，また今のグループ状況の中で何が適切な行動なのかなどを考えはじめる。そして，これまでの行動スタイルとは異なった新しい行動を試みる必要を感じ，変革への欲求が高まっていく（溶解作用）。彼／彼女は，自分自身を開示したり，自分から提案や主張するのではなく，メンバーの話に耳を傾けるなど新しい行動に挑戦してみたりして，他者へのかかわりを試みようとする（移行）。その結果，彼／彼女が試みた新しい行動のいくつかはグループのメンバーから承認を得たり，フィードバックをもらって強化されたりして，再凍結が起こり，新しい行動が自分自身のレパートリーの一部に取り込まれることになる（再凍結作用）。グループが継続する限り，新しい問題に直面しながら，上述のプロセスは繰り返され，新しい行動がより安定したものになったり，修正が加えられたりするのである。

Lewinの場の理論によるこれらの変化モデルは，力動的なモデルであり，人間関係トレーニングのグループの変化や個人の変化を理解するための有益な準拠枠（framework）となっている。

（2）ジェンキンスの理論

Jenkins（1964）は，Lewinの主張を受け継いでグループによる学習プロセス，とりわけ新しい自己発見のプロセスについて以下の4つの仮説を示している。

① 個人は，グループ状況において何らかの基本的な安全（security）の感覚をもつ。
② 個人は，不均衡（disequilibrium）の感覚を経験する。
③ 個人は，自分自身に対する挑戦（challenge）として何が起こっているかを見ようとする。
④ その挑戦は，その個人が発見（discovery）のプロセスをスタートするために使われる。

個人が変化・成長するためには，最初に，その個人にとっての安全感と不均衡感の間にかなりデリケートなバランスが起こる必要がある。Jenkinsは，何らかの動揺なしに新しい行動の選択や変化は起こらないが，安全感との均衡が保てなくなると個人は変化に向けて行動を起こさなくなると考えている。

安全と不均衡の感覚が学習者にとって耐えられる程度のバランス状態であるならば，その個人はグループもしくはメンバーの誰かに新しい方法でかかわってみたいと思うようになるのである。彼によると，参加者が新しい行動を獲得するということは，自己発見の挑戦によって引っ張られるのであって，第三者による外側からの力によって強要されるものではないと考えている。

Jenkins にとって，この自己発見が彼のモデルの中心的なテーマである。このことは，人間関係トレーニングへの参加者に対しても，またファシリテーターに対しても大切な視点を提供してくれる。彼は，「本当の危険は，…，個人に何かを発見させようとするときであり，発見させようとして第三者が学習者に発見することは何かを教える（tell）ことである。そのことは学習者自身が発見することを否定することになる。」と述べている（Jenkins，1964）。彼の重要な主張は，人間関係トレーニングを通して新しい学習が起こるプロセスと同様に，学習者が新しい学習内容の持ち主（ownership）になり得るかどうかということである。このことは，特に「教育することは教えることだ」という教育観をもつ教育者が耳を傾けるに値するものである。なぜなら，人々は自分が発見したいと考えていることや，発見すべきことを教えられた（told）ときは，学習者の学習する喜びや成功感を減少させることになったり，失敗を感じさせたり，時には恥ずかしささえ感じさせることになるかもしれないのである。たとえその発見が教育者から見て重要なものであっても，学習者自身が体験の中から見つけ出し学習者自身によって解釈を行わない限り自分のもの（own）とならない。発見した喜びのインパクトは薄まることになる。

このような学習のプロセス，自己発見のプロセスが起こるようなグループに変化成長するようになっていくことが，人間関係トレーニングにおけるグループの課題といえるだろう。

（3）ロジャーズの理論

カウンセリングにおけるクライエント中心療法を提唱した Rogers（1961，1968）によって示された個人やグループの変化モデルは，人間関係トレーニングにおける，個人やグループの成長を考える際に有用である。このモデルは，心理療法におけるクライエントの変化を理解するために考え出されたものであり，グループ体験の中での個人の成長として考えることもできる。彼は，人間が成長するということは，ある固定した状態あるいはホメオスタシス（homeostasis）から，変化によって別の新しい固定した状態へ移動するのではないと主張している。彼は，変化のプロセスとして固定性（fixty）から可変性（changingness）へ，固定的な構造から流動性へ，停滞から過程へといったような連続性（continuum）を仮定している。

このモデルでは，自分の感情を認められなかったり，所有感がなかったりする状態から“今ここ”での感情に気づくようになること，そして過去の出来事よりも今の出来事の中で自分自身が経験していることを解釈できるようになることを意味している。“新しい感情経験”に学習者が開かれていくことは，Rogers の非指示療法のスタイルと密接に結びついており，その変容モデルでは次の７つのステージを仮定している。

【第１段階】

感情や個人的意味づけに自分で気づいていなくて，それらが自分のものになっていない状態。ケリー（Kelly，1955）が提唱する個人的構成概念（personal constructs）が極端に固い状態である。自分自身の中にある問題に気づいていなくて，自らが変わろうとする願望を持っていない。

【第２段階】

自分が十分に受け容れられていると感じられるようになると，象徴的な表現（symbolic expression）がわずかに解放され流動してくるようになる。感情が表出されるかもしれないが，それを感情として，または自分のものとして認めない。また，矛盾を表現することがあるが，それをほとんど矛盾として感じない。

【第３段階】

第２段階で少しの解放と流動が妨げられないで受容されたと感じると，さらに象徴的な表現が解放され流動する。客体としての自己についての表現がより自由に流動するようになる。感情の受容（acceptance of feelings）は極めてわずかで，過去の経験として語られる。経験の中に矛盾を認めることができるようになる。

【第４段階】

個人がより理解され，受け容れられていると思うと，構成概念の漸進的な解放と感情のより自由な流動が起こる。“非現在的な”（not-now-present）強い感情を述べ，時には感情が現在のものとして語られることもある。問題についての自分の責任の気持ちが起こり，動揺する。感情のレベルでわずかながらでも人との関係をもとうとして，自らの危険を冒してみようとすることがある。

【第５段階】

感情は“今ここ”でのものとして自由に表現され，生まれ出る感情に対して驚きと恐れがある。自己の感情が自分のものだという気持ちをもち，“本当の自分”（real me）でいたいという願望が増加する。個人的構成概念の再吟味がなされ，自分の中で自由な対話が起こり，内面的コミュニケーション（internal communication）が改善される。

【第６段階】

固着化して，押しとどめていた感情が“今ここ”で体験される。その感情は十分結末まで流れ出し，その感情があるがまま受容されるようになる。そして，客体としての自己が消失する傾向にあり，まさに“今ここ”での関係の中でいきいきと生きることができるようになる。

【第７段階】

治療的な状況だけでなく，それ以外の場面においても，新しい感情が瞬時性と豊かさをもって体験される。変化する感情を自分のものとして実感して受け容れることができ，自分の中で起こることに対して基本的な信頼をもつことができる。個人的構成概念は暫定的に再形成されるが，それは固執したものではない。そして，新しい自分のあり方を効果的に選択するという体験が起こる。変化するプロセスの中で十分に生きている実感をもつことができる。

以上のRogersの個人の変容過程は，客体として固着化した自己の状態からはじまり，連続線上の最終目標は，人々が自由にいられることと，自分自身をあるがままに感じられるようになることであるといえる。グループの変化成長の視点から見るならば，目の前にいる個人（自分自身も含めて）を受容したり，理解したり，認めたりする自由なコミュニケーションが行われる風土が生まれていると考えられる。還元すれば，Rogersによれば，基本的には人々は成長への欲求をもっているので，グループの中に適切な心理的安心安全な風土が生まれると，個人の変化成長は容易に起こりうるのである。それが自然(natural)であると述べている(Rogers, 1970)。

（4）ハンプデン＝ターナーの理論

Hampden-Turner（1966）は，学習や成長過程を示す循環過程モデルを提唱している。その循環モデルにとって大切な要素は以下のようなものである。

① 各学習者の能力（competence）は，自分自身の認知とアイデンティティの明確さと自尊感情の程度からなる。

② 学習者は自らのおかれた環境にこの能力を投資する。時々その投資は，その人の能力以上のリスクを負わなければならないことがある。

③ そのリスクは自己と他者との間に新しい橋を築くための努力であり，そのリスクに対してポジティブなフィードバックを受けとる程度によってこの橋の築かれ方が異なってくる。もしそのリスクが第三者によってネガティブな評価を受けるならば，葛藤

状態がさらに深刻になる。

④　ただ，そのフィードバックの性質がどのようなものであれ，学習者は自分の認知やアイデンティティや自尊感情を修正することになり，そのプロセスは循環過程として機能する。

この循環過程に従えば，学習は促進する方向へ，あるいは後退する方向へと螺旋的な進み方をする。前者の場合，学習者が投資をしたことが成功すると，より投資をする方向へとリスクを冒すことが増加するし，ネガティブなフィードバックを受けとる場合，よりリスクを冒さないように行動が防衛的になる。結論として「一連の投資が成功すること（もしくは投資が不成功に終わることがあまり怖くないものとして理解できること）は，循環過程のすべてのステップにおいて循環過程それ自身をさらに強める方向に向かわせるだろう。認知はよりパワフルになり，より高い能力は経験されるだろうし，より強い自己確証（self-confirmation）に至る（Hampden-Turner, 1966）。」と考えられている。

この循環のモデルは，グループ学習の状況の中においてしばしば観察することができる。グループが親密さや温かさを共有する方向で動いているときは，メンバーはよりいきいきしてくる。たとえば，あるメンバーが今のグループ状況はなれ合い的な雰囲気で，表面的なかかわりだけで済ませようとしていると感じているとき，そのことを言おうか言わないでおこうか迷いながらも，結局自分が感じているグループ状況を語り，メンバー相互のもう少し深いかかわりを求めていることを伝えたとする。そのとき，同じことを感じていたというメンバーが現れたり，思い切って伝えてくれた勇気を賞賛してくれたりして，彼の行動が受け容れられる体験が起こると，彼の自尊感情が高まることになる。そのことは，彼自身の能力を確かなものとして感じたり，自分自身をグループに投資することに対してさらなる勇気を与えたりすることになる。

また，彼の行動は他のグループメンバーにも影響を与えることになる。彼の行動によって，彼はグループの他のメンバーに対して投資をすることや，リスクを冒すことの正当化と励ましを行ったことになる。結果として，彼はそのグループのノームを変化させることになる。

このような循環過程に関して，リピット（Lippitt, 1982）も「社会的相互作用の循環過程」というモデルを提唱し，自己概念の変化や固着化について説明を試みている（津村，1992）（p.278参照）。

（5）タックマンの理論

Tuckman（1965）は，小集団の発達に関する50ほどの研究をレビューして，グループの現象を社会的または対人的な視点によるグループの構造と，相互作用の内容としてのグループの課題に関する動きとの2領域に分類して，一般的な発達段階を4つの位相として見出している。彼は，これらの位相を簡潔に「形成（forming）」－「混乱（storming）」－「規範化（norming）」－「遂行（performing）」として記述している。

「形成（forming）」の段階：グループの構造としては依存の検証（testing-dependence）と命名され，このグループではどのような対人行動が受け容れられるのかを試しながら，一方でトレーナーやファシリテーターやパワフルなメンバーなどいわゆる従来の規範に従った依存的な行動をとろうとする段階である。グループの課題に関する領域では課題志向的（orientation to the task）な段階であり，グループメンバーはここでは何をするのか，そのためにどんな情報が必要なのかなどを探ろうとする。

「混乱（storming）」の段階：グループの構造の発達として，グループ内部に葛藤（intragroup conflict）が生まれる。グループメンバーは特定の他者，たとえばファシリテーターやパワフルなメンバーなどに敵意を向けるようになり，一体感の欠如がこの段階の特徴である。要求される課題への情動反応（emotional response to task demands）がこの段階でのグループ課題における主たる動きになる。グループメンバーは，個人的な志向とグループの課題との間にかなり違いがあるように見え，課題の要求に抵抗するように情動的な振る舞いが起こる。とくに課題として，自己理解や自己変革を目標としている場合にはその傾向が強く見られる。

「規範化（norming）」の段階：この段階のグループの構造に関する課題は，集団の凝集性の発達（development of group cohesion）と名づけられている。グループメンバーはグループを受け容れ，グループの特異性をも受け容れるようになっていく。グループはメンバーを受容し，その関係を維持・継続させたいと願う願望をもち，そして新しく創られた規範によってグループは実態をもったものになっていく。グループの課題領域のテーマは，メンバーが考えていることのオープンな交換の段階と命名されている。Tグループなどでは，自分自身について，また他のメンバーについて話し合いがなされるようになる。そこでは互いが表出し合った情報に関して考えられる解釈の可能性が自由に語られ，この段階では他のグループメンバーへのオープンなやりとりが両方の領域で特徴的である。

「遂行（performing）」の段階：この段階でのグループの構造に関する領域では，機能的な役割の関係性（functional role-relatedness）が問題となる。「規範化」の段階において実態としてのグループを実感できるようになると，グループは問題解決に向かって動きやすくなる。メンバーは課題を遂行するためにそれぞれの役割をとることができ，グループはその課題が遂行される上で「共鳴板（sounding board）」のような機能を果たすようになる。課題領域での発達では，解決の出現（emergence of solutions）の段階とよばれ，課題遂行への建設的な試みが見られる。たとえば，Tグループにおける解決の出現の段階では，自己のもしくは対人関係のプロセスに対して，自己変革にむけての洞察（insight）が可能になる。これまでの3つの段階と同じように，グループの構造と課題における領域との間に本質的な一致が見られるようになる。

その後の研究において，タックマンとジェンセン（Tuckman & Jensen，1977）は，5つめの段階として，グループ活動を終え，グループを解散する段階として**「散会（adjourning）」**を追加している。Tグループにおいて，トレーニングが終了しグループメンバーそれぞれの現場に戻っていく終結の段階をいかに過ごすかも，Tグループ参加者には大切な段階である。

（6）シュッツの理論

Schutz（1958）の初期の研究にはトレーニンググループに関する研究があるが，後の研究（Schutz，1967，1973）ではエンカウンター・グループを中心に討論されるようになる。彼はグループのダイナミックスを観る視点として3つの位相を仮定している。グループの発達は，「内包（inclusion）」の位相から「統制（control）」の位相へ，そして「情愛（affection）」の位相へ発展すると考えられている。

グループの初期の「内包（inclusion）」の段階では，誰がこのグループのメンバーであるか，あるいはメンバーでないかといったグループの境界に関する懸念が起こる。それは信頼やグループへのコミットメント（関与）を創り出すのに大きな影響力をもっている。グループのメンバーは恐怖や好奇心，そしてグループメンバーとして内包したいとか内包されたいといった欲求によって動機づけられている。

「内包（inclusion）」の問題が解消されると，グループは「統制（control）」の位相に移る。そこでは，勢力や権威，責任の所在に関する懸念が顕著になり，メンバーの勢力の問題や権威の問題といったグループメンバーの影響関係を取り扱うように動機づけられることになる。この位相は，グループの発達にとってとても重要な時期であり，後のグループの発達に影響を与える転換点になるといわれている。すなわち，この「統制（control）」の位相が避けられたり，無視されたりするとグループの発達は遅滞することになる。

「統制（control）」の位相に続いて，凝集性や親密さに関する「情愛（affection）」の位相に至ることになる。ここではグループメンバーがどれぐらいお互いに親密でいたいか，距離を置きたいか，わかちあいと開示がどのくらい生産的であり適切であるかといったことが課題となる。この「情愛（affection）」の位相が結末に向かうとグループは終結しはじめることになる。Schutz によれば，上述の位相の逆の順で終結を向かえることになるといわれている。すなわち，「情愛」の位相がまず終わり，次いで「統制（control）」の位相，そして最後に「内包（inclusion）」の位相が終結することになる。

Schutz は，これらの3つの欲求をもとに個人の対人関係の志向性を測定するために，FIRO−B（Fundamental Interpersonal Relations Orientation-Behavior Scales）を開発している。その尺度を用いて内包的欲求に関する程度を4段階に分けて，中程度のメンバーから構成されるグループほど一般に問題解決を好む行動が多く生まれ，内包への欲求がより強い，もしくは弱いグループより凝集性は高くなることを見出している（Schutz，1958）。

（7）ギブの理論

Gibb（1964　柳原訳，1971）は，「人間は，自分自身および他人をよりよく受容するようになることを通して成長することを学ぶ」と考えている。自分や他者を受容することを難しくさせているものが，人々が生活する文化に浸透している防衛的な風土（defensive climate）から生まれる恐怖や，不信頼という防衛的な感情なのである。一人ひとりがもっている恐怖や不信頼を低減させて，相互信頼の風土を創り上げることができるかを学ぶことによって，個人の成長を図ることができる。そのために，T グループといわれる集中的な対話のグループ体験が，重要な学習機能を果たすことになると考えられている。

Gibb は私たちのさまざまな社会的な相互作用の中に，他者との関係で生まれる不信頼に由来する4つの懸念（concern）があると仮定している。

①　受容懸念（acceptance）

自分自身や他者をグループのメンバーとして認めることができるかどうかにかかわる懸念である。グループが形成された初期の頃に特に顕著に見られがちである。メンバー相互の中で「あなた（わたし）は何者なのか？」，「自分はこのグループにふさわしいのか？」などといった恐怖や不信頼から生まれる気持ちが起こっている。日常の集団では，見せかけを装うことをもって，この懸念を隠そうとすることが多い。私たちは，子どもから大人になるにつれて“見せかけを装うこと”を身につけてしまう。そのことが，自己を受容したり，自分自身を信頼したりすることを困難にしているのである。この懸念が強く，不信頼な関係の中では，メンバーは自分の公のイメージを固守しようとしたり，相手の態度を変えさせようと迫ってみたり，忠告を与えようとしたり，感情や葛藤をいかに避けるかにエネルギーを費やすことになる。また，逆にていねいすぎるほどのかかわりやこびへつらったような行動が現れる。しかし，この懸念が表出され，グループの中で解消されると相互信頼が生まれ，自他の受容が可能になる。

②　データの流動的表出懸念（data-flow）

この懸念は，コミュニケーションにかかわる懸念で，意思決定や行動選択をするときに特に顕著に現れる。「他のメンバーは何を感じているのか？」，「こんなことを言ってもよいか？」などのようにメンバーのものの見方，感じ方，態度などをコミュニケーションをする際に生まれる恐怖や不信頼に由来する。この懸念が強いときには，自分自身の感情を否定したり，わざとらしいほどのていねいさで話したり，他のメンバーの感情を害しないように極度に気遣ったり，または表面的なお天気話に終始してしまう。こうした行動も私たちは社会化を通して，自分の中にあるデータをうまく隠すようになってしまっている結果と考えられる。防衛的な人たちは，グループの中に生まれているデータをあるがままに見ることは難しく，目の前にいる人に直接的に応答することを阻止するような壁を自らの中に創り上げているのである。しかし，この懸念が解消すると，より適切なデータの収集と表出に基づいて行動ができるようになる。

③　目標形成懸念（goal formation）

この懸念は，生産性に関連しており，「グループが今やろうとしていることがわからない」とか「やらされている感じがする」といった個人やグループに内在する活動への動機の差異に基づく恐怖や不信頼に由来している。日常の集団活動では，特定のリーダーや数名のメンバーが“中心人物”になり，彼らが説得的な方法で他者に目標を提供したり，または高圧的な姿勢で押しつけたりしてしまう。他のメンバーはそれを義務感や忠誠心から，本来の自分自身の動機でなくとも，とにかくやらなければとか，がんばっているところを見せようとか，“模範的なメンバー”であるところを見せようなどど思って，その活動に参加してしまうのである。それは，ただ“何かをするために”何かをしているということになってしまう。グループが動き出しても，メンバーは仕事と関係ないことをやってみたり，こそこそ話をしたり，言葉尻をとらえて論争がはじまったりといった消極的な抵抗が生まれることがある。しかしこの懸念が解消されると，個々のメンバーがもつ本来の動機に基づいて行動し，課題への取り組みが主体的創造的になっていく。

④　社会的統制懸念（social control）

この懸念は，「だれかに頼っていたい」，「特定の人の影響が強い」，「規則などにこだわってしまう」など，メンバー間の影響の及ぼし合いにかかわる恐怖と不信頼に由来するものである。この社会的統制懸念が未解消のメンバーは，他のメンバーを統制するためにさまざまな説得的な手段を用いたり，他者に影響を与えることを恐れて積極的な行動を避けたりしようとする。あるときは忠告を与えようと振る舞ってみたり，あるときは討論や議論などで論争的に話し合いを進めようとしたりする。それは，討論のルールに基づいて行われたり，少数のメンバーで構成されるサブグループによって行われたりすることがある。この懸念が解消すると，役割の分配が自由に行われ，変更も容易になり，お互いが影響を及ぼし合いながら効果的生産的な活動を展開することができるようになる。

Gibbは，集団の活動，とりわけTグループのような集中的な対話グループにおいて，これらの4つの懸念は，「受容懸念」→「データの流動的表出懸念」→「目標形成懸念」→「社会的統制懸念」の順序で発生し低減していくと考えている。これらの低減の順序は基本的な考え方であり，4つの懸念はそれぞれ同時的に，また相互依存的に発生したり低減したりして発展していくので，相互に影響し合いながらグループは成長していくと考えられる。たとえば，グループの中で手続き論が話されて，一見社会的統制懸念が表出され処理しているように見えても，実はその根底には受容懸念が働いており，その受容懸念を解消しようとする試みであることも考えられる。

それぞれの懸念が低減する基本的な低減傾向から考えると，いかにデータが自由に流動するかということは，受容懸念の低減があってはじめて，もしくは同時的に可能になるのである。それゆえ，コミュニケーションのデータの自由な交換量や質は，受容懸念の解消の程度と関連しているのである。いわば，受容懸念が低減された程度以上には，データ流動が起こらないと考えられる。しかし，そのように厳密に考えるよりは，思いがけないコミュニケーションや発言が起こることによって，受容懸念に影響を与え，受容懸念の低減が起こるとも考えられるのである。

グループの変化・成長と同様に，メンバー個人の変化・成長に関しても，自分自身への不信頼が低減し信頼・受容が高まれば，それだけ自由に行動ができるようになると考えられる。グループの活動の中で，個人の目標についてメンバー相互にコミュニケーションができるようになり，グループの目標へと統合されていくといった個人の変化がグループの変化を生み出すことも起こるのである。最終的には，対人関係における受容の懸念が低減し，データ流動の課題が解消され，目標の統合化が進む中で統制の懸念が低減し相互依存関係が生まれることになる。

もし受容懸念が十分低減せずに，グループの目標が形式的に明確化され，グループ活動が進められても，そこには暗黙のうちに無関心や種々の抵抗が発生し，グループの目標が達成できないといった事態になる可能性があると考えられる。

（8）ベニスとシェパードの理論

Bennis & Shepard（1956）は，グループメンバーの相互作用において生起する内的不確定性（internal uncertainty）の主たる領域を調べること，すなわち妥当なコミュニケーション（valid communication）の発達の障害となるものを見つけ出すことによって，広く有益なグループの発達理論を構築しようとした。

彼らによると，不確定性には２つの主要領域がある。１つはグループの中の勢力と権威に関する領域である。もう１つはメンバー相互関係に関する領域である。両者は独立しているわけではないのだが，勢力と愛，権威と親密さ（intimacy）という概念で示されるようにそれらは識別できると考えられている。

彼らの発達理論では，「依存－権威関係」と「相互依存－個人的関係」の２位相に分けられ，さらに各位相は３つの下位位相から構成されると考えられている。すなわち，第Ⅰ位相の「依存－権威関係」には下位位相１「依存段階」，下位位相２「反依存段階」，下位位相３「解決段階」があり，第Ⅱ位相の「相互依存－個人的関係」には下位位相４「魅了された段階」，下位位相５「覚醒段階」，下位位相６「合意による確認段階」の６つの下位位相を想定している（表６－１）。

第Ⅰ位相「依存－権威関係」は，メンバーがどのように権威に注意を向けるかによる下位位相によって特徴づけられる。権威に対する位相は，誰がこのグループをコントロール（統制）しているのかといったグループの活動に対する責任への不確定性を低減することと関係している。**下位位相１「依存段階」**では，共通の目標を探っていくことによって不安を低減させようとする。Ｔグループを例にすると，不安の原因を共通の目標が欠如していることではなく，グループの目標は何であるかを知っているはずのファシリテーターに原因を求めようとする。この下位位相は，依存的なメンバーによって特徴づけられ，グループは，自分たちの目標が何かを示してもらおうとファシリテーターに求めることが起こる。

下位位相２「反依存段階」では，グループの要求にファシリテーターが応えてくれないことにより，メンバーはファシリテーターに対する

表６－１　Ｔグループの発達的過程

第Ⅰ位相：依存－権威関係	第Ⅱ位相：相互依存－個人的関係
１　依存段階 ２　反依存段階 ３　解決段階	４　魅了された段階 ５　覚醒段階 ６　合意による確認段階

（Bennis & Shepard，1956より作表）

全能感と無能力感の矛盾の中で二極化しはじめる。話題とか手続きを決めてグループ活動を進めていこうとする依存的なメンバーに反対して，反依存的なメンバーはそれらに抵抗しようとする。この下位位相のもう1つの特徴は，両者のメンバーからファシリテーターはグループの進展にとって無意味だと見なされ，ファシリテーターへの魅力が急速に低下することである。

以上の2つの模索の時期を過ぎると**下位位相3「解決段階」**に入る。この下位位相では，依存的なサブグループにも反依存のサブグループにも属していなかった独立的なメンバーが「解決−カタルシス」に向けて動きはじめる。たとえば，自分たちがやりたいことをやろうといった直接的な提案がなされたりする。Bennis & Shepard（1956）は「トレーナーの象徴的解任（symbolic removal of the trainer）」とよび，グループは自分たちのグループへの責任意識を発展させはじめる。こうしてファシリテーターもグループの一人のメンバーとして行動することが認められるようになり，グループの自律性が生まれはじめる。しかし，グループ内に強い独立的なメンバーがいなければ，この下位位相は明確な形で現れず，第Ⅱ位相の下位位相にこの課題が引き続くことがある。

第Ⅰ位相の権威とコントロールから生じた課題が解決すると，グループは情愛（affection）・親密さ（intimacy）に関連した課題に焦点が当てられる第Ⅱ位相「相互依存−個人的関係」に移行する。下位位相3から**下位位相4「魅了された段階」**に入っていくのは比較的早いと報告されている。この下位位相では権威の問題に挑んでいたときの緊張感を隠そうとして，笑いとか冗談がグループの中で起こることになる。また，メンバーは意見の違いを取り繕ったり，傷を癒すことに注意を向けようとする。この位相はこうしたカタルシスで始まるが，すぐにこの軽い気持ちを持続するように，またネガティブな情動を抑圧するような規範が生まれ，メンバーに圧力がかかる。この下位位相の終わりには，初めの頃の幸福感，連帯感，調和といったものが偽りのものであると感じられはじめ，グループには再度サブグループが形成されはじめる。

下位位相5「覚醒段階」では，対人関係に必要な親密さに対する矛盾した態度の結果として，サブグループに二極化が起こる。過度に他者に関心を示す（overpersonal）人たちは，親密さとかポジティブな情緒的サポートを要求するし，逆に関心を示さない（counterpersonal）人たちは，グループの団結の中に巻き込まれないようにしようとする。ところが，両者とも共通の気持ちからこれらの反応が生起しているのである。すなわち，その気持ちとは，もし他者が本当に私のことを知ったなら，彼らは私を拒否するであろうという不安からくるものなのである。それゆえ，この拒否されることを避ける方法として，前者のメンバーは，他者に寛容であることによって，自分自身も他者から寛容に受け容れてもらおうとするし，後者のメンバーは自分が拒否される前にすべての他のメンバーを拒否しようとするのである。下位位相4と5は，グループの変化にともない，さらに深いグループへのコミットメント（関与）が自尊感情（self-esteem）を傷つけるだろうといった，メンバーの誤った確信から生まれてきているのである。

下位位相6「合意による確認段階」では，独立的な人たちによって，相互依存の問題を解決する方向に向かって，両者のメンバーが統合されるようになる。たとえば，独立的な人たちが，グループ内での自分の動きに関してフィードバックを求めるように働きかけ，実際にフィードバックが起こることによって，メンバーの感情を傷つけられないかといった恐れが低減し，相互依存・相互信頼の関係が成立するようになる。この段階では，トレーニングが終わりに近づいており，時間的な圧力も感じ始め，グループ内でのフィードバックのやりとりの欲求も高まる。

以上のように，Bennis & Shepard（1956）

は，メンバー間に適正なコミュニケーションが成立していく過程を通して，グループの発達をとらえようとしている。発達過程には，障害物として権威と親密さに対する懸念が存在する主要な位相があり，時としてグループはその懸念を乗り越えることがとても難しいことが起こるようである。

(9) ラコウシアの理論

Lacoursiere (1980) は，さまざまな分野での200にのぼる集団発達研究をレビューして，1つに集約した下記のようなモデルを提唱している。彼は，集団の発達過程を社会的情動的 (social-emotional) もしくは課題関連的 (task-related) 行動に従い，5つの段階に分けて説明している。それらの段階は図6－2に示されている。「導入 (orientation)」－「不満足 (dissatisfaction)」－「解決 (resolution)」－「生産 (production)」－「終結 (termination)」の段階として命名している。

「導入 (orientation)」の段階：グループメンバーは何らかの期待のもとで集まって来る。一方で，他のメンバーがどんな目的で来ているのか，ここで何が得られるのか，ファシリテーターは私たちのために何をしてくれるのか，などかなり不安や懸念を抱えている初期のグループ段階からスタートする。この段階では，メンバーは状況と権威者に対して関心があり依存的である。はっきりした課題をもつ問題解決集団では，これらの不安や懸念を解消するためのこの初期の段階は比較的短いのであるが，Tグループやセラピーグループでは比較的長い時間を要することになる。

「不満足 (dissatisfaction)」の段階：参加者が期待していたことと現実が一致していることは稀なことであり，課題に対して，またリーダーなどの権威者に対して不満足感を感じるようになる。特にグループの課題が，対人関係の事柄を扱うTグループなどでは，ネガティブな反応が顕著にあらわれることが起こる。メンバーは無力感を感じ，失望感を経験し，そのネガティブな感情は最初の段階の期待にも増して強くなる。この「不満足」の段階は葛藤と怒りなどの感情を，いかに解決できるかといった次の段階の課題と関連している。

「解決 (resolution)」の段階：「不満足 (dissatisfaction)」の段階から第4の「生産 (production)」の段階への移行がかなり難しいときに，この「解決 (resolution)」の段階が生起することになる。スムーズに「生産 (production)」の段階へ移行するときには，第4段階の「生産 (production)」の段階のはじまりの一部とみな

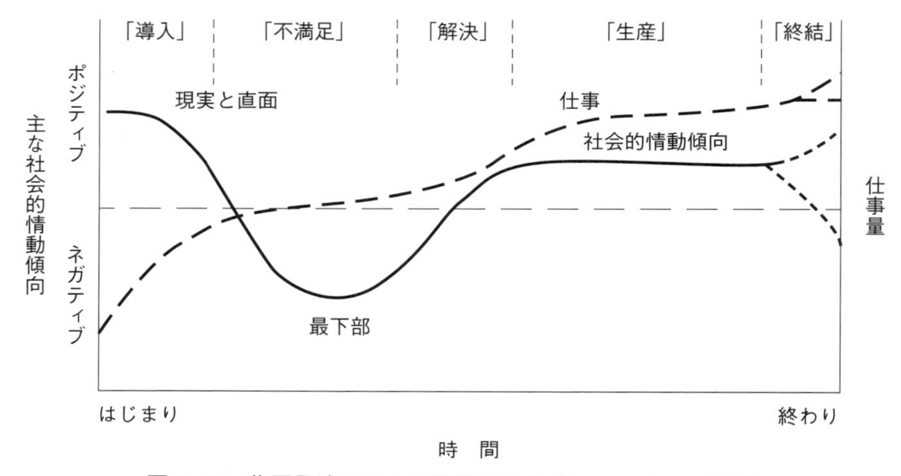

図6－2　集団発達の5つの段階の図式 (Lacoursiere, 1980)

すことができる。この段階は，初期の期待と現実とのズレを修復する時期といえる。すなわち，この時期は自尊感情を高めたり，課題を遂行するためのスキル向上が見え始めたりする時期でもある。この「解決（resolution）」の段階での重要な対人的課題は，メンバー間の，またメンバーとリーダー間の激しい敵意感情を減少させることである。

「生産（production）」の段階：初期の「不満足（dissatisfaction）」の段階のネガティブな感情と対照的に，経験していることへのポジティブな感情に特徴づけられる。すなわち，グループ課題遂行志向の活動があるならば，メンバーは満足して協同して働き，グループはリーダーとか状況に対して依存的であったのが自立的になる。課題遂行へのスキル向上にともない，成功経験がさらにポジティブな感情を促進し，循環的に経験が働くようになる。この時期は最後の段階の「終結」がおとずれるまで続くが，その長さは課題の種類・困難や期待と現実とのズレの大きさなどにより異なる。Tグループやセラピーグループのように，課題が明確でなくスキルの獲得も難しいグループでは，グループライフの中でのこの時期は比較的短くなる。Tグループの場合，グループメンバーは導入（orientation）と不満足（dissatisfaction）の段階で長く過ごし，この生産（production）の段階が短くとも，グループのプロセスを通して学習をしている段階であり，いわば全段階の中で課題に取り組んでいるといえる。

「終結（termination）」の段階：参加者は自分たちがグループメンバーとともに成し得たことと，グループの差し迫った解散に関心が向くようになる。あるグループではメンバーは別れることの寂しさや悲しさを感じ，それを否定しようとする。また，課題の達成感の強いグループでは，そうしたネガティブな感情よりも，ポジティブな感情がまさることもある。「終結」の段階では，一般に仕事量は減少するが，寂しさや悲しさの感情を隠すために，また時間に間に合わせて課題を完成させるために仕事量が増すこともある。Tグループなどでは，この「終結（termination）」の段階を経験することも課題の1つであり，グループメンバーによって自分たちの感情を確認し合うようなことも起こる。「生産」の段階で満足した経験をしているかどうかが「終結（termination）」の段階においてグループが一体感をもって終われるかどうかにかかわってくる。

引用文献

Bennis, W. G., & Shepard, H. A. (1956). A theroy of group development. *Human Relations*, 9, 415–437.

Gibb, J. R. (1964). Climate for trust formation. In L. P. Bradford, J. R. Gibb & K. D. Benne (Eds.), *T-group theory and laboratory method* (pp.279–309). John Wiley & Sons.（ギブ，J. R.　柳原光（訳）（1971）．信頼関係形成のための風土　三隅二不二（監訳）　感受性訓練（pp.367–408）　日本生産性本部）

Hampden-Turner, C. (1966). An existential “Learning Theory” and the integration of T-group research. *Journal of Applied Behavioral Science*, 2(4), 367–386.

Jenkins, D. H. (1964). Excerpts from a letter. *Human Relations Training News*, 6(1), 2–3.

Kelly, G. A. (1955). *The psychology of personal constructs: A theory of personality*. London: Routledge.

Lacoursiere, R. (1980). *The life cycle of groups: Group developmental stage theory*. Human Science Press.

Lewin, K. (1951). *Field theory in social science*. New York: Harper.（レヴィン，K.　猪股左登留（訳）（1956）．社会科学における場の理論　誠信書房）

Lippitt, R. (1982). The circular process of social interaction. In L. Porter & B. Mohr (Eds.), *Readingbook for human relations training*. National Training Laboratories.

Rogers, C. R. (1961). The process equation of

psychotherapy. *American Journal of Psychotherapy*, 15, 22–45.

Rogers, C. R. (1968). Interpersonal Relationships : U.S.A.2000. *Journal of Applied Behavioral Science*, 4(3).

Rogers, C. R. (1970). *Carl Rogers on encounter groups*. New York : Harper & Row. （ロジャース，C. R.　畠瀬稔・畠瀬直子（訳）(1973). エンカウンター・グループ　ダイヤモンド社）

Schutz, W. C. (1958). *FIRO : A three-dimensional theory of interpersonal behavior*. Science and Behavior Books.

Schutz, W. C. (1967). *Joy : Expanding human awareness*. Grouve Press.

Schutz, W. C. (1973). *Elements of encounter : A body mind approach*. Joy Press.

津村俊充（1990）．体験集団における相互作用過程　大坊郁夫・安藤清志・池田謙一（編）社会心理学パースペクティブ2　人と人とを結ぶとき（pp.89–110）誠信書房

津村俊充(1992)．社会的相互作用の循環過程――役割の固着化と成長への脱出　南山大学人間関係科（監修）津村俊充・山口真人（編）人間関係トレーニング――私を育てる教育への人間学的アプローチ（pp.62–65）ナカニシヤ出版

津村俊充（2007）．グループワーク　坂本真士・丹野義彦・安藤清志（編）臨床社会心理学（pp.177–190）東京大学出版会

Tuckman, B. W. (1965). Developmental sequence in small groups. *Psychological Bulletin*, 63, 384–399.

Tuckman, B. W., & Jensen, M. A. C. (1977). Stages of small group development revisited. *Group and Organization*, 2, 419–427.

第7章

プロセスに働きかけるファシリテーター

ファシリテーターとは，「プロセスに働きかける（介入する）ことを通して，グループの目標をメンバーの相互作用により明確化し共有化して，その目標を達成することと，メンバー間の相互信頼関係を創り出すことを促進する働き（ファシリテーション）をする人」であると考えている。もう少し付け加えると，目標達成と人間関係づくりの両側面に光を当てながら，共に仕事ができる自立した人を育てる働きをする人とも言えるのではないかと考えている。本章では，ファシリテーターのさまざまな定義や働きを概観しながら，本書で考えるファシリテーターについて吟味していきたい。

最近，ファシリテーターやファシリテーションに関する出版物が増えてきている。黒田（2002）により本訳されたリース著『ファシリ

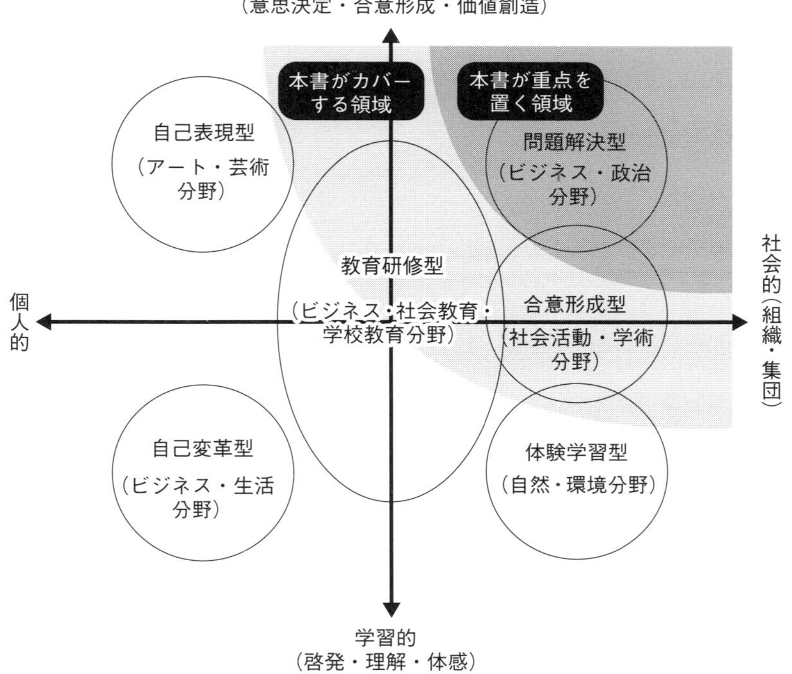

（注）中野民夫（『ワークショップ』岩波新書）が作成したワークショップの分類をもとにファシリテーションの応用分野を堀（2003）が整理している

図7－1　ファシリテーションの応用分野

テーター型リーダーの時代』の中では，ファシリテーターとは，「中立的な立場で，チームのプロセスを管理し，チームワークをひきだし，そのチームの成果が最大になるように支援すること」と記されている。堀（2003）は，ファシリテーションとは集団による知的相互作用を促進する働き，もっと狭義には，会議を効果的に行う働きかけを意味して，円滑に会議を運営する，そういった働きができる人をファシリテーターとよぶと記している。

また，彼は，ファシリテーションの応用分野を整理して，図7－1のようにワークショップの分類をもとにいくつかのファシリテーションを示している。彼によると，創造的－学習的次元と，個人的－社会的次元の2つの次元上に，ファシリテーションの応用分野を分類している。応用領域に，創造的・社会的領域として「問題解決型」のファシリテーションに重点を置いて取り上げている。そのほかに，創造的・個人的領域として「自己表現型」，学習的・個人的領域として「自己変革型」，創造的と学習的とともに社会的な領域として「合意形成型」を，またいずれの象限にも含まれるタイプとして「教育研修型」と，ファシリテーションの応用分野を説明している。体験学習型とは，自然体験や環境教育に対する領域を指しているが，本書で取り扱うラボラトリー方式の体験学習はどの応用領域でも活用可能であると考えている。

ラボラトリー方式の体験学習は，応用分野のいずれのタイプの応用実践場面においても，有用な学び方の哲学と方法を提供することができる。本章では，幅広いファシリテーションの応用領域における核となるラボラトリー方式の体験学習のファシリテーションを再考するとともに，体験からの学びを深めるファシリテーションとは何かを検討する。そのために，さまざまな呼称の役割人物，マネージャー，リーダー，ファシリテーターなどの働きの相違点を吟味する。また，異なる非構成のグループ体験（ベーシック・エンカウンター・グループとTグループ）におけるファシリテーターの働きの検討も行う。

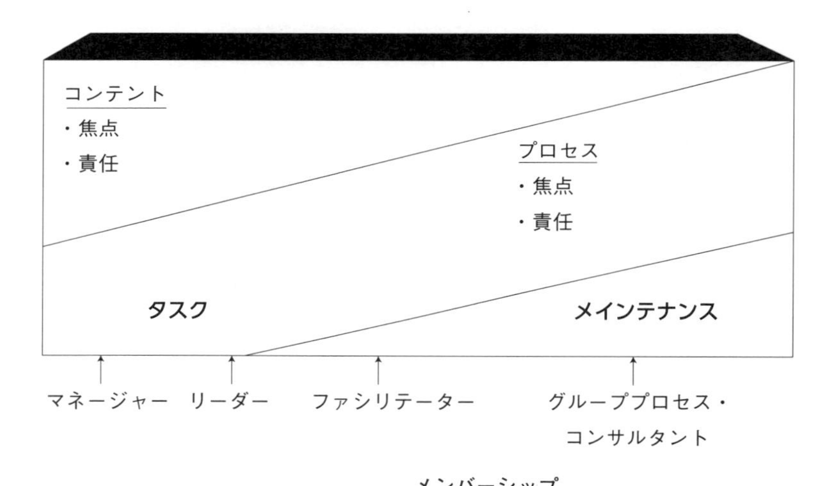

	メンバーシップ			
	内部	外部	コンテント	心理的
マネージャー	×		×	×
リーダー	×		×	×
ファシリテーター	×	×	?	?
プロセス・コンサルタント		×		×

図7－2　役割の区分（Reddy，1994　林ら（訳）／津村（監訳），2018）

ラボラトリー方式の体験学習では，“今ここ”での自分の中や相手との関係の中で起こっているプロセス（体験）に気づき，そのダイナミックなプロセス（体験）から内省し学ぶことであり，それは学習者自身の“今ここ”でのリアルなありようを自らが自らに問うことになる。これほどインパクトのある学習はないと筆者は考えている。

Tグループにおける学びを修得していく過程では，学習者自身の気づき，内省と洞察などが必要であるが，そのために同時にファシリテーターが何に光を当て，どのようなかかわりをするかといった働きがけが重要になる。よって，ファシリテーターが学習者に働きかけること（ファシリテーション）の検討は，学習者の学びのためにも大切になる。

（1）リーダー，ファシリテーターとプロセスコンサルタント

図7-2に示されているように，Reddy（1994 津村監訳，2018）は，グループにかかわる4人のタイプ（役割）の働きの識別を試みようとしている。

Reddyは，マネージャー，リーダー，ファシリテーター，そしてグループプロセスコンサルタント（以下プロセスコンサルタントと表記）の4人の役割を図7-2に示したように分類している。プロセスコンサルタントという言葉は，今日キャリアアンカーとかキャリア教育などの領域でも有名であるSchein（1999，稲葉・尾川訳，2012）が自らの著書のタイトルとして提唱し，プロセスコンサルタントの重要性を説いている。Reddyは，Scheinの基本的な考え方に同意しながらも，Scheinの組織開発に対するマクロなアプローチに対して，小グループに対するミクロなアプローチとして，グループプロセスコンサルタント（以下，プロセスコンサルタントと表記）の働きの重要性を主張している。そして，Reddyは，マネージャー，リーダー，ファシリテーターとプロセスコンサルタントとの差異を以下のように識別している。

Reddyによると，ファシリテーターとプロセスコンサルタントは，メインテナンスプロセスにかかわる人として位置づけている。マネージャー，リーダー，ファシリテーター，プロセスコンサルタントの中で，マネージャーとリーダーはコンテント指向でタスクプロセスへの関心・関与が強い人として，他の2つの役割とは識別している。すなわち，マネージャーとリーダーはタスク（課題）に責任をもっており，課題達成にかかわっていく人がマネージャーやリーダーであると考えている。その意味ではコンテント【課題，仕事，結果】に対して責任をもつということがリーダー，マネージャーの仕事であり，図7-2を見ると，とりわけマネージャーは課題への関与が強い人物として考えられている。特にReddyが強調していることは，メンバーの一員（internal：内部のメンバー）として仕事をしていること，コンテント（課題）に責任をもっていること，そしてその結果，心理的な問題も扱うことがマネージャーやリーダーの働きであるとしている。

それに対して，ファシリテーターやプロセスコンサルタントの役割は少し異なる。特に，よりプロセスに焦点を当てたかかわりをする人をプロセスコンサルタントとよんでいる。メインテナンス，それはメンバー間の関係性に焦点を当てた働きを指し，メンバー一人ひとりのニーズや感情を尊重する働きかけをしようとする人物がファシリテーターであり，またプロセスコンサルタントである。ただ，プロセスコンサルタントについてReddyやScheinは，明確に外部者（external）としての存在であることを強調しており，バウンダリー（境界）を明確にしながらも心理的な関係を扱う人として記している。プロセスコンサルタントは，グループのメンバーとは異なる外部者であり，まったくコンテントには口を出さない。グループ外（external）の存在が，グループを活性化する際に大

事であることを主張し，プロセスコンサルタントという外部者の働きの重要性を強調している。

その中で，ファシリテーターの役割は若干曖昧であり，幅広くとらえているところがある。グループのメンバーとの関係においてどこに位置するのかのバウンダリーに関して，内部の人間でもありうるし，外部者でもありうるといった位置づけである。コンテント（課題や仕事）にも責任を負うこともあるし，メインテナンスに関するプロセスも大切にして扱おうとする人物でもある。結果として，時には，メンバーとの距離が近いこともあるし，そうでないこともあると記している。そういう意味では，ファシリテーターは非常に柔軟な態度を持ち合わせた人物といえるかもしれない。積極的な意味で言えば，ファシリテーターという人物とは何でもできる，いろいろな働きが担える人として考えてよいのかもしれない。

Scheinは，プロセス・コンサルテーションに関して次のように説明している。

「プロセス・コンサルテーションというのはクライエントとの関係を築くことである。それによってクライアントは自分自身の内部や外部環境において生じている出来事のプロセスに気づき，理解し，それに従った行動ができるようになる。その結果，クライエントが定義した状況が改善されるのである」と記している。プロセスを大切にするかかわりが当事者のありようを目覚めさせ，当事者意識をもつことにより，仕事への責任共有が生まれると考えられる。

このようにみてくると，ファシリテーターは，グループのメンバーである（内部者）か，メンバーでない（外部者）かにかかわらず，クライエントのニーズを把握して，プロセスに焦点を当てながら，コンテントの達成と関係の充実に取り組む働きをする人物であるといえる。

（2）2つのグループ体験とファシリテーター

1）Tグループ

ラボラトリー方式の体験学習の核となるグループトレーニングであるTグループ（Tはトレーニングの略）の運営において，グループを運営するスタッフであるトレーナーの働きや影響を考えると，グループにとっても，グループメンバーにとってもトレーナーの存在は大きい。Tグループでは，ファシリテーターという言葉は初めの頃はあまり使われていない。1940年代半ばのトレーニングの誕生から，トレーナーという言葉を使用し，1960年代には学習集団としてのTグループのリーダーはどのような働きが必要であるかといった研究が盛んに行われている。いくつかの研究の中で，トレーナーは学習のファシリテーターであるという表現が使われている（Miles，1980）。

最近は，トレーナーという名称に代わって，学ぶことを促進する働きをする人という意味で，ファシリテーターという言葉が用いられるようになってきている。この役割をとる人は高い柔軟性をもつ必要があり，状況によってはファシリテーターが積極的に介入するときもあれば，あるときはグループの中で起こることに沿ってそこに適応するように入っていくこともある。また，あるときは介入を控えてメンバーに任せておくこともあるといったように，かなり幅広い働きかけの言動が求められる。ファシリテーターはかなり幅広い行動レパートリーをもつ必要がある。

マイルズ（Miles，1980）は，トレーナーの責任は，学習を促進することにあると記している。トレーニンググループが停滞したり，無関心になったり，闘争的になったりしたときに，トレーナーの仕事はグループがこの混乱から抜け出すことを容易にするように援助する（ファシリテートする）ことではないと明言している。トレーナーの仕事はそのような働きではなくて，その混乱から学ぶことを援助することができる

・ファシリテーターは，集中的に会合するグループの中で，自由な表現と防衛の減少が徐々に起こるような安全な心理的雰囲気を発展させることができる（ロジャース，1970）
・畠瀬（訳者注，1970）では，リーダー，トレーナー，カウンセラー，セラピストなどの用語は，ある種の〈権威〉を協調する傾向にあるが，このグループではメンバーの人間関係を促進し，究極にはグループメンバーの一員になるようなグループ中心の運営を理想としている。

図7－3　ベーシック・エンカウンター・グループ（Rogers, 1970　畠瀬・畠瀬訳，1982）より作成

かどうかであると述べている。

ファシリテートという言葉から想像すると，ファシリテーターは何かやさしくて，混乱からグループのメンバーを抜け出すように助け，グループが動きやすくすることが仕事であると思われがちである。しかしながら，グループ体験から学ぶことを大切にするＴグループファシリテーターは単にその困難から抜け出すことを援助することが目的ではないのである。このことが，ラボラトリー方式の体験学習，すなわちプロセスから学ぶことを支援するファシリテーションの大切な視点の１つであるといえる。

トレーナーの仕事とは，グループの中で“今ここ”でぶつかっていることに目を向けて，“今ここ”での体験から学ぶことをしっかりと支援していくことなのである。その学びは，グループが発達していくときに乗り越える課題は何かといったグループの成長に向けて取り組む課題を見つけ出すことを学ぶかも知れないし，その葛藤の中でメンバー一人ひとりがどのようにいるのか自分自身のありようを学ぶかも知れない。Ｔグループの中では，トレーナーの基本的な姿勢として，グループメンバーが学習するために“今ここ”の体験に対峙し，メンバー一人ひとりの関心事を大切にし，内省する場を創り出す支援をどのようにできるかといったことが大切になる。その前提として，グループメンバーが何を学ぼうとしているか，学習目標を明確にする働きかけが重要になる。

プロセスへの気づきに光を当てる視点をもつためにも，また内省し分析し洞察を深めていくためにも，メンバー一人ひとりの学習目標を明確にしながらファシリテーターはかかわっていく必要がある。ラボラトリー方式の体験学習のファシリテーターは，メンバーの気づきや学びをさらに概念化し，新しい行動に結びつけていくような知識やスキルも求められている。

２）ベーシック・エンカウンター・グループ

プロセス・コンサルテーションの考え方は，Rogersの思想と重なっているように思われる。グループにおいてメンバー相互に信頼し合える関係が生まれるならば，グループは何が自分たちの問題であるかを見つけ出し，自分たちの力でその問題に対処できるようになるといった考えが，Rogersのベーシック・エンカウンター・グループにはある。すなわち，人間というのは能動的で有能な存在であり，個のメンバーが集まったチームも同じで，自ら問題を解決する力をもっていると考えている。グループの中のメンバー間に信頼し合える風土を創り出せるように支援をする働きが，Scheinのプロセス・コンサルテーションでもあり，ベーシック・エンカウンター・グループにおけるファシリテーターの働きでもある。Rogersは，基本的に人間を信頼し，グループを信頼するという態度を大切にしている。その態度が，グループのメンバー相互のかかわりをより豊かにして

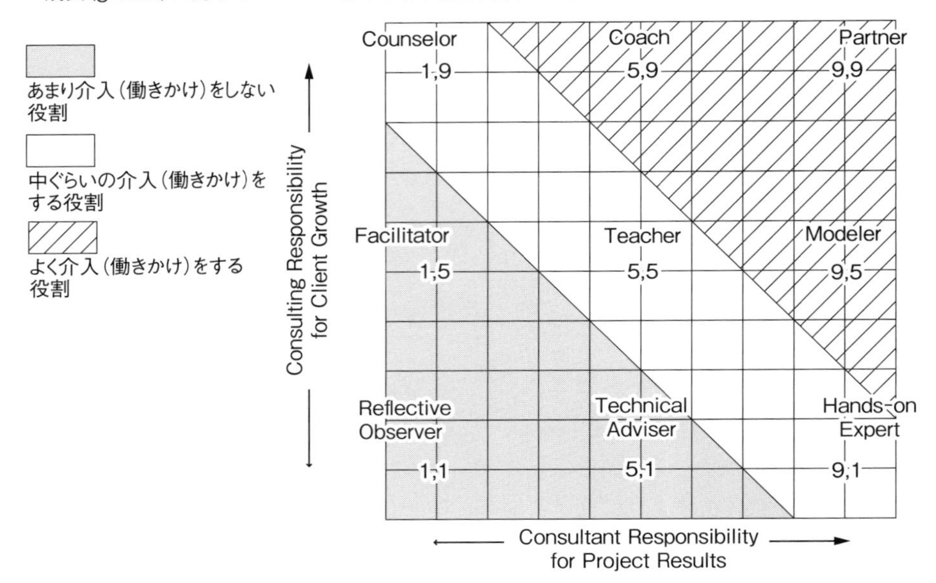

図７－４　結果と成長：コンサルティングの役割の選択（Champion，Kiel & McLendon，1990）

いくことを可能にし，それぞれのメンバーのありように気づいていくことができる（自己理解や他者理解）と考えている。

Rogersはベーシック・エンカウンター・グループを開発し，グループで集中的な対話の体験を通して防衛的な気持ちが徐々に減少し，個々のメンバーの気持ちなどを自由に表現することができるようになり，安心できる心理的関係を発展させることができるようになると考えている。その過程の中で，一人ひとりの問題や課題が明確になっていき，メンバーがその課題に共に取り組み解決するようになっていくことを支援する人を，ファシリテーターといっている。ファシリテーターという言葉は，Rogersが初めて使ったのではないかと思われる。

また，翻訳書『エンカウンター・グループ』(Rogers，1970　畠瀬・畠瀬訳，1982）の訳注の中で，図７－３に示したように，畠瀬はファシリテーターという言葉を用いる理由を記している。リーダー，トレーナー，カウンセラー，セラピストなどの用語はある種の＜権威＞を表す傾向にあるが，ベーシック・エンカウンター・グループでは，メンバーの人間関係を促進し，究極にはグループメンバーの一員になるようなグループ中心の運営を理想としていると記されている。すなわち，ファシリテーターは外部者だった存在がグループの発展とともに，同じグループのメンバーになっていく，相互の関係が深まっていき，共に活動している感覚をもてるようになる存在なのである。そのような働きをする人が，エンカウンター・グループにおけるファシリテーターなのである。

エンカウタンー・グループにおけるファシリテーターの存在からも，シャインの発想するプロセスへの働きかけの影響からも，グループの中における人間関係が相互に信頼し合える関係になることが個人の成長，グループの成長に役立つといった，グループに対する絶対的信頼がファシリテーターには必要であることがうかがえる。

表7－1　9つの役割（Champion, Kiel, and McLendon, 1990より津村訳）

・直接手をかける（Hands-on Expert）
一あなたのために私がやるよ！　何をしたらいいか教えるよ！
・モデルになる（Modeler）
一私がやるよ。私から学ぶために見てて！
・パートナーになる（Partner）
一私たち一緒にやろうよ！　お互いに学ぼう！
・コーチになる（Coach）
一あなたうまくやったよ！　あなたが今度やることはね！
・教師になる（Teacher or Trainer）
一このタイプの問題を解決するためにはこれを使うといいよ！
・技術アドバイザー（Technical Adviser）
一あなたが知りたい質問に答えるよ
・カウンセラーになる（Counselor）
一あなたはそれをする。私は共鳴板になるよ！
・ファシリテーターになる（Facilitator）
一あなたはそれをする。あなたのプロセスに付きそうよ！
・内省的観察者になる（Reflective Observer）
一あなたはそれをする。私は見てて，私が見たこと聞いたことを伝えるよ！

（3）グループの目標が成果か成長か

ファシリテーターは，グループの成果を高めるために働くのか，それともグループの成長のために働くのかといった2つの視点からとらえ直すことができる。すなわち，グループやグループメンバーがうまく活動ができるように困難を取り除いてあげて仕事をしやすくし，課題を達成するのを支援する働きか，困難を乗り越えていくための体験にグループメンバーが直面しながら，それを乗り越える手がかりをメンバーと共に見つけ出し，そのことからグループが成長していくことを支援する働きか，といったファシリテーションの2つのありようが考えられる。

Champion, Kiel, & McLendon（1990）は，図7－4に示したように，プロジェクトの成果を得るためにもつコンサルタントの責任とクライエントの成長のためにもつコンサルタントの責任といった2次元の上に9つの役割人物を配置し整理している。

この図では，横軸の右に行くほど，結果や成果に期待するニーズが強くなり，縦軸の上に行くほどメンバーの成長を期待するといったグループのニーズを示している。チャンピオンら（Champion et al., 1990）は，この二次元の図に，9つの名称の役割人物を布置している。図の中に示されているファシリテーターの役割は，結果や成果への期待に応えることはほとんどせず，どちらかというと成長ニーズに応える働きをする人物に位置づけられている。ファシリテーターよりもより成長ニーズにウェイトをおく役割としてカウンセラーを位置づけていることがわかる。一方，それとは対照的な位置に，結果や成果の達成に手を差し出すハンズオンエキスパートといった役割人物を配置している。Champion et al.（1990）の分類に従うと，成長志向の役割を果たす人として，カウンセラーとかファシリテーターといった呼称の役割人物に期待しているといえる。

表7－1の中の「ファシリテーターになる」の説明文として「あなたはそれをする。あなたのプロセスに付きそうよ！」と記載されている。この「プロセス」という言葉がファシリテーターを考える際のキーワードになると考えられる。ファシリテーターという言葉が出てくるときには，よく「プロセス」という言葉が使われる。「プロセスに気づく」，「プロセスに介入す

る」といったことが，ファシリテーターの役割，特に体験から学ぶことを促進するファシリテーターにとっては大切になる。

実際に，ファシリテーターとしてグループの中に入ると，成果も成長も大切にしたいと考えるかもしれない。しかし，基本として，グループにかかわるファシリテーターの仕事は，まずプロセスに気づき，グループの成長に向けての働きかけをすることが大切な仕事であり，その結果，グループの成果に結びつけていくことができるような支援としても機能するのである。グループの成果を充実させるためには，グループのメンバーのニーズや関係性が重要となるので，グループプロセスへの着眼が大切になるといえる。このような発想は，Scheinの発想も同様であり，またRogersの考え方とも類似している。グループメンバー間に信頼関係の醸成が起こることやチームが成長することがグループの成果を支え，目標達成をより充実したものにするといった考え方なのである。

（4）ファシリテーターの働き

1）ファシリテーターとは

ここまで，いくつかのファシリテーター論に関する研究を概観した。

ファシリテーションの機能は，課題志向的な働きとプロセス志向的な働きとしてとらえることができる。言葉を換えると，それは結果志向的か成長志向的かといった二次元としてとらえることもできる。ただし，ファシリテーションという働きを考えるときには，プロセス志向，成長志向的な方向性が強調される傾向にあるが，必ずしもいつも，成長志向のファシリテーションが必要であるとはいえない。たとえば，会議のファシリテーターとしての仕事を必要とされている場合には，より課題志向的なアプローチのファシリテーションが必要になるであろう。グループのもつ目標が異なれば，その目標を達成支援のためのファシリテーションの方向性も異なる。

ファシリテーターという存在が，グループや組織の内部のメンバーであるのか，それとも外部の人がファシリテーターとしてグループを支援し仕事を遂行するのかといったことによって，ファシリテーターのかかわり方や働き，またメンバーに与える影響などが異なってくると考えられる。ファシリテーターを語るときには，グループ内のメンバーであるのか，それとも異なるのかといったバウンダリー（境界）について考える必要がある。

グループをファシリテートする，促進するといった場合に，グループの目標にどのように焦点を当てて支援をするかといったことが大切になる。課題を達成すること（コンテント）に焦点を当てるのか，課題を達成する際に起こる人間関係の過程（プロセス）に焦点を当てるのかといった視点である。

Ｔグループを核とする「ラボラトリー方式の体験学習」とは，「特別に設計された人と人とがかかわる場において，“今ここ”での参加者の体験を素材（データ）として，人間や人間関係を参加者とファシリテーターとがともに探求する学習」と定義している（津村，2010）。学習者が，プロセスに着眼し，プロセスに気づき，そのプロセスを学習の素材にしながら，体験学習の循環過程を活用し，自分の対人関係のありようや他者，グループの理解を深め，成長することをファシリテーターとともに探求する学習活動である。

プロセスとは，自分の中で，相手の中で，対人関係やグループ，組織などの中で起こっていることを指している。これらのプロセスは，グループリーダーをはじめファシリテーターがすべて見えてわかっているわけではない。ある話題で議論しているときに，沈黙の間にも，一人ひとりのメンバーの中に表に現れず隠れている個人の欲求や感情などが絶えず生起している。学習者のニーズを満たすために何が必要で，どの方向に向かうとよいかは，学習者自身が答えをもっており，一人ひとりの成長のための課題やグループの課題をファシリテーターが教え示すことは適切ではなく，実際に難しいことなのである。

よって，学習者自身がプロセスに気づき，そのプロセス・データを分析することにより，学習者自身が取り組むべき課題を見出すことを支援することがファシリテーターの役割である。よって，教育者という言葉よりも，気づきを容易にする人，学習者自身が自分やグループに関するプロセスに光を当て，そのプロセスを探求し，そのプロセスから学習者相互に深め合い，学び合うことを容易にする人，促進する人という意味から「ファシリテーター（容易にする，促進する人）」という名称を使う方が適切であると考えている。

ファシリテーターとはどのような人であるかを定義するよりも，ファシリテーションという働きを考えることに意味があると考えている。すなわち，ファシリテーターの機能的な定義を行うことが生産的な議論を生み出すと考えている。

以上のことを考え，「ファシリテーターとは，プロセスに働きかける（介入する）ことを通して，グループの目標をメンバーの相互作用により明確化し共有化して，その目標を達成することと，メンバー間の相互信頼関係を創り出すことを促進する働き（ファシリテーション）をする人」と定義する。

2）ファシリテーターとファシリテーション

ファシリテーションをしている人をファシリテーターとよぶのか，またはファシリテーターは，ファシリテーションをしているといえるのか，といった問いが生まれる。実は，ファシリテーターという役割をもつ人が必ずしもファシリテーションを行っているわけではないかもしれない。ファシリテーターという役割を担ってグループの中に存在しているけれども，そのグループの目的は何か，そして今どのようなプロセスが起こっているのか，今それをメンバーがどのようにとらえているのかなど，これらのことに着目してグループやメンバーに働きかけていないファシリテーターもいるかもしれない。リーダーシップも同様のことが考えられる。リーダーという役割を担ってはいるけれども，本当にリーダーシップを発揮しているのだろうかといった疑問である。ファシリテーターは，グループやグループメンバーの活動を本当にファシリテートしているといえるだろうか。

リーダーシップに関連する言葉をウェブスターの辞書で調べると，リーダーという言葉は13世紀に使われはじめている言葉であり，それに対して，リーダーシップは19世紀になって出てくる言葉なのである。リーダーシップという言葉は，リーダーより新しい言葉であることがわかる。リーダー研究は古くから行われおり，リーダーシップ研究は比較的新しい研究分野であることも十分推察できる。ストッグディル（Stogdill，1942）は，124のリーダー研究をレビューし，有能なリーダー像の研究を行っている。リーダーの特性論による研究結果では，リーダーとは頭がよくて経験豊かであったり，時には笑いをとったり，時には厳しかったりと，あらゆることを何もかもできるリーダー像が描かれている。いわゆる，偉人説といわれるものである。さまざまな分野でのリーダー研究から，リーダーとなる人は，実際には存在し得ないようなスーパーマンを描き出してしまうことになる。こうした批判より，優秀なリーダーの特性を研究する特性論的研究から，リーダーの働きをリーダーシップという機能としてとらえる機能論的研究にリーダーシップ研究は移行していくことになる。研究のシフトにより，リーダーシップはメンバー一人ひとりがもっている働きとしてとらえることができたり，状況によってリーダーシップの発揮の仕方が異なることなどが見出されたりして，リーダーシップの研究成果が実践的なフィールドでより活用されるようになっていったのである。

同様に，ファシリテーターとファシリテーシ

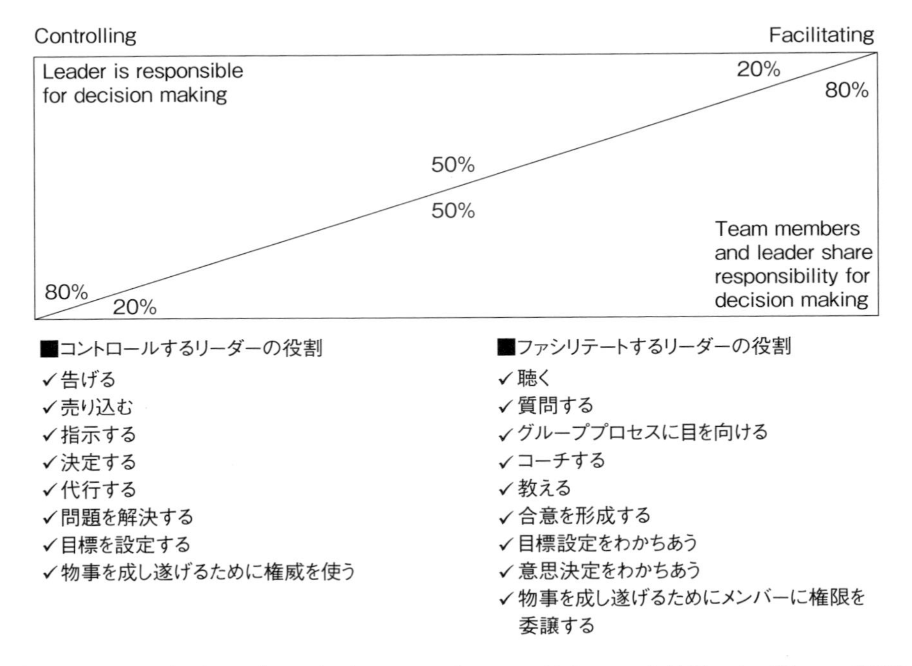

図7－5　リーダーシップのスタイル：コントロールV.S.ファシリテート（Rees，1992）

ョンという言葉について考えてみたい。すなわち，ファシリテーターではなく，ファシリテーションという機能に焦点を当てて考えてみることによって，実践的な研究や教育に有効な示唆を得ることができるのではないかと考えている。リーダー，リーダーシップと同じようにウェブスターの辞書を引くと，ファシリテートという動詞は，1611年と書かれているが，ファシリテーションという語は，具体的な年号は記されていない。きっと，新しい年代での使用ではないかと考えられる。

また，ファシリテートの動詞の主語には，人物ではなく，実はファシリテートする行為が配置されるのである。すなわち，「だれ」がファシリテートするという用法ではなく，「何かをすること」がファシリテートするという用法なのである。○○さんの……をしている行為が……をファシリテートするといったように使用する動詞なのである。この用法からも，どんな人がファシリテートするかではなく，何をするかといった行為に焦点を当てることによって，ファシリテーションという働きは明確になってくるのではないかと考えている。主語はやはり，行為であり，人が行う行為，特にそれは言葉かけや問いかけであり，その働きかけがもつ機能がファシリテーションであると考えられる。

その行為のありようについて，リース（Rees，1992）が，「コントロール」と「ファシリテート」という言葉を対比的に用いて，図7－5を示し，2つのリーダーのありようを示している。実際のチームにおいて，「コントロール」するリーダーとは，課題に対する責任をリーダー自身が担い，意思決定を自らが行っていくタイプである。一方，Reesは，意思決定をわかちもち，メンバーと一緒に責任をわかちもった働きを担う人を「ファシリテート」するリーダーとよんでいる。

Reesは，「コントロール」するリーダーの代表的な働きとして，告げる，売り込む，指示する，決定するなど，直接行為を指示し決定づけるような働きをあげている。一方，「ファシリテート」するリーダーの役割として，聴くこと，質問すること，グループプロセスに目を向けること，コーチすること，教えること，合意を形成すること，目標設定をわかちあうこと，意思決定をわかちあうこと，物事を成し遂げるためにメンバーに権限を委譲することなどが代表的な働きであると記し，責任共有型のリーダーの必要性を説いている。

「コントロール」するリーダーによる統制的，権威的なリーダーシップは，チームのコミュニケーションの効果性や意欲に対して反対の効果をもつ。「コントロール」するリーダーのもとでは，恐怖によって動機づけられ，問題点を打ち明けたり反対意見を言ったりすることに躊躇する。コミュニケーションの頻度は減少し，伝えられる情報は正確さを欠くことになる。

一方，「ファシリテート」するリーダーは，パワーをわかちあうべきものであり，そのリーダーのもとでは，チームメンバーは意思決定過程に加わることができ，決定したことを実行するための責任がわかちあわれる。ゆえに，チームメンバーの才能，経験や知識が十分に活用される。

これらの行為のリストが，ファシリテーターの働きかけのありようを考えるヒントになるだろう。

引用文献

Champion, D. P., Kiel, D. H., & McLendon, J. A. (1990). Choosing a consulting role. *Training and Development Journal* (February), 66–69.

堀公俊（2003）．問題解決ファシリテーター「ファシリテーション能力」養成講座（p. 244）東洋経済新報社

Miles, M. B. (1980). In the Trainer Role. *Learnig to Work in Groups* (pp.237–247). New York : Teachers College Press.

中野民夫（2001）．ワークショップ――新しい学びと創造の場（p. 223）岩波新書

Reddy, W. B. (1994). *Intervention Skills : Process Consultation for Small Groups and Teams.* San Francisco, CA : John Wiley & Sons, Inc.（レディ，W. B.　林芳孝・岸田美穂・岡田衣津子（訳）（2018）．津村俊充（監訳）インターベション・スキルズ――チームが動く，人が育つ，介入の理論と実践　金子書房）

Rees, F. (1992). *From controlling to facilitating : How to L. E. A. D. The 1992 Annual : Developmg Human Resources.* In J. W. Pfeiffer (Ed.). San Diego, CA : Pfeiffer & Company.

Rees, F. (1998). *Facilitator Excellence, Handbook* (p. 352). Pfeiffer.（リース，F.　黒田由貴子（訳）（2002）．ファシリテーター型リーダーの時代（p. 294）プレジデント社）

Rogers, C. (1970). *Carl Rogers on Encounter Groups.* Harper & Row Publishers, Inc.（ロジャース，C.　畠瀬稔・畠瀬直子（訳）（1982）．エンカウンター・グループ――人間信頼の原点を求めて（p. 268）創元社）

Schein, E. H. (1999). *Process Consultation revisited : Building the Helping Relationship.* Addison-Wesley Publishing Company, Inc.（稲葉元吉・尾川丈一（訳）（2012）．プロセス・コンサルテーション――援助関係を築くこと　白桃書房）

Stogdill, R. M. (1948). Personal facter associated with leadership : A survey of the literature. *Journal of Psychology*, 25, 35–71.

津村俊充（2008）．プロセス・エデュケーション事始め――E. H. シャインのプロセス・コンサルテーションを手がかりに　体験学習実践研究，8，1–11.

津村俊充（2010）．グループワークトレーニング――ラボラトリー方式の体験学習を用いた人間関係づくり――授業実践の試み　教育心理学年報，第49集，171–179.

第 8 章

ファシリテーターの着眼点

第２章において個人のレベルのプロセスのとらえ方を紹介し，第５章ではグループのプロセスの見方についてシャイン（Schein, E. H.）とレディ（Reddy. W. B.）といった代表的な実践研究の第一人者のアイディアを参考にしながら，筆者なりのグループダイナミクスの氷山図を提案している。この氷山図（図５−３）を活用して，プロセスから学ぶ教育活動やチームや組織づくりのコンサルタント活動などで，ファシリテーターの働きかけ(介入)の着眼点を紹介する。

本章では，まず体験学習を用いて学習者の学びを促進するためのファシリテーターの働きについて記述する。とりわけ，体験学習の循環過程のステップを順に踏むことができるようなファシリテーターの働き方について，ガウ（Gaw, 1979　津村訳，1996）の体験学習の循環過程を促進するための問いかけを中心に紹介する。

学校教育現場はもちろんのこと，企業におけるチーム活動や医療看護におけるチームづくりなど，さまざまな日常のグループ活動へのファシリテーターの着眼点をさまざまな視点から紹介する。それらはグループプロセスに焦点を当てながら，グループのパフォーマンスを高めることや，個人やグループのプロセス・データを活用しながら，自己成長やグループ成長に取り組み，学ぶことを促進するファシリテーターの実践のヒントになるであろう。さらにはファシリテーターの育成のために有効な，ファシリテーターのプロセスへ働きかけについて考えてみたい。

(1) 体験学習を促進するファシリテーターの働き

さまざまな教育現場で，日常の体験や実習などを用いた研修・教育場面での体験から学びを促進するファシリテーターの着眼点について記述する。

ラボラトリー方式の体験学習において，体験学習の循環過程に基づいた学びのステップは，学習者の直接体験から洞察を深め学ぶ大切な考え方である。ラボラトリー方式の体験学習を実施するファシリテーターにとって，学習者が安心して体験できる場づくりがまず大切な働きである。ファシリテーターは，学習者が学びたいと考えている学習目標は何であるかのニーズ調査を行い，プログラムを設計し実施する。そのプログラム実施において，ファシリテーターが体験学習の循環過程の，それぞれのステップを踏んでいけるようにプログラムをデザインし働きかけることが重要になる。その手立てとして，実習体験後のふりかえり用紙を準備し，体験学習の循環過程の「意識化」→「分析」→「仮説化」を意図した個人のふりかえりと，グループ全員でのわかちあいの時間をもつのである。ふりかえり用紙を用いずに直接学習者に問いかけ，循環過程のステップから学ぶことも大切になる。

津村（2009）は，Gaw（1979　津村訳，1996）の問いかけを参考にしながら，体験学習を促進するファシリテーターの６つの働きかけを提案している（図８−１）。これらの働きかけは，体

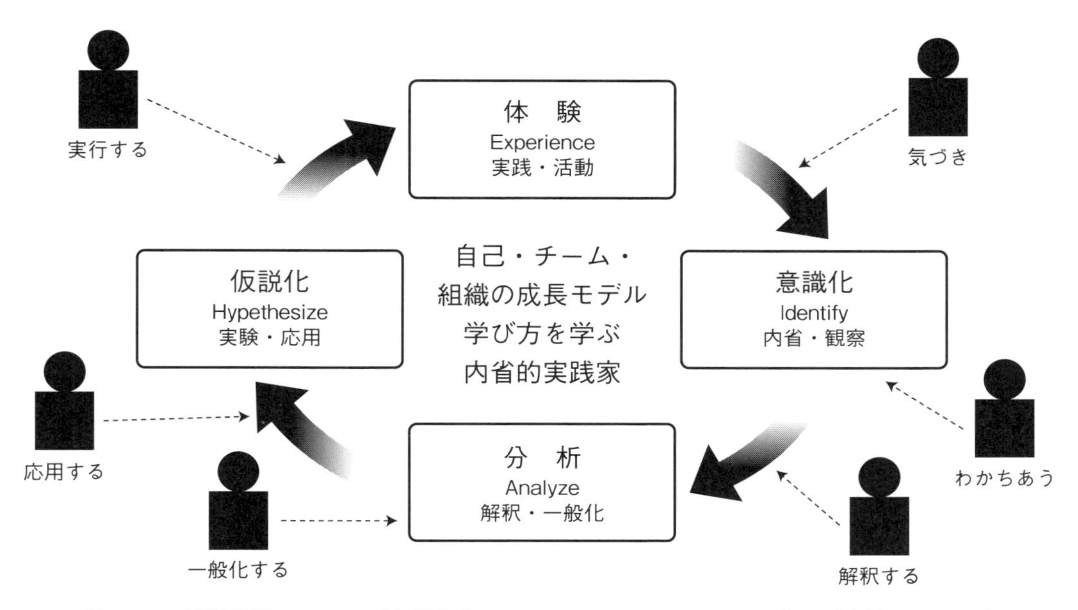

図8－1　体験学習のステップを促進するファシリテーターの6つの働き（津村, 2009より）

験学習の循環過程の矢印を刺激する働きかけとも考えられる。

① 気づき（awareness）の促進

体験したことから，さまざまなプロセスデータを拾い出すことを促進する。この問いかけは，基本的にはグループ体験におけるねらいに基づいて行われるものであり，参加者がプログラムのねらいの視点から自らに問いかけることでもある。たとえば，コニュニケーションからの視点では，どのように話していましたか？　どのように聴いていましたか？　リーダーシップの視点では，誰のどのような行動がグループやメンバーにどのように影響を与えましたか？　など。

② わかちあい（sharing）の促進

体験したことから気づいたり考えたりしたことを，同じグループのメンバーとできる限り率直に話し合うことができるように促進する。このことは無理強いすることなく，できる限り素朴な感想や気づきを自発的に伝え合える工夫が必要になる。たとえば，ふりかえり用紙記入後，まずはメンバーがグループワークを終えて，今感じていることを簡単に一言だけでも一通り話してもらうなども工夫の1つである。また，できる限り1人の人の発言について，ファシリテーターが応えるというよりも，メンバーが相互に応答し合うようにファシリテートする必要がある。

③ 解釈すること（interpreting）の促進

メンバーやグループの中で気づいたことや感じたことが表明されて，それらのデータが意味することはどういうことか，少し立ち止まり考えることを促進する。学習者個人にとって，またグループの変化や成長にとってどのような意味があったのか，参加者とともに考える問いかけをすることが大切になる。また，学習者がそのような行動をとった理由なども検討する働きかけも大事になる。

④ 一般化すること（generalizing）の促進

プロセスのデータを拾い出し，その意味するところを検討することを通して，それらの出来事が起こる現象を吟味し，抽象的な概念に発展させることを促進する。ファシリテーターがモデルや理論なども紹介したりしながら，個々の具体的な体験や気づきからグループの中にどのような原理や法則が働いているかを引き出す働

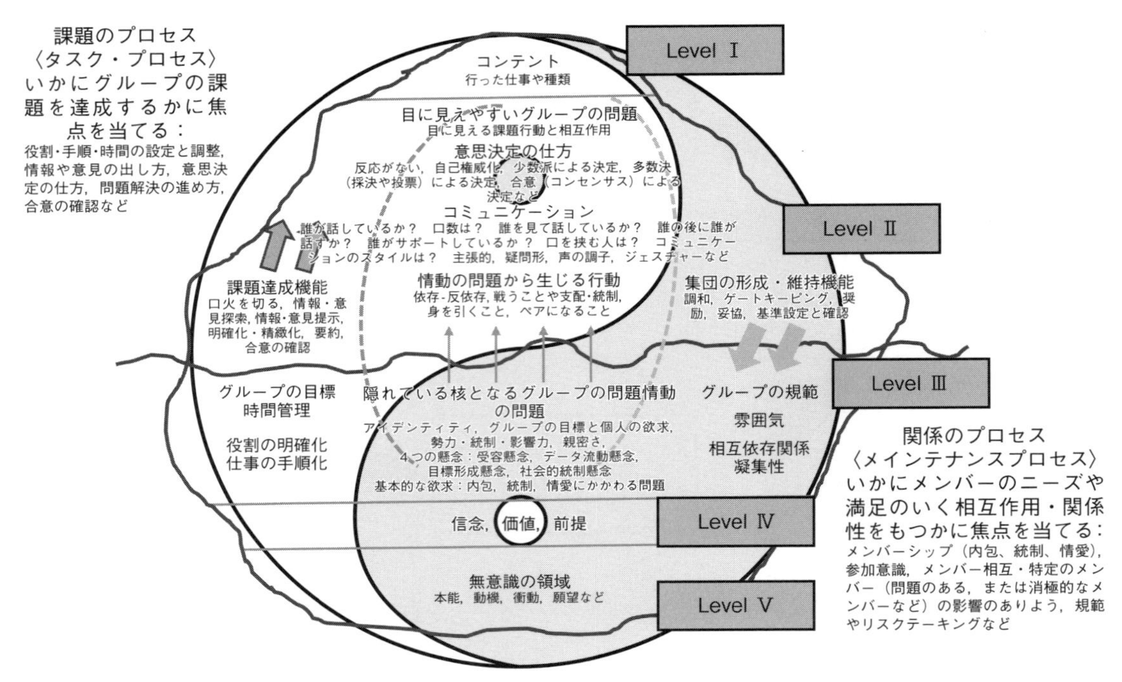

図8－2　対極図に重ねたグループダイナミックスの氷山図（津村，2018）←図5－3再掲

きかけが大切になる。

⑤　応用すること（applying）の促進

概念化したり抽象化したりした原理や法則を生かして，他の新しい状況の中で試みてみるとよいと考えられる仮説や個人の成長やグループの変革のために行動目標を立てることを促進する。できなかったことや問題点を回復するための課題だけでなく，メンバーができたことをさらに伸ばすためにはどのような課題が考えられるかなど，ポジティブな現象に対してもさらなる課題を考えてみるような働きかけが必要である。

⑥　実行すること（acting）の促進

仮説化したり行動目標を立てたりしたことを，実際に試みることができる場を設定することや，目標を実行できるように後押しすることなどの働きかけが必要である。研修のプログラムの中で，複数回にわたってグループワーク体験が実施できる場合には，自分の課題や目標づくりを一度行い，次のグループワークでその行動目標を実行して，その体験を再度ふりかえることで，学びを定着させることを促進することも大切なファシリテーションである。

体験学習を実施する際は，ファシリテーターの働きかけの視点として以上のような6つの働きに留意しておくとよいだろう。ただ，この6つの働きかけは，ファシリテーターによってそれぞれのステップに気づいたり，学んだりすることを教えこむような働きかけになってはならない。あくまでも学習者が主役であり，気づき・発見できるように，学習者が自発的，自主的に行えるように働きかけることが大切である。よって，その働きかけは，何かを伝えるというよりは，問いかける行為としてファシリテーションが行われると考えればよいだろう。4つのステップでの活動は，学習者によって学習者のために行われるように支援して，学びの所有者感覚（ownership）をもてるような配慮をファシリテーターはいつもしている必要がある。今学習者に言おうとしていることは，「誰のためなのか？」という問いを絶えず意識しながら学習者とかかわっていきたいものである。

(2) チーム活動を支援するファシリテーターの働き

1) コンテントとプロセスのどちらにタッチしているか？

前述のグループダイナミックスの氷山図を，図8-2として再掲載する。

ファシリテーターとして，自分の働きかけ(介入)が，コンテントにかかわっているのか，プロセスにかかわっているのか，働きかけをしている行為の意図の違いが明確に意識化されている必要がある。

図8-2では，レベルⅠの「コンテント」の層か，その下のレベルⅡの「目に見えやすいグループの問題」にかかわろうとしているのかは，ファシリテーターは明確に意識されている必要がある。話題に乗っかっているのか，グループメンバーの関係性などに着目しているのかといった立ち位置の違いと言っても良い。ともすれば，メンバーが話している話題に乗っかっていることが大いにある。「チームを活性化するために大切なことは何か？」をテーマに話しているとき，ファシリテーターが，「チームが活性化するには，一人ひとりが安心して発言できる雰囲気，場が大切ですよね。」などとコンテント（話題）に加わっていることがある。コンテントに加わってはいけないということではないが，ファシリテーターとしては，「今コンテントにかかわっている」という認識をもてていることは大切である。

ファシリテーターであるならば，レベルⅡのプロセスへの着眼がもてることが基本であり，絶えず意識はプロセスに向けておくことである。「たくさん話す人は誰か？」「発言をしていない，少ない人は誰か？」などコミュニケーションの視点から，「どのような決め方をしているか？」などの意思決定の視点，「発言が急に少なくなったような人は？」といった個々の動き，変化で気になることがあるかなどのプロセスの視点である。

一度チームが結成され，長い期間継続するようなプロジェクト活動の場合には，レベルⅢの「隠れている核となるグループの情動の問題」に触れることも大切になる。個々のメンバーが抱く対人的欲求がどのように満たされているか，それとも個々のメンバーのもつ欲求の未充足な状態が続いているかなど，情動にかかわる問題である。このことへの着眼と気づきと働きかけは，ファシリテーターの力量を要するところである。レベルⅢの層に触れたり，情動の問題に関してメンバーと共に対峙したりするためにも，ファシリテーター自身がＴグループなど非構成のグループ体験を積み，個々のメンバーやグループのプロセスへの感受性と働きかけの柔軟性を磨いておく必要がある。

図8-2の氷山図に描かれているように，レベルⅠのコンテントを巡って活動する中で，メンバーの相互作用の中ではさまざまなプロセスが起こっている。コミュニケーション，意思決定にかかわる諸事象，タスクプロセスにかかわる目標，役割，手順，時間の管理などの諸事象，メインテナンスプロセスにかかわる情動の問題，一体感，ノームなどの諸事象が考えられる。また，課題達成にかかわるタスク機能やメンバー間の関係形成や維持にかかわるメインテナンス機能をもつリーダーシップの視点も考えられる。

ファシリテーターの働きを考える際に，レベルⅠのコンテントレベルと，その下にあるレベルⅡやレベルⅢといったプロセスへの気づきと働きかけがとても重要になるのである。

特に，リーダーシップとファシリテーションの違いを氷山図に見るならば，リーダーシップはグループのメンバーとの相互作用の中で，コンテント達成に向けたタスク機能や，メンバー間の関係性に向けたメインテナンス機能の直接メンバーへの働きかけをする行動として考えられる。Reddy（1994）のアイディアをベースに考えると，ファシリテーターやコンサルタントは，そうしたリーダーシップの活動も1つのグループプロセスの視点として俯瞰して見ること

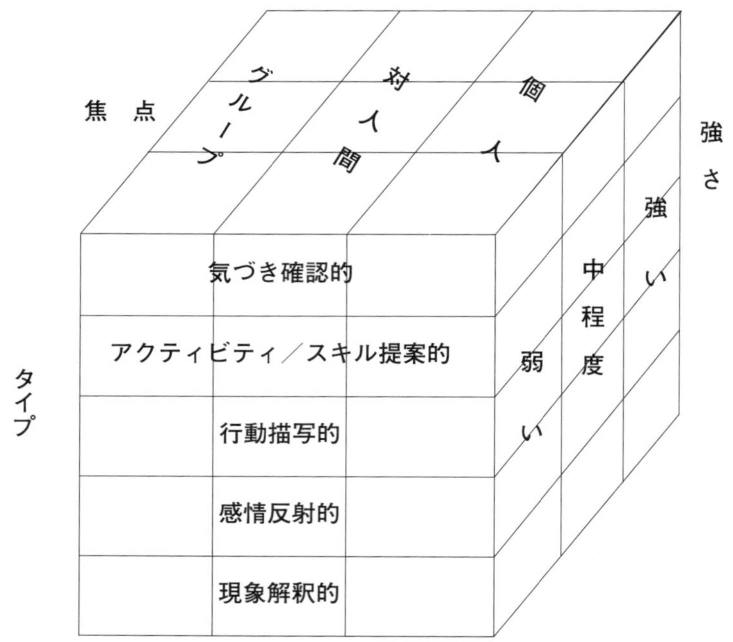

図８－３　介入の立方体（Reddy，1994　林ら訳／津村監訳，2018）

が大切になるだろう。大局的には，Reddy が提唱するタスクプロセスとメインテナンスプロセスといった，２つのプロセスの視点からグループ活動を俯瞰してみることができるようになる必要がある。

プロセスへの働きかけを考える際に，図８－２に示されたグループダイナミックスの氷山図のプロセスの深さは，どのレベルに働きかけるかを吟味するのに役に立つ。このことは，グループの成熟度とも関係してくる。比較的グループ活動の初期の頃は，図８－２の目に見えやすいプロセスの視点（レベルⅡ）に示されているメンバー相互間のコミュニケーションのありようや，グループの意思決定のありように関する働きかけが大切になるだろう。グループの活動が深まるほど，また継続的な活動であるほどレベルⅢの情動の問題に働きかけていく必要がある。

また，グループ活動の目的によっても，介入のレベルは異なるだろう。グループ活動の目的が課題達成にウェイトが高い場合には，メインテナンスプロセスへの働きかけや個人の情動の諸問題にかかわるような介入は比較的避け，タスクプロセスへの働きかけに重点を置くような働きかけが必要になるだろう。一方，個人の成長やグループ成長を目的とした体験から学ぶグループ活動では，個人の諸問題やグループの複雑なダイナミックスにも，時には，レベルⅣの価値観や信念にも対峙する働きかけが必要になるだろう。

２）レディの働きかけの立方体モデル

Ｔグループのようにあまり構造化されていないグループ体験でも，また実習を用いた学習グループ体験でも，また企業における仕事チームの場合でも，ファシリテーターがグループにどのようにかかわるか，働きかけるか（介入ともよばれる）は，ファシリテーターにとって難しく，かつ重要な任務である。

津村（2010）は，ファシリテーターを「プロセスに働きかける（介入する）ことを通して，グループの目標をメンバー（成員）の相互作用により共有し，その目標を達成することと，メンバー間の相互信頼関係を創り出すことを促進（ファシリテート）する働きをする人」と定義

焦点＼タイプ	気づき確認的	アクティビティ／スキル提案的	行動描写的	感情反射的	現象解釈的
グループ	「グループは完成予定に遅れているように見えますが」	「皆さんに役立つと思われる意思決定のアクティビティを提案させてください」	「結果に影響を与えようとして，皆さんは必死に互いに邪魔し合っているように見えます」	「意思決定に参加しようとしないあなたに，メンバーたちは皆いら立っています」	「グループの過去の失敗に対する苦い思いがあり，皆さんは成功することを恐れているのではないかと私は感じます」
対人間	「あなた方は二人の共通点だけをみようとしているように見えます」	「お互いがお互いに，自分の葛藤について手紙を書くことを提案します」	「あなた方二人は常にサポートし合い，お互いに守り合っています，	…しかし，そのことを指摘されると，あなた方はともにそれを否定し，怒り，戸惑いを感じていますね…	…あなた方二人はお互いに争うことを恐れている可能性があるのでしょうか？」
個人	「ティム，あなたが読んでみてはどうかと思う本があります」	「アン，今ちょっと時間をとって，あなたの考えや気持ちを自分のジャーナルに書きとめておきませんか？」	「グループが意思決定しようとすると，いつもあなたは別の選択肢をもち出すように見えます」	「あなたがジョンにかなり好意をもっているのはわかりますが，そのことについて話すのは気乗りがしないようですね」	「ジュディ，あなたの沈黙は，あなたに関わらないグループのメンバーへの怒りを表しているのではないでしょうか」

図8－4　介入の類型的マトリックス　介入の立方体（Reddy，1994　林ら訳／津村監訳，2018）

している。ファシリテーターにとって，まずグループのプロセスに気づくことが第一の課題であるが，そのプロセスに気づいた後，どのようにグループやグループのメンバーに働きかけるか，それは問いかけであったり，フィードバックであったりと幅広くレパートリーをもつ必要がある。

そのレパートリーを広げるための視点として，Reddy（1994，津村監訳，2018）の介入の立方体モデルは有用である（図8－3）。立方体モデルとは，働きかけの【焦点づけ】×【タイプ】×【強さ】の3次元から構成されている。

【働きかけの焦点づけ】とは，グループ，対人間，そして個人と3つの焦点を考えている。グループへの焦点づけとは，グループの中で起こっているプロセスに関して，グループ全体に焦点づけて働きかけることである。対人間への焦点づけとは，特定の2人や特定の人たちの間で起こっているプロセスに焦点づける働きかけである。個人への焦点づけとは，グループ体験において個人の中に起こっているプロセスに焦点づけて働きかけることをさしている。

Reddyは，働きかけのインパクトは，グループ，対人間，個人の順に強くなると述べている。

【働きかけのタイプ】とは，①気づき確認的（Cognitive）働きかけ，②アクティビティ／スキル提案的（Activities/Skills）働きかけ，③行動描写的（Behavior Description）働きかけ，④感情反射的（Emotional Reflective）働きかけ，⑤現象解釈的（Interpretive）働きかけのことで，これら5つのタイプの働きかけをReddyは提唱している。

① **気づき確認的（Cognitive）働きかけ**とは，“今ここ”で起こっているプロセスに光を当てるために，グループやメンバーに，気づきを起こし，確認し，共有するために問いかける働きかけである。

② **アクティビティ／スキル提案的（Activities/Skills）働きかけ**とは，具体的な行動や活動，進め方などを提案したり，勧めたりする働きかけである。

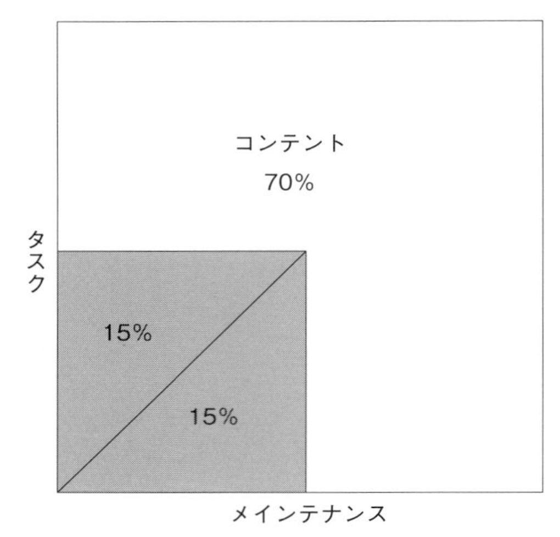

図8－5　コンテントの議論とタスク＆メインテナンスへの焦点づけのバランス
（Reddy，1994　林ら訳／津村監訳，2018）

③　**行動描写的（Behavior Description）働きかけ**とは，メンバーやグループの行動を記述し，“今ここ”で起こっている現象を具体的に描写して伝える働きかけである。

④　**感情反射的（Emotional Reflective）働きかけ**とは，メンバーやグループの感情や気持ちに焦点づけ，対象者の感情を鏡に映すように伝える働きかけである。

⑤　**現象解釈的（Interpretive）働きかけ**とは，メンバーやグループの中で起こっているプロセスについて，分析し診断や解釈を伝える働きかけである。

3つ目の次元は，働きかけを行う行為の【働きかけの強さ】（弱い・中程度・強い）のレベルである。

Reddyは，ファシリテーターの意図によって，【働きかけの強さ】を変化させる必要があると述べている。働きかけの強さを調整（コントロール）するために，どのような言葉を使うか（言葉の選択），どのぐらいの強さで発言するか（音声の抑揚），グループやメンバーに対する姿勢などの非言語的な手がかりをどのように使うかといったことがあげられている。働きかけの強さは，ファシリテーター自身の感受性や人間観などが影響し，まさに自己をいかに活用するか（use of self）が重要になる。働きかけの強さが強くなるほど，リスクは大きくなる。一般的に，グループへの働きかけから個人焦点への働きかけになるほど，インパクト（影響力）は大きくなるだろうとReddyは述べている。焦点づけとタイプの2要因のマトリックスとして，図8－4に各セルに働きかけの具体例を示しているので，参考にしていただくとよいだろう。

3）コンテントとプロセスのバランス

コンテントとプロセスのバランスの適切な割合があるのかといった疑問はよく投げかけられる。この疑問は，プロセスを扱う限り，このバランスは揺れ動きながらそのときそのときに適切な扱いをすることになる。

このバランスを考える際の1つの視点は，グループがめざすゴール（目標）の違いが考えられる。グループがめざすゴールが，1つの課題（プロジェクト）を達成するために集められたグループならば，きっとプロセスに焦点に当てすぎることは適切ではないだろう。そして，ある程度コンテントを大事にしたアプローチが必要になるであろう。一方，プロセスを通して学ぶようなグループ，たとえば，Tグループのよ

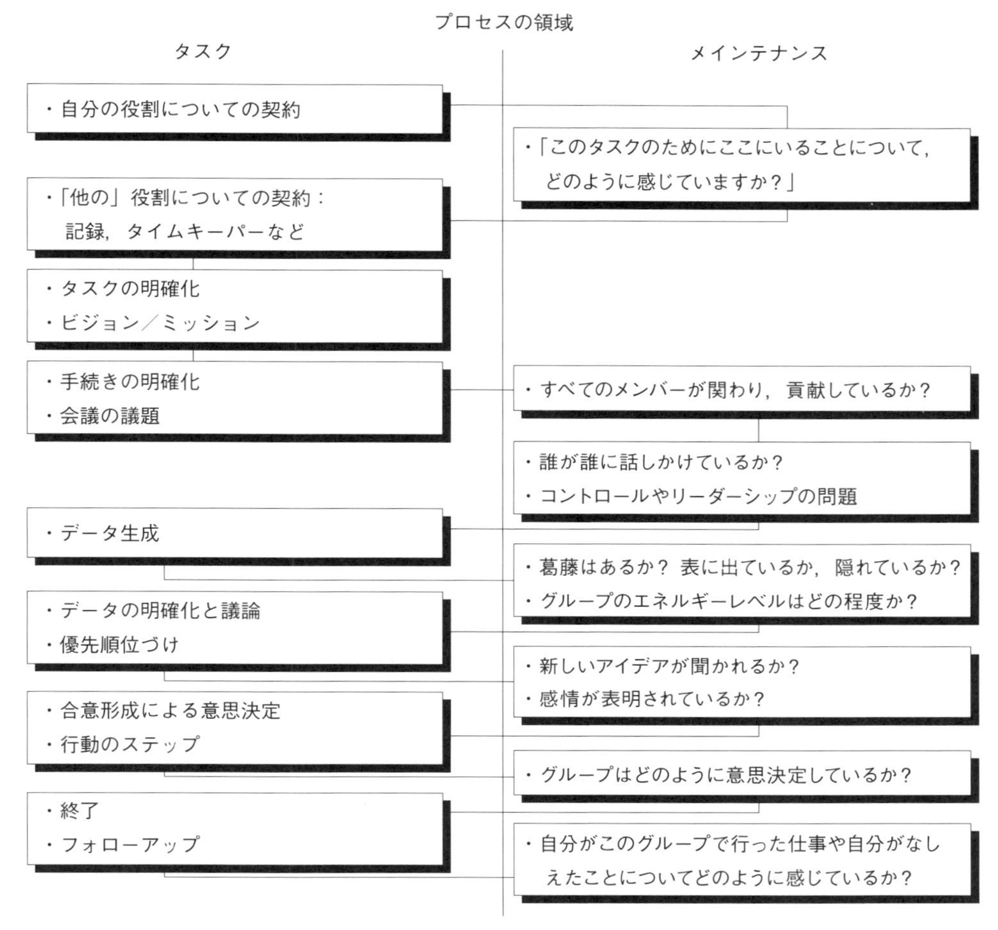

図８−６　タスクとメインテナンスのフロー図（Reddy，1994　林ら訳／津村監訳，2018）

うな非構成のグループ体験の場合には，コンテントよりは，プロセスにはるかに重点を置いたグループの相互作用を大切にする介入が必要になるであろう。グループにかかわるファシリテーターは，グループの目標を明確にし共有することがまず大切であり，その目標の達成に向けてグループメンバーの相互作用におけるプロセスに気づき，そのプロセスに働きかける行動（介入）が大切になると考えられる（津村，2009）。

課題を達成することを目的とするプロジェクトチームのようなグループにかかわるファシリテーターやコンサルタントにとっては，Reddy（1994，津村監訳，2018）は，図８−５のバランス図を示し，コンテントとプロセスの標準的な割合を70％と30％であると提案している。また，プロセスの中も，タスク志向とメインテナンス志向へのプロセス介入の割合も50％ずつぐらいが適切であると述べている。すなわち，70％，15％，15％の割合は，グループの効果性も効率性も高く，メンバーは満足感の高い仕事が達成できると考えられている。

タスク志向が高くなりすぎ，メインテナンス志向が弱まれば，仕事にメンバーを強いることになり，メンバーの気持ちをおろそかにしてしまうことになるかもしれない。一方，メインテナンス志向が強くなり，タスク志向が低くなるといった場合には，仕事を効果的に達成することよりも自分たちの気持ちレベルの満足を得る方向にグループは偏ってしまうことになるかもしれない。いずれの志向も低いと，グループへの魅力は極端に落ちてしまうだろう。一方，いずれも高くなってしまうと，「どのように(how)」すれば関係がよくなり，仕事ができるようになるかということに注意が向けられることに終始してしまい，課題は達成しないだろうとReddy（1994　津村監訳，2018）は考えている。また，Reddyは，グループの活動の展開のありようとも，コンテントとプロセスの割合，またタスク志向とメインテナンス志向の割合が変化していくと考えている（詳細は，『インターベンション・スキルズ』津村監訳（2018）金子書房を参照）。

4）2つのプロセス介入のフロー（ロードマップ）

Reddy（1994　津村監訳，2018）は，グループ活動へのファシリテーターの働きかけ（介入）の焦点づけの流れを図8-6のように示している。グループプロセス・コンサルテーションの仕事としてのロードマップとして例示しているが，何らかの目的をもつグループが，課題を達成することを促進する働きを担うファシリテーターはもちろんのこと，グループのメンバーにとってもタスク志向とメインテナンス志向の働きの焦点づけ過程を考えるには有用なフロー図であろう。

タスクとメインテナンスの働きかけの流れを示す図8-6より，グループの活動のはじめにチェックインを行い「この仕事をするに際し，今どのように感じているか？」を全員発言するように促し，メンバー相互の今の気持ちをわかちあうことはメインテナンスプロセスへの大切な働きかけになる。そして，グループ形成初期には，各メンバーの役割の明確化や，課題や目標などの明確化，また，それを達成するための手順などを含めた課題達成のための働きを促進するタスクプロセスへの介入が必要になる。その後は，メインテナンスプロセス視点からの働きかけを意識することが重要になり，タスクプロセス志向の働きとメインテナンス志向の働きを，交互に適切なタイミングで行っていくことが有効であると考えられている。

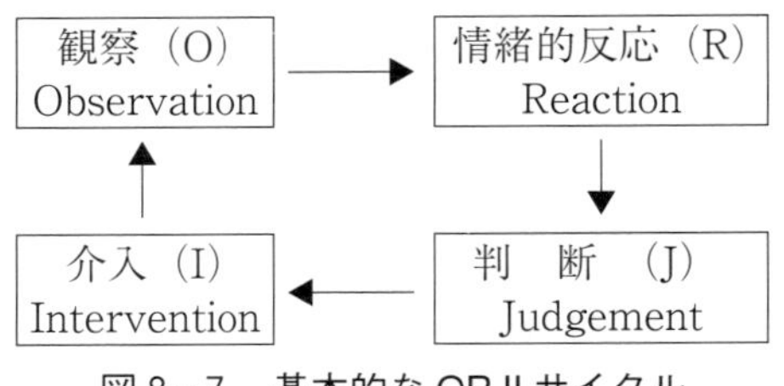

図8-7　基本的なORJIサイクル

5）シャインのORJIサイクルの活用

Schein（1999　稲葉・尾川訳，2012）は，私たちの行動のメカニズムとして，ORJIモデルを提唱している。私たちの日常の行動は，出来事を観察し（Observation：O），観察した状況に情緒的な反応が生起し（Reaction），観察と感情に基づいて分析・処理し判断を下し（Judgement：J），そして何かを起こすために行動が生まれると彼は考えている。このモデルにおける行動は，コンサルタントやファシリテーターにとっては，他者やグループへの介入（働きかけ）（Intervention：Ｉ）をする行為をさすことになる。Schein（1999　稲葉・尾川訳，2012）は，それらの4つの要素からなる循環型モデルを，図8-7のように示している。この循環型のモデルを活用することで，ファシリテーターが，いかに適切に介入（働きかけ）をしているか，またファシリテーターの働きかけの可能性（選択肢）を検討することができる。

①　観察（Observation：O）

適切な行動をとるためには，環境の中で現実に生起している事柄を，全感覚を通して正確にキャッチすることが必要である。しかし，私たちは以前の経験に影響を受けて，「期待」や「予想」をしながら見たり聞いたりしている。入ってくる情報が期待，先入観，予想と一致しなければ，情報を締め出し，かなり選択的に物事を見てしまう可能性がある。私たちは，自分が見ることから考えたり話したりするのではなく，考えたり話したりできるものを見ているとScheinは述べている。いかに自らが無知であるかといった前提に立ち，プロセスをとらえることができるかが大切である。

② 情緒的反応（Reaction：R）

私たちは，自分の情緒的な反応について知ることが難しい。それは，情緒的な反応に全然気づかないことが原因であるとScheinは述べている。私たちは，人とのかかわりの中で，不安や怒り，恥かしさ，喜び，幸せなどさまざまな感情を感じながら，実は，どんな気持ちですかと聞かれても，自分自身は気づけないでいることが多いのである。感情は，私たちが生きている間，そのときそのときかなり大きな部分を占めているが，感情を抑制したり克服したりして制御してしまい，自分の心の中で消したり否定したりしてしまう場面が多くある。ファシリテーターは，自分のこの情緒的な反応である感情に気づくことが必要であり，メンバーとの関係の中でともに生きるために大切になると考えられる。

③ 判断（Judgement：J）

私たちは，常にデータを処理して，情報を分析し，評価し，判断を行っている。論理的に思考する能力は大切であるが，依拠しているデータが誤って認識され，感情によってゆがめられれば，分析も判断も適切に行うことができなくなると考えられる。無意識のうちに起る自分の情緒的な反応に思考が影響を受けてしまうと，分析も適切に行うことができなくなるであろう。やはり分析・評価・判断する前に，最初に情報を入手する際に情報の歪曲化を最小限に低減するようにしなければならない。

④ 介入（Intervention：I）

私たちは，何らかの判断を下し行動する。私たちは感情的な衝動に基づいて行動してしまい，論理的な判断をするプロセスを避けてしまうことがある。現実には，私たちは，論理的な判断のプロセスを避けるというよりは，初めの観察やそれに対する自分の感情的な反応を信用しすぎているのである。Scheinは，以下のような表現を用いて，観察と行動との関連の適切性について記している。もし自分が本当に，誰かに攻撃されているならば，攻撃することは適切な行動（介入，働きかけ）になるだろう。しかし，もし思い違いで相手は攻撃などしていないのに攻撃すると，攻撃した人は非常に攻撃的な人と思われることになる。ファシリテーターが行うあらゆる行為（働きかけ）は，何らかの結果を伴う介入であるということを心がける必要がある。観察が適切に行われたか，情緒的な感情に開かれているか，そして働きかけは判断と結果から適切であったかなどを，十分に吟味する必要がある。

ファシリテーターは，この観察，情緒的な反応，判断，介入（働きかけ）の４つのステップを意識することによって，ファシリテーターの働きかけの行為の適切性の吟味とともに，働きかけが起こる前の観察と情緒的な反応の点検と，働きかけの可能性（選択肢）を吟味することができる。

表８−１に，１つの出来事に対して，４つのステップに従って，ファシリテーターの感情，意図，行為などを例示している。あくまでも例示であるが，いかに状況を認知するか，そしてその認知が情緒的な反応を起こし，それをもとに判断し意図が生まれ，働きかけ（介入）を行っているかを理解することができるだろう。いかに状況を認知（観察）するかによって，その後の情緒的な反応も，分析・判断も，そして働きかけも変わってくる。さらに表中の働きかけの可能性の欄に示したように，ファシリテーターにとって自分が行った働きかけをふりかえり，自分の見方や意図を再検討し，その他の選択肢を見出す作業は重要である。

ORJIモデルは，ファシリテーション（働きかけ）のレパートリーを広げていくための検討の視点を提供してくれる。ファシリテーターとして，プロセスに気づくこと，そしてそのプロセスに働きかけるレパートリーを広げるために，

表 8－1　観察・反応・判断・介入（働きかけ）ORJI モデルの具体例

観察：状況の認知	内的反応：情緒的反応	思考：分析と判断	働きかけの実行：介入	働きかけの可能性：選択肢
グループの中で起こっていること（プロセス）をどのように見たか？　働きかけの結果（インパクト）をどのように見たか？	自分の中で最初に起こった気持ちや思いはどのようなことがあったか？	心の中でどのような言葉が浮かんだか？　どのような内的な対話が起こっていたか？　その結果自分はどのような判断をしたか？　働きかけをする意図は？	前のステップの結果，どのような発言や行動をしたか？　もしくはしなかったか？　具体的な行動として何をしたか？	再度，状況認知や意図を明確にしてみると，どんな意図が考えられるか？　その意図を実現するためにどのような選択肢が考えられるか？　誰にどんな行動をとるか？
出来事：A さんが B さんに話しかけ，その発言後に，沈黙が起こる				
状況認知 1 A さんはしっかり最後まで話を伝えきることができない。 働きかけの影響・結果(インパクト)の認知	情緒的反応 1 もっと明確に自分が伝えたいことを伝えられなくてはと思い，A さんに対して，イライラする感じをもつ。	分析・判断 1 A さんは，明確な仕方で発言をしないと相手に伝わらない。自分の伝えたいことをまずしっかり伝えないと。	働きかけ 1 「A さん，あなたは何を伝えたかったのですか？」もう一度言ってみてください。	選択肢 1 A さんが話し終えたときに伝えられた感覚があるかを確認するという意図をもつなら，「A さんは，自分が伝えたいことを伝えられましたか？」と尋ねる。
状況認知 2 B さんは，人の話を聴いて，気持ちレベルでの反応があまりできないな。 働きかけの影響・結果(インパクト)の認知	情緒的反応 2 対話の感じがしないなあ，A さんがB さんにせっかく話してくれているのに応答しない，イライラ……。もう少し応答することができなくては……。	分析・判断 2 B さんは，A さんが話してくれたときに，どんな気持ちをもったのか，意識してもらうといいだろう。その気持ちを伝えてもらうといい。	働きかけ 2 「B さん，今 A さんの発言を聴いてどんな気持ちが起こりましたか？」聴かせてください。	選択肢 2 A さんが話した後 B さんにどんなふうに感じているかを確認することが大切であるという意図で「A さんは，今話してみて，B さんに対してどんな感じをもっていますか」と尋ねる。
状況認知 3 他のメンバーは，特に何も考えていないように見える。 働きかけの影響・結果(インパクト)の認知	情緒的反応 3 空気が重くなった感じでちょっと焦る感じをもつ。	分析・判断 3 メンバーはこの話題に興味がないようなので，他の話題を提供して話し合いを活性化させた方がよい。	働きかけ 3 「今の意見から関連した話題として……について話し合ってみませんか？」と働きかける。	選択肢 3 状況認知が正しかったかどうか，確認の問いかけをするという意図で「みなさんは今どんな状況ですか？」と尋ねる。
状況認知 4 実は，A さんの発言を聴いて，メンバーはいろいろ内省して考えている。 働きかけの影響・結果(インパクト)の認知	情緒的反応 4 メンバーは，じっくりと考えている。なかなか真剣な感じがする。	分析・判断 4 少し時間をかけて，メンバー一人ひとりが感じたり考えたりしていることを大切にしよう。	働きかけ 4 しばらく黙って，様子を見ながらメンバーの発言を待つ。	選択肢 4 対話が起こることが意図ならば，「A さんの話を聴いて今何を感じましたか？」と直接の応答を求めてみる。

状況の認知の可能性の選択肢，分析と判断の結果としての働きかけの意図の明確化，そして具体的な行動としての働きかけの選択肢を増やしていくことをお勧めする。

6）プロセスからパターンへの視点

プロセスに気づき，学びを深めていくために，またグループのプロセスへの介入をするための視点として，「プロセスからパターンへ」の着眼点をあげておきたい。本稿において，個人レベルのプロセスの視点として，ウェインシュタインら（Weinstein, Hardin, & Weinstein, 1976）によるセルフサイエンスを用いた教育プログラムの紹介を行っている（第9章参照）。またウェインシュタインとアルシュラー（Weinstein & Alschuler, 1985）は，自己知識（self-knowledge）という概念を用いて，自己知識の4ステップの発達段階を示している。彼らの主張の中で，重要なステップとして，自分の行為をパターンとして認識することの大切さが強調されている。このことは，グループ・プロセスにおいても，体験していること（“今ここ”に起こっているプロセス）に気づくことだけではなく，そのプロセスがどのように繰り返されて生起しているかに注目することはとても重要であることを示唆している。“今ここ”で起こっているといったプロセス理解，すなわち，点としての把握だけでなく，そのことが一定の規則で起こっていることに気づくことができるならば，そのパターンの背景にあるもう一歩深いレベルでの個人の理解やグループの理解が可能になると考えられる。

Schein（1999　稲葉・尾川訳，2012）は，観察及び介入の可能な領域として，コンテントとプロセスという概念の他に構造（structure）の視点を提示している。反復して起こる課題の進め方や意思決定の仕方などを通して，同じような行動が繰り返されることから構造が生まれる。また，人とのかかわり方などにおいて，権威や親密さに関連するパターン化した行動からルール（ノーム）が生まれることになるだろう。こうしたパターン化して定着してしまっているチームのノーム，組織構造や組織風土に着目していく視点が改善・改革のためには必要になると考えられる。その構造を創り出しているプロセス・データ（“今ここ”で起こっていること）を活用しながらチームや組織改革に向けての介入が重要になってくるのである。また逆に，個人やグループ・組織が成長・変化するということは，古い行動パターンを壊して，新しいパターンとして生まれる行動を修得することであるともいえる。

ファシリテーターやコンサルタントは，いかにプロセスに気づくかということとともに，そのプロセスの反復性に気づき，そのパターンの改善に向けて最善の働きかけ（介入）をすることが求められるといってもよいだろう。

7）隠れた肯定的プロセスへの焦点づけ

プロセスの原点には，隠された議題（hidden agendas）という考え方がある。隠された議題という表現を使うと，個人やグループ，組織の中で葛藤が起こり，抑圧し，それを表明せずに，ものごとを進めていることから，隠された議題の内容は否定的なものであると考えられがちである。しかし，マーシャク（Marshak, 2006）は，Covert Processes Modelにおいて，語られないテーマとして必ずしも否定的な事柄だけではなく，肯定的な内容もあることを提示している。Marshak は Covert Processes Model では，個人やグループ，組織の事象を認知する際のフィルターにあたる部分を「プリズム」という表現を用いている。そのプリズムを通して，①無意識のうちに抑圧してしまったり，②否定したいプロセスとしてテーブルの下に置いてしまったり，③テーブルの上の議論のような明白なプロセスになったり，④あまりにも希望的・理想的すぎて隠してしまったりしている望みであったり，⑤もっている潜在的な可能性があるにもかかわらず，無意識のレベルに追いやられていたりする，といったさまざまなプロセスが起こっていると考えられている。

このMarshakのアイディアはとても興味深く，これまで取り扱われていないプロセスはほとんど否定的なものとして，ファシリテーターは扱ってきている可能性があることに対して，新しい視点を提供してくれる。近年は，AI(Appreciative Inquiry）アプローチといった，ポジティブアプローチ，ナラティヴアプローチの有効性が強調されてきている。そうしたアプローチの有効性と併せて，肯定的な思い，夢や希望を言わずに済ませているプロセス，この状況が隠された議題（hidden agendas）になっている可能性があることを認識して，ファシリテーターはグループにかかわっていく必要があるのではないかと考えられる。ポジティブアプローチの可能性を探求していくことは大切である。

引用文献

Gaw, B. A. (1979). *Processing questions : An aid to completing the learning cycle.* The 1979 annual Handbook for Group Facilitators (pp. 149–153).（津村俊充（訳）(1996). プロセッシングのための問いかけ——体験学習の過程を完成するための助けとして　南山短期大学人間関係研究センター紀要　人間関係，13, 207–217.）

Marshak, R. J. (2006). *Covert Processes at Work : Managing the Five Hidden Dimensions of Organizational Change.* Berrett-koehler publishe, Inc.

Reddy, W. B. (1994). *Intervention Skills : Process Consultation for Small Groups and Teams.* San Francisco, CA : John Wiley & Sons, Inc.（レディ，W.B.　林芳孝・岸田美穂・岡田衣津子（訳）(2018). 津村俊充（監訳）インターベション・スキルズ——チームが動く，人が育つ，介入の理論と実践　金子書房

Schein, E. H. (1999). *Process Consultation revisited : Building the Helping Relationship.* Addison-Wesley Publishing Company, Inc.（稲葉元吉・尾川丈一（訳）(2012). プロセス・コンサルテーション——援助関係を築くこと　白桃書房）

津村俊充（2009). プロセスからの学びを支援するファシリテーション——ラボラトリー方式体験学習を原点として　南山大学人間関係研究センター紀要　人間関係研究，8，30–68.

Weinstein, G., & Alschuler, A. S. (1985). Educating and Counseling for Self-Knowledge Development. *Journal of Counseling & Development,* 64, 19–25.

Weinstein, G., Hardin, J., & Weinstein, M. (1976). *Education of the self.* Amherest, Mass : Mandala.

第Ⅲ部

プロセス・エデュケーションによる成長・変革を試みる

第9章

自己成長のためのセルフ・サイエンス

私たちは，この世に生を受け，養育者はもとより，日常のさまざまな人々との人間関係を通して自らを育ててきている。私を特徴づけるものとしては，人やモノに対する感じ方であったり，考え方であったり，行動の仕方などが考えられる。他者との関係の中で，自分自身の行動を肯定的にとらえ，健全に生活している実感のもてる状況のときもあれば，逆に，なぜ私はそのような行動をとってしまったのか，問題（不快な気持ち）を抱えながら生活している状況のときもあるだろう。自分がありたい自分に成長するための，または自分が問題と感じている行動を改善していくための方法，いわば自己探求のための研究法を認知行動療法の考え方をもとに検討してみたい。

まず，レドリーら（Ledley et al., 2005　井上監訳，2007）の著作を参考にしながら，認知行動療法の原理の解説を行う。そして，その原理を活用した教育プログラムの事例として，筆者が1985年から1986年の１年間米国マサチューセッツ大学アマースト校にて，ウェインシュタイン教授のもとで学んできた「セルフ・サイエンス」プログラムを紹介し，人とのかかわり方を探求し，そして変革を試みるプロセス・エデュケーション的教育事例として記述する（Weinstein, Hardin, & Weinstein, 1976）。

（1）認知行動療法とは

自己理解や自己変革のための１つのアプローチとして，認知行動療法を取り上げるのは，次のような考えからである。いわゆる心理療法では，心理的問題を解釈し治療する専門家として臨床家は機能し，クライエントの治療にあたっている。一方，認知行動療法では，クライエント自身が自分の抱えている問題解決の専門家であるととらえ，臨床家とともに問題行動やそのメカニズムを探求し，新しい行動を修得できるようになる学習プロセスであると考えることができる。その学習プロセスとは，クライエントは臨床家とともに，自分の問題状況を明確にとらえ，その問題状況の中での自分の行動のメカニズム（なぜそのような行為をするのか）を概念化することが重要になる。そのメカニズムを把握することによって，新しく試みる行動を仮説化しそれを試み，その試みを臨床家とともに評価するといったステップを踏むことになる。この一連のステップは，体験後に自らの感情や考え，行動に気づき，そこにある関連（メカニズム）を分析し概念化することによって，新しい行動の仮説化を行う学習過程であるラボラトリー方式の体験学習の循環過程（津村, 2002）と同様であると考えられる。

認知行動療法にある基礎となる理論として，行動主義と認知主義があげられる。

１）行動主義について

Watson は，すべての行動は古典的条件づけによる学習により生起可能であると考えている。古典的条件づけとは，無条件刺激とその反応，と同時的に条件刺激を何度か対提示することによって，条件刺激に無条件刺激への反応（無条件反応）が連合するという学習である。条件刺激は，無条件刺激と組み合わさって提示される前は，中立の刺激である。

ワトソンとレイナー（Watson & Rayner, 1920）は，アルバートという男児を対象とした恐怖条件づけの実験を行っている。アルバートは白ネズミを見たことがなくアルバートにとって中立の刺激であったのである。彼らは，アルバートに白ネズミを見せると同時に，鉄の棒を金づちで激しく叩くといった不快な音（無条件刺激）を与えたのである。白ネズミと不快な音を数回対提示した結果，アルバートは白ネズミ（条件刺激）だけでも恐怖反応（条件反応）を引き起こすことがわかったのである。すなわち，アルバートは白ネズミを恐れることを学習したのである。またアルバートには，ウサギなどの白くて毛がふわふわしたものにも恐怖を感じるようになるといった「般化」の現象がみられたのである。

またジョーンズ（Jones, 1924）の研究では，ウサギを怖がる男児に，ウサギと昼食をとるといった快感を得る行為を対提示することによって，ウサギと食事をとるといった行為との間に快感を連合させることに成功したのである。Watson et al.（1920）の行動主義に基づく研究は，今日では人間性を脅かす実験であるといった非難を受けるかもしれないが，ウサギと快感との連合といった学習の成立や学習解除（unlearn）といった，行動主義的アプローチによるこれらの学習メカニズムは，私たちの恐怖の解消をどのように援助すればよいかのヒントを与えてくれるといえるだろう。

スキナーは，学習の生起は古典的条件づけだけではなくてオペラント条件づけによるとする理論を提唱している。オペラント条件づけでは，刺激が反応を引き起こすだけではなく，日常生活で生命体は環境と相互作用を行い，そこにさまざまな反応（オペラントとよぶ）が生まれ，その中の特定の反応に強化がされると，その反応が再起する可能性が高くなると考えているのである。たとえば，朝学校に出かける前に泣いた子どもに母親が学校に行かなくてもいい，家で母親と楽しく過ごしたり，TV ゲームをしたりして楽しんだりできると，その子どもは朝になると泣き出すという反応を続ける可能性が高くなると考えられる。この問題を解決するためには，泣くことと学校に行かず家にいることといった刺激と反応の連合関係を学習解除することが必要になるのである。

2）認知主義について

認知主義は，行動主義が心を「ブラックボックス」であると考えるのに対して，心のメカニズム，特に思考が，刺激とそれに対する反応の媒介変数になると考えられている。認知療法で著名な Beck は，1960年代にうつ病の治療のために認知療法を展開している。認知療法では，あらゆる心理的な問題の基盤には，ゆがんだまたは非機能的な思考が働いていると考えるのである。認知療法では，クライエントの抱える問題の行動が生まれる出来事それ自体ではなく，その出来事をどのように認知するかといった思考プロセスが重要であると考えられている。

A 子さんが，グループ活動の中である発言をしたときに周りから反応がないという瞬間が起こったとする。A 子さんは，今言ったことについてさらに言いたかったことを説明したり，弁明したりするかもしれない。そのときに手に汗を握った熱のこもった発言になったりするかもしれない。または，その沈黙の後に黙り込んでしまうかもしれない。その過程で，実は，私が言ったことがわかりづらかったのかもしれないと考えたり，周りのみんなは自分の言ったことに興味がないのではないかと思ったり，いや自分が話したことはくだらないことだったのではないかと不安になったりする思考プロセスが考えられる。少しの沈黙の間において，周りの人にわかりにくい話だったと認知するか，自分の発言が周りの仲間に興味がないと認知するか，

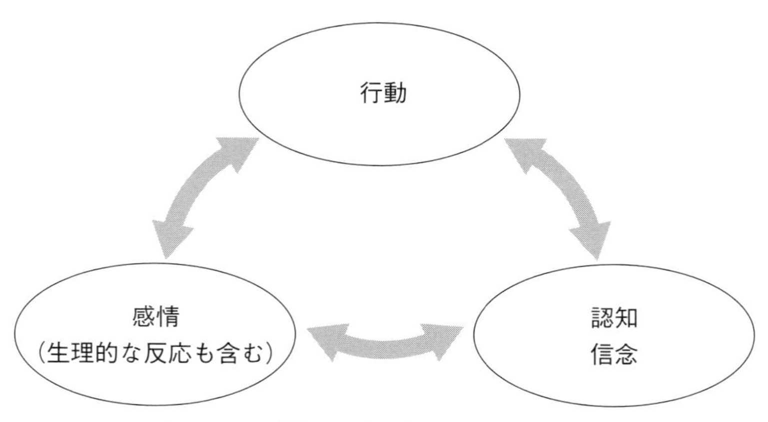

図９－１　感情と思考と行動の連鎖的関連性

今自分の発言から仲間はいろいろなことを考えはじめていると認知するかで，自分の発言後の行動は変わってくる。この状況に対する認知が，感情や生理的な反応や行動に影響を与えていると考えられる。

ベック（Beck, 1995）の認知モデルによれば，人々は自分や他者などに対する中核的信念を，成長とともに形成し，その中核的信念が行動に影響を与えると考えられている。中核的信念とはその人にとって絶対的な真実であり，根源的で深層にある信念である。実際には，ある状況に対して自動思考が起こり，ある感情や行動が起こることになる。その自動思考の基礎にあるものが中核的信念で，中核的信念と自動思考の間に媒介信念があると考えられている。媒介信念は「態度，ルール，思いこみ」から成立する。たとえば，先ほどの例では，A子さんの沈黙後黙ってしまう場合を考えると，「わたしは無能力な人間である」という中核的信念を抱いている可能性が高い。A子さんにとって，この中核的信念と「仲間は誰も興味をもってくれなかった」という自動思考との間に「私の意見はあまり意味がない」などの媒介信念が存在しているかもしれないと考えられる。

認知モデルでは，人々はさまざまな人々との相互作用の中で，中核信念と媒介信念との影響を受け，自動思考が働き，他者に対する反応が生起すると考えるのである。いわば，この一連の思考プロセスと反応との関連性を探究することが重要な課題となる。

３）認知行動モデルについて

認知行動療法では，認知療法と行動療法のいずれもが相互に関連し合っており，思考と信念，感情的・生理的反応，行動が連鎖的な関連性にあると考えられている。そのことは，認知的技法と行動的技法の双方を有機的に関連づけながら問題改善に向かう必要があることを示しているといえる。

図９－１にあるように，生理的な反応も含めた感情，思考と行動の３つの要素が複雑に関連し合っていると考えられる。たとえば，ある行動は，ある状況の認知に対して感情が生起し，その後ある考え（信念）が想起され，その結果ある行動が生起すると考えることができる。一方，ある行動がある感情や思考を生み出す原因とも考えられる。それが心地よい感情や肯定的な思考を生むならば強化因子として働きその行動を再度引き起こさせる可能性が高まることになるだろうし，逆に不快な感情や信念を引き起こすならば，その行動は避けることになるだろう。まさに，この３つの要素は連鎖的な関連性をもっており，そのメカニズムをていねいに分析することが認知行動療法においては重要な課題となる。

認知的アプローチとして，認知再構成法という手法がある。この手法の中核部分は，不適応な思考や非機能的な思考を見つけ出し，その思考をリフレームする（新しい枠組みを創り出す）ことであるといえる。新しい行動を獲得するためには，自動思考をしている思考に疑問を投げかけ，その非合理な思考をリフレームすることが大切になる。さきほどの例でいえば，発言後のA子さんの沈黙は，A子さんの「仲間は誰も興味をもってくれなかった」という解釈を再吟味することが必要になる。A子さんの発言に誰もが関心を示さなかったという可能性が低いことを理解することが大切であり，その他の可能性として，発言後の沈黙は自分が言った発言について今考えてくれている，他の人は自分の発言に応答するための準備をしているなどの検討をしてみることが重要になる。そして，自分の発言後に，少し待ってみるという行為を通して，実際に仲間からの反応が得られると，A子さんは，仲間とのグループ活動の中で自由にリラックスをしていられることになるであろう。

こうした一連の思考と感情，そして行動のプロセスのメカニズムを理解し，思考のリフレーミングや新しい行動の試みといった，認知的アプローチと行動的アプローチの2つのアプローチを組み合わせながら，問題行動の改善にあたることが有効になるのである。その1つの教育的試みが以下に紹介する「セルフ・サイエンス」プログラムである。

(2) セルフ・サイエンスの誕生と目的

1960年代に米国において，学習者の感情，信念とか認知の仕方などを学ぶことを目的とした学習者の自己理解をカリキュラムの中心に置く教育実践としてヒューマニスティック・エデュケーション・ムーブメントが生まれた。それは人間性の回復をスローガンにしたヒューマン・ポテンシャル・ムーブメント(Human Potential Movement) の流れを汲んでいるといわれている。

1970年代には，ピアジェやコールバーグらの心理学者が提唱する認知的発達理論を用いながら，心理発達を促進するためのカリキュラムの役割を強調するサイコロジカル・エデュケーションの教育運動が起こっている。

その後，両者の流れを融合する試みとして，ヒューマニスティック・サイコロジカル・エデュケーションが誕生している。それは，自己への気づきの問題をはじめ自尊心，感情の表現など内的経験をいかに取り扱うかといった学習者の具体的・特定的な心理的な問題に関心をおくヒューマニスティック・エデュケーションのアプローチと，発達に関する理論枠から学習者が内的な諸問題を学習するプログラム開発に向かうサイコロジカル・エデュケーションのアプローチの両者のアプローチを実現しようとする融合的な試みとして生まれたのである。さらに，このアプローチは個人内の心理的側面への洞察や発達を促進することにとどまらず，社会変革を生み出す際の潜在能力を開発するための教育内容としても機能するような意図も兼ね備えようとしたのである。

ここで紹介するセルフ・サイエンスは，ヒューマニスティック・サイコロジカル・エデュケーションの1つの実践である。米国マサチューセッツ大学においてウェインシュタイン教授ら（Weinstein et al., 1976）が体験学習のステップとして考案したトランペット・セオリーに基づいて開発した教育実践プログラム（津村, 1990）を紹介する。

セルフ・サイエンスのコースの1つの目的は，自分自身の内的・外的な反応（感情，思考，行動）を学習者が内省・観察し，自分の対人行動のパターンを見つけ出すことである。そして，自分の対人行動パターンから生まれる結果やその個人的・社会的なヒストリーを吟味することを通して新しい対人行動のレパートリーを広げていこうとするものである。その学びの過程ではまさに科学者のように客観的に現象を観察し，できる限りその現象を記述し，分析を行い，自

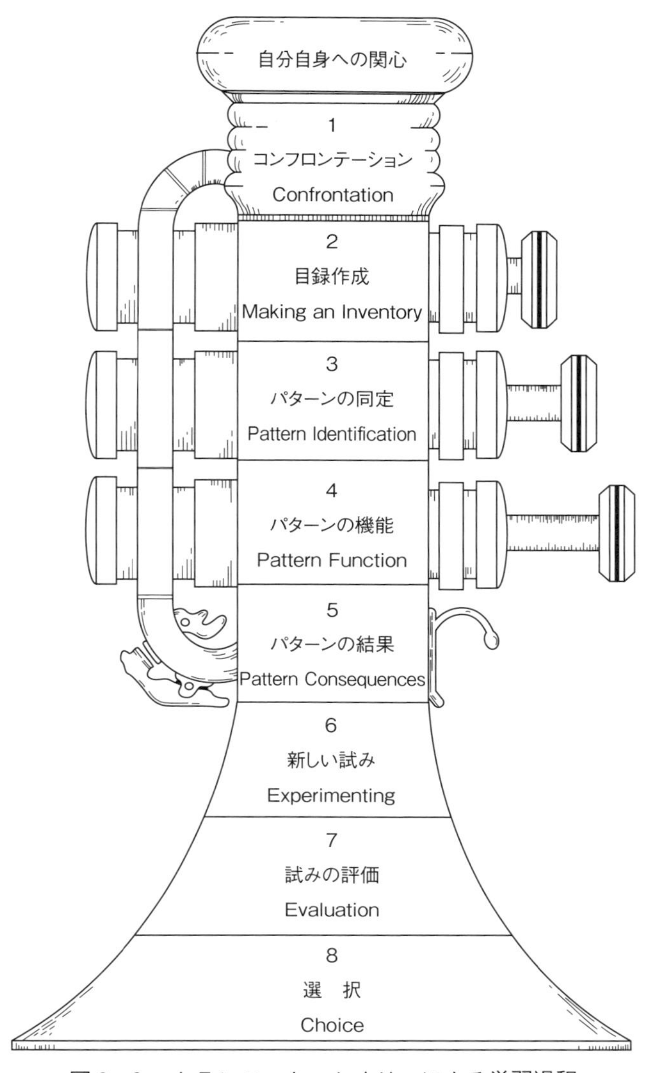

図９−２　トランペット・セオリーによる学習過程

分自身の人間関係，とりわけ人とのかかわり方のありようを吟味することをめざしている。自分自身への客観的・科学的なアプローチを試みることを大事にする意図をもっていることから，セルフ・サイエンスという名称が付けられているのである。一連のプログラムの中では，分析や行動変革のために交流分析の自我状態の考え方や，ゲシュタルトセラピー，再評価カウンセリング，認知行動療法などの手法がプログラムの中に組み入れられている。特に，前述の認知行動療法の基本的な考え方がこのプログラムの根幹を流れているといえるであろう。

（３）セルフ・サイエンスの実際

人とかかわり体験をしている自らのありようを見つめる能力を高めたり，他者とのかかわり方のレパートリーを広げたりするための行動変革に向けての学習ステップとして，以下のようなトランペット・セオリーが考案されている（Weinstein & Alshuler, 1985）。セルフ・サイエンスでは，学習者の対人行動のさまざまな側面に焦点を当てることが可能であるが，ここではコミュニケーション行動に関する具体例を示しながらその実際を解説する（図９−２）。

1）コンフロンテーション（Confrontation）

コンフロンテーションとは，自分自身を詳細に探求するための基礎的な体験をさし，日本語訳として，「自己との対峙」と訳すこともできるであろう。この体験には，実習などの体験と日常生活の体験と2種類が考えられる。前者は，教室や研修場面で特定のテーマで話し合うといったファシリテーターによって計画された構造的な実習─グループワークやロールプレイ，ファンタジーなど─による体験であり，後者は実生活で困難に感じたり問題に感じたりした人間関係の場面や重要な意思決定場面などに焦点を当てた体験である。

自分の人とのかかわり方を吟味するために，日常生活での人間関係や実習場面での自分のかかわり方に対峙することができる態度を養う必要がある。自らの体験と対峙することができてはじめて，次のステップでの行動，思考，感情に焦点を当てたていねいなふりかえりが可能になるのである。

2）目録作成（Making an Inventory）

このステップでは，コンフロンテーションをしている体験と感情，思考，行動の視点から，内省し記録することによって自分の反応のありようを探求する段階である。すなわち，自分の反応目録を作るのである。たとえば，「私は何をしたか？　またはしなかったか？」，「私のボディ・ランゲージ・表情やコミュニケーションにはどのようなものがあったのか？」，「私は心の中でどんなことを考えていたか？」，「私はどんな感情を経験したか？」などをファシリテーターから問いかけられることによって，自分の反応を調べていく。学習者は，このような問いかけに答えることによって，さまざまな状況への自分の反応の仕方を感情，思考，行動の3つの視点から識別して気づくスキルを向上させることができるようになるのである。この作業は，ファシリテーターからの問いかけによって明確になるが，学習者が自分自身に問いかけることによっても目録作成は可能になる。

認知行動療法のアプローチを活用するためにも，このステップでは感情，思考といった内的な反応と，行動といった外的な反応をできる限りリストアップすることが重要な作業になる。

たとえば，何か1つの問題行動の事例の中で，対象や状況を記述しながら，時系列に自分の中で生起した感情や生理的反応，そのときに頭をよぎった思考や自分の頭の中でのダイアログ（対話），そして具体的な行動としてどのような言動があったかを詳細に記述することを試みるのである。これらの記述を通して，3つの要素の関連性や連鎖のメカニズムが見えてくると考えられる。そのメカニズムは，次のステップのパターンの同定で，より明確になっていくのである。

3）パターンの同定（Pattern Identification）

目録作成段階において，内的・外的な反応ができる限り詳細に調べられると，学習者が取り扱うべき次の課題は自分の反応の中でどのような状況で繰り返し行われる行動があるかということを抽出することである。すなわち，感情や行動の生起が類似の状況において起こっているか，自分の行動がどのように一貫しているか，それは典型的な行動パターンといえるかを検討しながら，自らの行動パターンを同定していくのである。セルフ・サイエンスでは，学習者が自分のパターンを明確に言語化することが重要な課題になる。そのために，ファシリテーターから問いかけがあり促されることにより，パターンを発見することがこのステップでの大切な目標になっている。行動パターンを発見後，学習者はそのパターンの歴史（いつそのパターンは生まれ，どのような人々とどのようなかかわりによって影響を受けてきているか）を遡って吟味していくことになる。

パターンを同定するために表9-1のようなフォーマットを使用することによって，パター

表9-1　パターンを同定するためのフォーマット

私はいつも＿＿＿＿＿＿＿＿＿＿＿＿＿＿＿＿＿＿の状況の中でいるとき	[条件]
私はたいてい＿＿＿＿＿＿＿＿＿＿＿＿＿＿＿＿＿＿の感情を経験する。	[感情]
私が自分自身に向かって言うことは＿＿＿＿＿＿＿＿＿＿＿＿＿＿＿＿＿＿。	[思考]
私がたいていすることは＿＿＿＿＿＿＿＿＿＿＿＿＿＿＿＿＿＿。	[行動]
その後で，私は＿＿＿＿＿＿＿＿＿＿＿＿＿＿＿＿＿＿のように感じる。	[感情]
私が本当に望んでいることは＿＿＿＿＿＿＿＿＿＿＿＿＿＿＿＿＿＿。	[行動]

ンの言語化を容易にすることができる。ファシリテーターの力を介さずとも，体験学習に精通した人たちにとっては自らの力で記述することも可能であるかもしれない。

ある学習者の行動パターンを例に記述すると，A子さんのパターンは『私はいつも友だちなどのグループの中で誰もが自由に意見を出し合っているとき [条件]，私は神経質で，びくびくして不安の感情を経験し始め，特に私が何か言おうとしたとき，私の心臓がドキドキ鳴り，胸がしめつけられるような感じをもつ [感情・生理的反応]。私が私自身に向かって言うことは，「今思っていることをストレートに言えばいい」。一方，強い声で「馬鹿ね。みんながせっかく話しているのだから，人の邪魔をしては駄目よ。きっとあなたは馬鹿なことを言うだろうし……」[思考]。私は結局そこに黙って座っているだけに終わる [行動]。その後で，私はもやもやとした後悔の気持ちを感じ，自分の内気さに腹を立てる [感情]。私が望んでいることとは，自分が思っていることをはっきりと話せることである。[行動]』となる。

4）パターンの機能（Function）

このステップでは，自分のパターンがどのような目的で働いているか（機能しているか）を吟味することが大きな課題になる。ファシリテーターの問いかけとして，「あなたはそのパターンから自分自身のためにどんなことを得ていますか？」，「そのパターンは何から守ってくれていますか？」などの一連の目的や機能を明確にする質問が与えられ，その他にいくつかの実習を通してパターンの機能を考えていくことになる。

たとえば，A子さんの友人とのコミュニケーションの停滞は次のような機能をもっていると考えられる。「仲間の中で何も言わないことは愚かなことや馬鹿げたことを言うことを避けることができます。そうすることで他者によって自分を評価されることはなく，私自身を守ってくれています」。

Weinsteinは，セルフ・サイエンスのプログラムの中にある仮説として，特定の行動パターンはより深いレベルで何らかの自己疑念（self-doubt）に対する保護物（protective shield）として機能していると考えている。彼は，その自己疑念をクラッシャー（crusher）とよび，それは自分自身の不十分さ・能力のなさを強調するような自己否定的な信念をさしている。すなわち，行動パターンはそのクラッシャーを避けるように機能しており，それを意識しないように防衛的にパターンが生じていると考えられるのである。学習者自身の行動パターンの源になっている特有なクラッシャーを見つけ出すことは容易ではない。クラッシャーとは，自分の奥の中に潜んでいる信念であり，これは，前述の認知行動療法における中核的信念であったり，中核的信念と自動思考との媒介信念であったりする。なぜ，このパターンとなる行為を行っているかを問いかけると，自動思考としての理由は比較的言語化しやすいが，根源的な思考まで掘り下げ見出すことはなかなか難しい作業となる。このクラッシャーを見つけ出すために，不協和を感じる行動と正反対の行動，すなわち，表9－1のパターンを同定するフォーマットにおける自分が望んでいる行動を実際にしたら，何が起こるかを考えてみることによって，クラッシャーである自分の中核的な否定的な信念に出会うことができるかもしれない。この信念は，エリス（Ellis，1994）の非合理な信念を指し，それは，実現不可能であったり，実際的でなかったりする信念であるにもかかわらず，学習者は強く影響を受けているのである。

A子さんの例では，次のようなクラッシャーを報告することになる。「私は自分の知的な能力を疑っています。私は仲間の中で他の人のように興味をひく話ができないことを恐れているし，自分が言うとみんなは私のことなんか相手にしないか，的はずれだときっと思うだろう。結局，自分の言うことには値打ちがないのです」。

5）パターンの結果（Consequences）

行動パターンから人は何らかの恩恵を受けていると同時に，自分のパターンに対して何らかのコスト（犠牲）を支払っている。このステップは，自分の行動パターンのために支払っている心理的なプライス（代価）を考えてみる段階である。「パターンを行うことであなたはどんな機会を失っていると思いますか？」，「あなたはどんな権利を放棄していますか？」などの問いかけに答えてみることによって，自分のパターンの結果として支払っているコストを知ることができるのである。このステップでは，いかに大きな代価を支払っているかを知る段階でもある。いわば，このまま自分の不協和なパターンをこれから生涯行い続けることで，失うものは何かといった大胆な問いかけをすることによって，その代価の大きさを知ることになる。そして，その発見が自分の新しい行動を獲得したいという動機づけを高めることになるのである。

A子さんの例では，「私が沈黙でいるために支払うものは公の場で自分の考えていることを表明する機会を決して得ないということです。他者に自分をわかってもらうこともなく，孤独感を感じ，自分一人の世界で生きることになるだろうと思います。それは他者と同じくらいの価値のある意見を自分がもっているという権利，失敗する権利や完全でなくてもよいといった権利を放棄しています」。

6）新しい試み（Experimenting）

多くの学習者はかなりの心理的プライスを支払っていることに気づくと，新しい行動を試みたいと決心することになる。そのためにはクラッシャーの力に反作用し，新しい試みを実験するだけの勇気を与えてくれる新しい信念を形成すること（リフレーム）が必要になる。そのためには，クラッシャーとは正反対の自分を全面的に肯定するための信念（再方向づけ：re-direction とよぶ）を確立することが大切になる。この新しい信念を確立することはとても難しいことなので，強い自己決定と学習共同体として共にいる他のメンバーの支えがとても重要になる。

なぜなら，これまで抱え続けている自分に対する信念は否定的な信念であり，それが真実であると信じ続けてきていることより，自分の価値を再評価する試みはとても難しい課題になるのである。そのためにも，仲間からの新しい考え（思考）のヒントをもらったり，プログラムの過程で共に過ごしてきている間に，仲間から見出されている学習者のもつ価値をフィードバックしてもらったりしながら，すなわち自分の良さを再発見し他者からのメッセージによる強化をもらいながら，リフレームを行うことになるのである。

たとえば，A子さんの場合，否定的な信念（クラッシャー）の正反対の，「私がもっている，どのような意見も表明するに値するものです。」といった再方向づけの信念を考えることが大切になる。このことは，自分がこれまで放棄してきた人間としての基本的な権利を回復するためのワークであると Weinstein は位置づけている。ファシリテーターから，学習者に対して人間のもつ生きるためのいくつかの基本的な権利を提示することによって，これまで失っていた権利や放棄してきた権利を，回復すべき権利に転換していくことが可能になる。

再方向づけのワークが行われると，行動療法からのいくつかのモデルを用いることによって，参加者は日常生活の中で実際に試行するための具体的な行動計画を立てることになる。セルフサイエンスのプログラムでは，数名のサポートグループメンバーとともに，新しい信念のもと考えられる行動をブレインストーミングによって拾い出し，それらの中から新しい行動として試みる際のリスクの大きさやその試みの結果の効果の大きさなどの視点から検討する。そして，新しい場面で実際に試みる行動を１つないしは２つを選び，他の参加者と共に実行するための契約を結ぶ。こうした自己決定と自己宣言が，新しい行動を実行することへの後押しになると考えられる。

７）試みの評価（Evaluation）

新しい行動を実行後，「どのように実際に試みがなされましたか？」，「結果としてどんなことが起こっていましたか？」，「何か問題を感じたなら，計画にどんな変更点が必要ですか？」などの問いかけに学習者が答えることによって，新しい試みの評価について他の学習者とともに話し合うのである。そして，再度試行するための計画を考え，さらに新しい行動様式を身につけるために参加者同士で再契約を結び挑戦するのである。この新しい試みと評価，特に成功した行為に対して強化を行うことによって，新しい行動を定着させていくことになるのである。

８）選択（Choice）

以上のように，学習のステップを踏むことによって，参加者は自分の対人行動，具体的にはどのように他者とかかわるかなどのレパートリーを広げることができるようになっていくと考えられている。また，自分の行動パターンについてワークした結果として，今後どちらの方向に進みたいか，すなわち以前のパターンを継続したいかそれとも新しい行動レパートリーを自分のものにして日常実践していきたいかを決定することが，最後のステップとして学習者各人に問われるのである。

以上のようにセルフ・サイエンスの教育プログラムに参加することや，もしくはこのステップをていねいに踏む過程を通して，自己認識を深め，自分の聴き方や話し方などコミュニケーションのパターンをはじめ自分自身の人へのかかわり方の特徴を見つけ出し，その変革に取り組むことができるのである。このセルフ・サイエンスによる学びは自分自身に対する疑心暗鬼な信念から抜け出し，人間として基本的にもっている権利を回復し，自分自身を大切にすることを学んでいく過程であるといえる。このプログラムを通して，自分を明確に肯定できる自己概念を再形成することと，体験している自分を客観的にとらえる目を養うことにより，自分が望む他者とのかかわり方を再学習することが可能になり，学習者が成長していく手がかりを得ることになると考えられている。

引 用 文 献

Beck, J. S. (1995). *Cognitive therapy : Basics and beyond*. New York : Guilford Press.

Ellis, A. (1994). *Reason and emotion in psychotherapy*. Revised and updated. New York : Birch Lane Press.（エリス，A．　野口京子（訳）（1999）．理性感情行動療法　金子書房）

Jones, M. C. (1924). A Laboratory study of fear : The case of Peter. *Pedagogical Seminary,* 31,

308-315.

Ledley, D. R., Marx, B. P., & Heimberg, R. G. (2005). *Making Cognitive-Behavioral Therapy Work : Clinical Process for New Practitioners.* Guilford Press.（レドリー，D. R.・マルクス，B. P.・ハイムバーグ，R. G.　井上和臣（監訳）(2007)．認知行動療法を始める人のために　星和書店）

津村俊充（1990）. コミュニケーションスキルの開発と訓練　原岡一馬（編）　人間とコミュニケーション（pp.118-130）　ナカニシヤ出版

津村俊充（2002）. Tグループを中心としたトレーニング・ラボラトリ　伊藤義美（編）　ヒューマニスティック・グループアプローチ（pp.79-98）　ナカニシヤ出版

Watson, J. B., & Rayner, R. (1920). Conditioned emotional reactions. *Journal of Experimental Psychology,* 3, 1-14.

Weinstein, G., & Alshuler, A. S. (1985). Educating and Counseling for Self-Kowledge Development. *Journal of Counseling and Development,* 6, 19-25.

Weinstein, G., Hardin, J., & Weinstein, M. (1976). *Education of the Self.* Mandala.

第10章

グループや組織変革に向けたアクションプランニングモデル

（1）レヴィンの場の理論と変化過程

レヴィン（Lewin, 1951）は場の理論（field theory）を提唱し，あるときの個人の行動を規定する事実の総体を生活空間（life space）とよび，その個人がどのような行動をとるかとらないかといった行動の場として生活空間を位置づけている。今ある状態は，静止的な状態ではなく，変化を押し進めようとする推進力と押しとどめさせようとする抑止力の諸力が平衡の状況にあると考えている。推進力と抑止力の相反する諸力がバランスを保ちながら現状があり，それを準定常的平衡(Quasi-stationary Equilibrium)と，彼はよんでいる。個人や集団の変革過程を分析する中で，変化があるとき生じてもその変化は元の状態に戻りやすいために安定した新しい水準で維持できるようにプログラムは計画されなければならないと考えられている。彼は個人がグループの中で学んだり，変化したり，また集団が変化するプロセスには，“溶解作用(unfreezing)”,“移行もしくは移動(moving)”,そして“再凍結作用（refreezing)”とよばれる３つのステップを提案している（図10−1）（p.52でも紹介）。

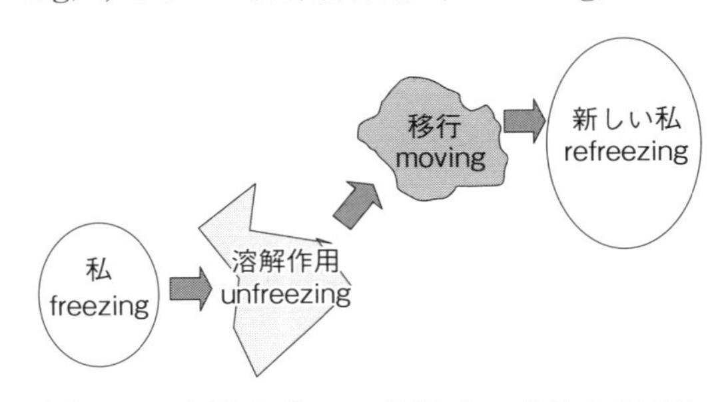

図10−1　個人やグループが変化・成長するには

人間関係トレーニング（Tグループ）の場面で，ほとんどの参加者は日常生活の中で長年身につけてきた比較的安定した行動スタイルによってグループやグループのメンバーとかかわろうとする。たとえば，ある参加者は，リーダーはいかに行動すべきか，グループはいかに動くべきかといったこれまでに学習している知識や考え方などに基づいて行動する。グループの初期には，あるメンバーは話題や司会者を決めて討論をしようと提案したり，グループの行き着く目標を設定しようとしたりする。

しかし，その行動が他のメンバーに支持されなかったり，反応が乏しかったりすると，自分のかかわり方への不安を感じ始める。その結果，彼／彼女は自分の行動に疑問を感じたり，グループの状況を再度吟味したりすることになる。あるメンバーは，そうした自分のありように疑問をもつ前に強い反発や抵抗を示す場合もあるかもしれない。そのようなジレンマや疑問，不安の中で，彼／彼女は“今ここ”で自分は何をしたいのか，また今のグループ状況の中で何が適切な行動なのかなどに気づき始める。そして，これまでの行動スタイルとは異なった新しい行動を試みる必要を感じ，変革への欲求が高まってくるのである（溶解作用）。彼／彼女はこの状況に対してさまざまな方法でかかわり行動を試みる。自分自身を開示したり，フィードバックを行ったり，新しい行動に挑戦してみたりして他者へのかかわりを試みようとする（移行）。そして，彼／彼女が試みた新しい行動がグループのメンバーから承認されたり，賞賛され強化されたりして，再凍結が起こり，新しい行動が自分自身の行動レパートリーの一部に取り込まれることになる（再凍結作用）。グループが継続する限り，絶えず新しい問題に直面しながら，上述のプロセスは繰り返され，新しい行動がより安定した行動になったり，修正が加えられたりする（津村, 1993）。

こうしたLewinの場の理論は，力学的なモデルとして，人間関係トレーニングのグループの中での個人の変化・成長を説明するためには有益な準拠枠（framework）となっている。

（2）アクションプランニングモデル

Lewinの変容モデルを意図的・計画的に引き起こすアプローチを，アクションリサーチとよぶ。そうしたステップを下記のようなアクションプランニングモデルとして紹介されることがある。このモデルの６つのステップは，教育プログラムを立案し実施する際にも，また組織変革のためのアクションリサーチを実施する際にも，援用される一般的なモデルといえる。筆者が，2006年１月にNTL主催のAn Apppreciative Inquiry Approach to Designing Experience-Based Learningというタイトルの６泊７日のワークショップに参加した際のテキストブック（Workman, Watkins, 2006）を参考にしながら６つのステップを解説する。

また，このモデルは，柳原（1986）によって効果的な教育訓練を計画・実施するための６段階として，紹介されている。（図10−２）

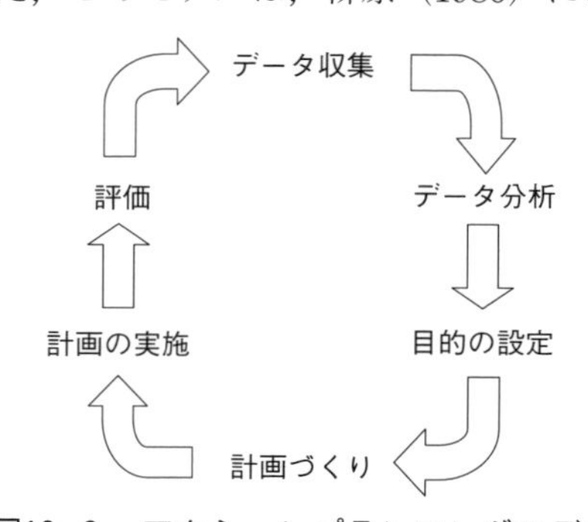

図10−２　アクションプランニングモデル

ステップ１：データ収集

最も効果的に進むトレーニングデザインやワークショップ，授業などは学習者のニーズに基づき，学習者の納得のいくプログラムで構成されたトレーニング（授業やワークショップ）が行われるときである。学習者の中で何か葛藤を感じている人がいる場合に，その葛藤に気づくことができ，その葛藤の解決に関心をもち，そこから変化を起こすことができるようなプログラムをデザインし実施するトレーニングであったときに，成功であったといえるだろう。いわば，プログラムを設計する際に学習者が学びたいことや成長したいこと，改善したいことを見つけ出すことが大切な仕事になる。

学習者に受け入れられる学びの場（トレーニングプログラム）を創り出すことはとても難しい仕事である。グループメンバーのニーズやそのニーズがなぜ起こっているのかといったことに関するグループ特有のデータを収集することは，問題解決や学習の成果を上げるための第一ステップといえる。

ファシリテーターは，対象者にとって何が必要なのかを部外者として気づく可能性をもっている。それらは知覚されたニーズといわれるものである。これらはファシリテーターの過去の経験，価値観，予想（偏見），直感的な優先順位，もしくはファシリテーターの熟練やトレーニングによって裏打ちされている。データ収集のステップでは，面接（インタビュー）や観察，またインベントリーを用いて対象者を理解するためのデータを集める。スタッフチームで集めたデータや知覚したニーズを確認したりさまざまな意見を交換をしながら，納得のいくニーズの情報収集と蓄積をする。

ステップ２：データ分析

このステップでは，変化や成長を求めているニーズの領域を決定したり，主たる原因を明確にしたりする。

データを分析することは，変化や成長を求めているニーズの領域（たとえば，コミュニケーション，リーダーシップ，自己理解など）や領域間の関連性を理解することも大切である。たくさんのデータが手に入ると，トレーニングやワークショップ，授業などで取り扱う問題・課題で重要なものを決定することが次の焦点になる。もしファシリテーターが１人で体験学習のデザイン（設計）の仕事をしているならば，自分が知っているデータすべてを使って，学習者が変化や成長を求めている主たるエリアはどこであるかを探し出すことが必要になる。いわば，このステップでの作業は，課題となる領域を見つけることである。

ステップ３：目標や目的を明確にする

学習者が変化や成長したいと考えているニーズの領域が明確になると，トレーニング（ワークショップや授業など）のプログラムをデザインするための目的をシンプルな文章にする必要がある。成功するワークショップや学習イベント（たとえば，授業や研修）では，ファシリテーター（計画者や実施者）が実施すべきプログラムの目的が明確に記述できていることが鍵となる。目的とは教育プログラムの行き先を記述することである。目的は，明確な表現でシンプルに記述する必要がある。以下のような具体的で測定可能な視点から，記述した目的を点検してみるとよい。

行動変革における行動計画づくりなどで，以下のような留意点が示されることがある。

行動計画づくりの５つの留意点

特殊性（Specifity）：具体的な目標，変える行動

成就性（Performance）：何をなすべきか明確にする

主体的投入度（Involvement）：目標に自らかかわる

現実性（Realism）：目標達成可能なものである

観察可能性（Observability）：他人からも結果が見える

ステップ４：プログラムの開発

達成すべき目的のために，多くの事柄を考えなければならない。時間，お金，人的リソース，物理的・道具的リソース，これらすべてを目標達成のためにどのように活用するかを考える必要がある。計画するためにとても多くのアプローチがある。このステップはとても重要な課題なので，このステップで時間をかなり使うことになるであろう。プログラムの設計は，目的の達成に向けてファシリテーターと学習者をガイドするための地図の役割を果たすと考えられる。

プログラムの設計に際して，強調すべき点が１つある。それは，ほとんどの計画において，厳密で変更不可能な計画を立てるべきではないということである。環境の変化に合わせながら随時，修正を加える必要がある。学習者のニーズは計画や目的において変化するし，追加したり無くなったり修正したりとプログラムを変化させる必要が起きる。要するに，計画はフレキシブルである必要があり，人々が学びに到達できるように実習（アクティビティ）に挑戦できるために，ファシリテーターは常にどのようなことができるかといった可能性を考えておく必要がある。

ステップ５：計画の実施

実際の教育プログラム実施のための準備をし，実際に実施する。ファシリテーターは学習者とともに学びの場のライブ感を楽しめることが大事である。

ステップ６：評価

私たちはいろいろな視点から評価を絶えず行っている。私たちはあらゆる決定の前後に評価をする。私たちは私たちがやったことを何らかの方法で査定をしているわけである。さまざまな客観的また主観的な視点から，日常生活における食事であろうと家具の購入であろうと評価をしている。私たちはそれらの評価に関して他者に尋ねることもある。この評価のプロセスは暗黙裏に行われたり，このプロセスによって教育プログラムの意味づけの能力を養ったり，またある種の個人の基準（教育観，学習者観，学習観など）を育成したりして，評価・判定を行っているといえるであろう。

教育プログラムの目的はトレーニングの評価と密接に関連している。評価はより複雑であり，また慎重に，正直にまたタイムリーにしようとするならば，ファシリテーターは，イベントの運営と実行のすべてにわたって行う必要がある。また，期待される結果が得られたかどうかを学習者から情報を収集したり，学習者に情報提供したり，その評価から学習者が所属する組織からサポートされたり組織をサポートしたりする必要がある。

ニーズ調査や学習者の準備状況を知るための診断的評価に加えて，評価には２つのタイプの評価がある。プログラム途中で行う形成的評価とプログラムの影響・結果を知るための総括的評価である。プログラム実施中の形成的な評価は，ファシリテーターによってより迅速に行われる必要がある。「今私たちはどのように進んでいますか？」，「参加者は今，どんな状態でいますか？」といった問いかけが必要である。通常のプロセスでの評価は，この評価から生まれる新しい情報から計画を柔軟に調節したり，変更したり，その評価過程から新しいプログラム（実習やアクティビティ）を考え出したりするのである。

トレーニングの影響・結果，すなわち総括的評価とは，「私たちは何を学んだのか？」，「ワークショップの結果としてどんな変化が起こったか？」といった質問に答えるものである。この結果の評価はワークショップ（研修や授業

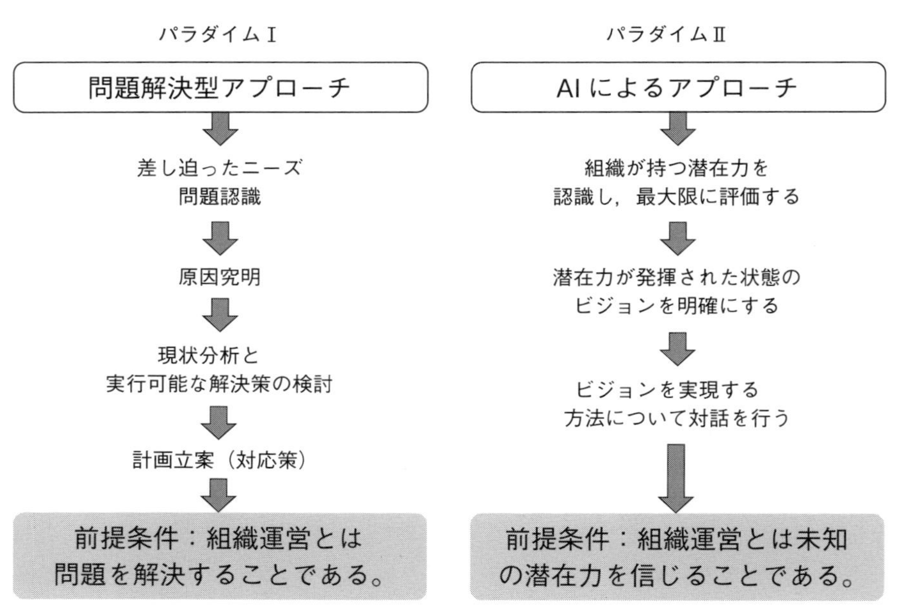

図10−３　組織変革のための２つのパラダイム
（クーパーライダー＆ウィットニー著（2005），本間（監訳）（2006）より引用作図）

など）をやった直後だけでなく数ヶ月後に行われたり，外部の評価者によって行われたりすることもある。

トレーニングイベントの計画と運営において，トレーニング中の変化などをみるプロセス評価が行われるかどうかがトレーニングの成功に大きく影響を与えると考えられる。たとえば，水路を掘っているときに，目的の畑に水を流し込むために，定期的に正しい方向，角度で掘り進んでいるかをチェックすることが重要であるのと同じである。そのことが，最後の目的に到達するために，とても重要なことは理解できるであろう。

（3）アクションプランニングモデルの２つの展開

グループや組織を改善する際に，アクションプランニングモデルに従い，私たちはどのような情報をどのように収集するのか，そしてその情報に基づき誰がどのような分析を行い，どのような目標を誰がどのように設定するのかによって，アクションリサーチのアプローチは大きく異なる。近年，アプリシェイティブ・インクワイアリー（Appreciative Inquiry : AI）アプローチが誕生して，とりわけこの２つのアプローチが対比的に取り上げられるようになってきてる（Cooperrider & Whitney，2005　本間監訳，2006）。

それは，図10−3に示すように，グループや組織の問題解決に向けて，「欠如している要因」に焦点を当てるのか，「肯定的な側面」に焦点を当てるのかによってアプローチの違いが生まれるといえる。

パラダイムⅠは，めざすべき姿があり，現状の分析においてそこに至っていない状況や問題に焦点を当て，その原因を探り，問題解決の方策を見つけ出し，その行動計画を実施するといった一連の流れである。このパラダイムは，理想と現実の差異に焦点を当てることから，ギャップアプローチとよばれることがある。

一方，パラダイムⅡでは，グループや組織の個々のメンバーがもっている最高の体験を見つけ出しその体験のもっている意味や，メンバーの真価を分かち合い，そのメンバーたちが創り出せる最高の状態の将来を描き，その状態をめざして変革する行動を考え出し，めざした姿を実現していくアプローチである。メンバーがもつポジティブな側面に光を当てることからポジティブアプローチとよばれている。

個人の変革も，またグループの変革も，そうたやすいものではない。グループ成長，グループ変革に向けて，意識的・計画的に取り組んでいくことが重要になる。以下では，２つのアプローチを紹介する。まず，パラダイムⅠの問題解決アプローチについて，星野（1977）の記述をベースにしながら，グループや組織の変革に向けた問題解決プログラムの流れを解説する。続いて，アプリシェイティブ・インクワイアリー（AI）アプローチの基本的な考え方や一連の流れを紹介する。

（4）問題解決アプローチ

問題解決プログラムの代表的な流れは，以下の７つのステップが考えられる。

－ステップ１：問題領域の設定（テーマの決定）
－ステップ２：現状把握と問題点の明確化
－ステップ３：変革目標の設定
－ステップ４：現状の分析―レヴィンの「場の分析」―
－ステップ５：解決策の提案・検討と決定
－ステップ６：行動計画の決定と実施
－ステップ７：評価方法の決定

ステップ１：問題領域の設定（テーマの決定）

問題解決チームが集まり，今自分たちのグループはどのような状況にあるのか，ブレインストーミングなどを使いながら，自分たちのグループの問題領域を探る。このステップ１は，グループのどのあたりに問題が潜んでいるかを探求するステップである。

問題領域を探求するために，下記のような問いかけをグループで行うとよいだろう。

・あなたが，今，気になっていることは？
・あなたが，今，困っていることは？
・あなたが，今，解決したいと思っていることは？
・あなたが，今，このような現状ではいやだなと思っていることは？

できる限り，自分たちの課題（問題）が潜む領域を探求するために幅広く討論する。

ステップ２：現状把握と問題点の明確化

次に，ステップ１で探求した問題領域の中から，改善を試みたい領域における現状（問題状況）の洗い出しを行ってみる。

それは，できる限り具体的な状況（データ）の抽出を行い，そのデータの整理，そして，その中から改善を試みようとする問題点の明確化を行う。具体的には次のようなステップを踏むことになる。

1．ブレインストーミング法を実施
　－いつ，どこで，どのようなことがあったのか？
　－誰と誰との関係でそれが起きているか？
　－誰と誰が問題と感じているか？
　－この問題によって，誰と誰が，どのような影響を受けているか？
2．整理する：似ているもの同士を集める
3．問題点を１つ選択する

ステップ３：変革目標の設定

問題点を１つ取り上げてから，その問題点が改善した状況を考える。いわば，将来の望ましいと考えられる状態とはどのようなものであるかをていねいに話し合いながら記述することを試みる。できる限り望ましいと思われる状況を拾い出す。

その後，列挙された望ましい状況の中から，グループのメンバーが合意できる望ましい状況を１つ選び出して，それを変革目標として具体的に記述する。できる限り，誰が読んでもわかる文章にするとよい。

ステップ４：現状の分析

このステップでは，その望ましい状況になるために，今の問題状況がどうして起こっているかを分析し，その原因を探る。

分析の方法として，Lewin（1947）が提唱する「力の場の分析（Force Field Analysis）」を用いる。

それは，先に述べたように，

－現状維持という状況は，静止的状態ではなく，推進力と抑止力の諸力が平衡の状況にある。相反する諸力がバランスを保っている状況：準定常的平衡（Quasi-stationary Equilibrium）。

であるという，モデルを活用する。

そのために，プラス（推進力）とマイナス（抑止力）の諸力を，ブレインストーミング法を用いてできる限り拾い出す。

そして，それらの推進力と抑止力を図10−5のように，グループで話し合いながら，問題状況の要因分析（場の分析）を試みる。

具体例として，図10−5は，星野（1977）に掲載されている例を引用する。

図10−5の例は，工場のラインにおける生産量に関する例として示している。もっと心理的な要因をこのLewinの場の分析を用いて試みることも可能になる。

グループの変化成長を考えるモデルに，Gibb（1964）の４つの懸念という視点がある（p.58参照）。Gibbは，「人間は，自分自身および他人を受容するようになることを通して成長する

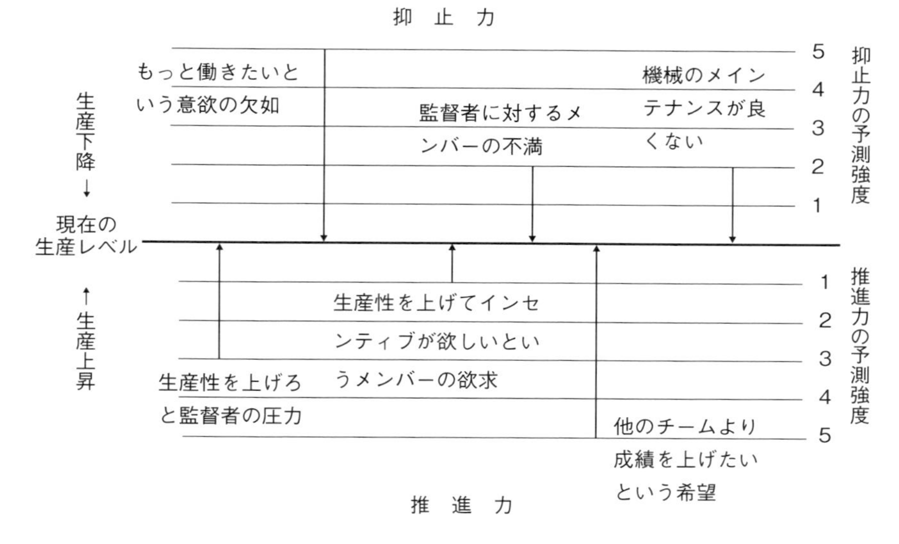

図10-5　力の場の分析（Force Field Analysis）の具体例（星野，1977より）

ことを学ぶ」と考えている。その受容することの障害になっているのが，人々が生活する文化に浸透している防衛的な風土（defensive climate）から生まれる恐怖や不信頼という防衛的な感情であると考えている。人間がもっている恐怖や不信頼をどのように低減させていき，いかに相互信頼の風土を創り上げることができるかを学ぶことによって，個人の成長が生まれると考えられている。また，グループも成長すると考えられている。グループの成長と個人の成長は相互関係的に変化していくと考えられている（津村，2005）。

Gibbは，私たちの社会的な相互作用の中に，他者との関係の中での恐怖や不信頼に由来する4つの懸念（concern）があると仮定している。それらは以下のとおりである。

① 受容懸念（acceptance）

自分自身や他者をグループのメンバーとして認めることができるかどうかにかかわる懸念である。グループ形成の初期に特に顕著に見られる。この懸念が表出され，グループの中で解消されると相互信頼が生まれ，自他の受容が可能になる。

② データの流動的表出懸念（data-flow）

この懸念は，コミュニケーションに関連する懸念で，意思決定や行動選択をするときに特に顕著に現れる。この懸念が解消すると，人々は不適切な憶測で行動することをやめて，より適切なデータの表出と収集に基づいて行動できるようになる。

③ 目標形成懸念（goal formation）

この懸念は，生産性に関連しているといわれ，個人やグループに内在する活動への動機の差異に基づく恐怖や不信頼に由来している。この懸念が解消されると，個々のメンバーがもつ本来の動機に基づいて行動し，課題への取り組みが主体的創造的になっていく。

④ 社会的統制懸念（social control）

この懸念は，メンバー間の影響の及ぼし合いにかかわる恐怖と不信頼から生まれてくると考えられている。この懸念が解消すると，役割の分配が自由に行われ，変更も容易になり，お互いが影響を及ぼし合いながら効果的に活動を展開することができるようになる。

以上の4つの懸念を活用して，場の分析を行うことも可能である。その例を図10-6に示している。

ステップ5：解決策の提案・検討と決定

ステップ4にて，力の場の分析図を作成し，

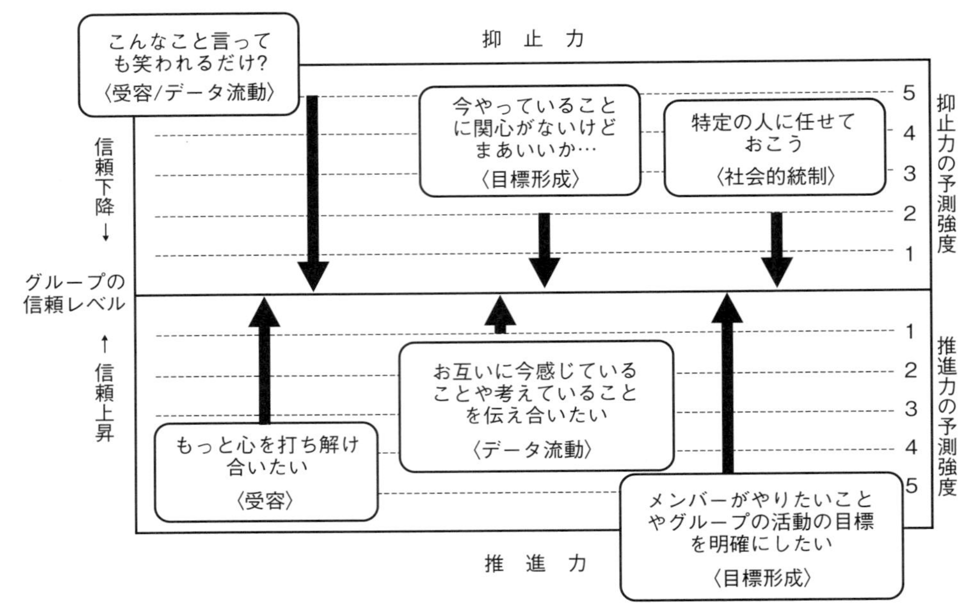

図10-6 力の場の分析（Force Field Analysis）の例
Gibb（1964 三隅監訳，1971）の４つの視点を活用して

どのような抑止力と推進力が働いているかをていねいに分析した後，ステップ５に入る。ステップ５では，問題を解決するために，多種多様な解決策をできる限り考え出すことが大切になる。

そのために，

－抑止力を減少させるための方策は？

－推進力を増大させるための方策は？

といった視点から，解決策をできる限り拾い出す。ブレインストーミング法を用いて，抑止力の現象と推進力の増大にかかわる方策を拾い出していくとよいであろう。

そして，拾い出したすべての解決策に関して，以下のようなの観点から吟味していくことになる。解決策の利点は何か，不利な点はどのようなことか，そして，その解決策の［実現可能性］，［成功の可能性］，［メンバーの参画性］などの視点から吟味していき，より現実的に実行可能で，その効果の大きな解決策を選択・決定することになる。

ステップ６：行動計画の決定と実施

ステップ５で決定した解決策を具体的な行動に移すための行動計画を立てる必要がある。そのために，決定した解決策を，どのような手順で具体的に実現していくかを討議し決定する。

－誰が

－誰に対して

－いつから

－どこで

－どういう方法で

－どのようなリソース（人，物など）を利用して

－何をするか？

その具体的な行動計画づくりの留意点として，星野（1977）によると，下記のような視点があげられている。

－**特殊性**（Specifity）：具体的な目標，変える行動が明確であるか？

－**成就性**（Performance）：何をなすべきか明確であるか？

－**主体的投入度**（Involvement）：目標に自らかかわることができるか？

－現実性（Realism）：目標達成可能なものであるか？
－観察可能性（Observability）：他人からも結果が見えるか？

ステップ7：評価方法の決定

ステップ6で決定した行動計画は，実際には，どのように進められたか？　またその行動はどのような影響を与えたのかを評価する必要がある。そのために，評価のための方法も決めておく必要がある。

評価のためのいくつかの視点が考えられる。

① ステップ6で決定した行動計画は，どのような状況でどのように進められたか？
② その行動計画の実施により，問題は実際に解決されたか？
③ もし解決していなければ，その原因は何か？
④ さらに改善する問題が残っているか？その問題改善のために何が必要か？
⑤ 再度，現状分析（場の分析）が必要か？

などについて吟味するとよいだろう。

また，上記のような視点からみる評価を，いつ，どこで，どのような方法で行うのかも計画しておくことは大切になる。

こうした一連の問題解決のアプローチは，アクションリサーチと同様に，応用行動科学における実験（調査）→データ収集→データ分析→評価→仮説化，そして，さらなる実験（調査）という循環的な手続きを活用しており，この一連の手続きを通してチームの成長発達を実現することが可能になると考えられている。

（5）アプリシェイティブ・インクワイアリー（AI）アプローチ

AIとは，グループや組織といったシステムの中に現在すでにもっている「生き生き輝くエネルギーを与える力（Life-Giving Forces）」を見つけ出し，それを強化拡大するように，メンバー相互に協働的に取り組む参加型のアプローチである。「アプリシェイティブ」とは，「真価を評価する（appreciate）」という意味であり，「インクワイアリー（inquiry）」とは，問いかけをすることによって理解し合う過程である。アプリシェイティブ・インクワイアリーとは，システムの中にある生成的で生命力を与える源に焦点を当てる。真価を探求し，それを最大限に生かせるチームや組織づくりをめざすアプローチである。AIアプローチでは，問いかけをすることによって，個人や組織の中にポジティブな潜在力に光を当て，それを見つけ出し強化するのである。

1）AIには，5つの核となる原理がある（Cooperrider，Whitney，& Stavros，2008；Watkins & Mohr, 2001）。

① 構築主義原理（The Constructionist Principle）

この原理では，組織の知識とその組織のありようは，互いに関連し合い織りなされていると考える。問いかけることは，組織の将来を生まれさせ，それに応えたり語られたりする言葉により組織は構築されると考えられる。この原理から，組織をどのように認識するかによってその組織のありようが決定されていくと考えられる。組織は未知の潜在力をもっており，変化するものであり，構成メンバーによって創り出されていると認識する必要がある。それゆえ，リーダーや変革推進者（change agent）は組織を読み解き理解し分析し，働きかけていくことがとても重要になる。

② 同時性の原理（The Principle of Simultaneity）

この原理では，問いかけと変化は別々に起こるのではなく，同時に起こると考えられる。問いかけは介入そのものである。人々が考えたり話したりしていることであったり，人々が発見したり学んだりしていることであったり，人々が将来のイメージについて対話したり想像したりしていること，そのことが変化の源になり変化が起こるのである。その意味では，最初の問いかけがとても大切であり，その問いによって見出されたものや発見されたことがストーリーとなって実現し展開されていくになる。

③　予期の原理（The Anticipatory Principle）

AIアプローチでは，建設的な組織変革や改善のための重要なリソースは，将来についてのイメージや日常の会話の中にあると考えられている。この原理では，将来のイメージが組織の中のメンバーの現在の行動を引き起こすと考えられている。映画がスクリーンに映し出されるように，人々が生きる組織では，彼らの期待が映し出されていると考えられている。それ故，組織で働く人々が組織をどのように考え，組織はどのように機能し，どこに到達しようとしているか，どんなふうになりたいと考えているかといった期待（予期）を含めた生成的イメージが重要になるのである。

④　詩的原理（The Poetic Principle）

この原理を理解するために，人間が生きている組織とは「本を開く」ようなもの，といった隠喩が使われることがある。組織のストーリーは絶えず，そこにいるメンバーが本の共著者となって描き綴っていると考えられる。過去，現在，未来に至るまでも，その組織で学んだり考えたり解釈したりしていることをメンバー自身が描き続けているのである。よって，問いかけによって，ネガティブなものに光を当てるのか，ポジティブな変革に光を当てるのかで，組織のストーリーは変わってくるのである。

⑤　ポジティブ原理（The Positive Principle）

この原理は，より具体的であり，AIの実践を通してAIアプローチ実践者たちはこの原理に確信を強くもつようになってきていると述べている（Cooperrider et al., 2008）。ポジティブな気持ちや社会的なつながり，希望をもつといった態度，そしてひらめきや他者とともに何かを創り出す純粋な喜びなどのポジティブさは，変革のための推進力として大切である。ポジティブな問いかけが組織やグループに与えられるほど，長期的で効果的な変化を生み出すことになる。

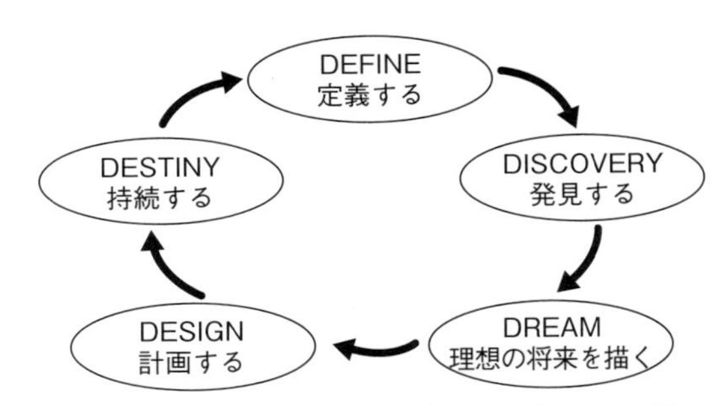

図10-7　アプリシェイティブ・インクワイアリーのアクションプランニングモデル

2）５つのＤサイクル

上述の５つの原理とともに，AIアプローチでは，グループや組織の変革に向けた５つのＤの生成的なプロセス・ステップが考えられている（Watkins & Mohr, 2001）。そのステップは，前述のアクションプランニングモデルに沿った形で，上図のようなステップが提唱されている（図10-７）。

ステップ１：定義する（DEFINE）

最初のステップでは，コンサルタントもしくはファシリテーターがAIプロセスを明確にクライエントに伝え，AIアプローチを実施するプロセスに関してクライエントとコンサルタントもしくはファシリテーター（支援者）との間で合意を得ることがAIアプローチ実施前の大切な仕事である。情報収集をしながら，クライエントが学ぶためにどのようなシステムが必要なのか，組織に適切であると思われる問いかけのプロセスを，クライエントと一緒に考えていく。この段階において，一般的な流れは，クライエントにAIアプローチを紹介すること，そして問いかけのプロセスのために組織にカスタマイズしたインタビューガイドを創り出し，そして以下に示す一連の問いかけのプロセスを組織のシステムに位置づけ構造化することの合意を得ることである。

ステップ2：発見する（DISCOVERY）

このステップでは，組織のメンバーに対して行うインタビューガイドを創り出すために，AIコンサルタントとともに働くことになるグループ（コアグループ：core group）の人たちによってインタビューが実施される。インタビューが終わると，そのグループのメンバーは，対話の中から見出され発見したことなどを語り合い，問いかけから生まれてきたストーリーやキーとなる言葉やメッセージなどを吟味する。そして，インタビューから生まれる主たるテーマ（取り上げたいトピックス）を決定する。その話し合いをもとに，再度，インタビューガイドを練り直し，組織の構成員を対象にインタビューシートを用いた対話（ハイポイント・インタビュー）の場を創ることになる。

この発見のステップで，人々はすばらしい達成感のある特別の体験をわかちあい，その中から組織の構成員を生き生きとさせる源となるポジティブコア（positive core）を見出すことが促進されるプログラムを計画することになる。それは，これまでの組織や個人のもつすばらしい側面に光を当てるとともに，これからの将来に起こるであろうポジティブな可能性をわかちあうことが大切になる。

ステップ3：理想の将来を描く（DREAM）

理想の将来を描く（DREAM）ステップでは，現在の組織のメンバーや関係者たちによって，より価値のある，また生き生きした将来を描くことを通して，ポジティブコアを高めたり現状にチャレンジしたりすることを可能にする。DREAMのステップでの主たる目的は，関係者の希望や声を大切にしながら，組織のこれまでの歴史に基づき組織のメンバーがもっている可能性を広げ確かなものにすることなのである。組織のメンバーや関係者との対話を通して，この段階で，可能性をもった理想の将来をイメージするメッセージを紡ぎ出し，「マクロな喚起的な声明文(macro provocative proposition)」として言語化する。これは，ポジィビリティステートメント(Possibility Statement）ともよばれ，もっとも最高の組織の状態を言葉で記述したメッセージを創り出す作業である。時には，理想の組織の状態を，クリエイティブな作品として表すこともある。

ステップ4：計画する（DESIGN）

このDESIGNのステップは，組織の社会的基本的設計概念を創り出すことであり，前述の「ポジィビリティステートメント（Possibility Statement)」を創造し，それを組織の中に組み込むように計画するのである。この「ポジィビリティステートメント」は，組織のさまざまな要素と関連している。たとえば，リーダーシップ，意思決定，コミュニケーション，またカスタマーサービスなどに関連しており，それぞれの要素に反映させることが可能になる。すなわち，それぞれの要素の中に，発見したこと（DICOVERY）と未来を描いたこと（DREAM）を統合するように，組織が成功している具体的な状態をデザインすることがとても大切になる。

ステップ5：実行・持続する（DESTINY／DELIVER）

持続する（DESTINY）ステップでは，将来の新しいイメージを組織のメンバーに伝搬し，共通の目的意識や動きを育て続けることができるようになる段階である。わかちあった将来像をベースにしながら，この段階の行動は，学び続けることであったり，時には調節することであったり，時には即興的に動いたりできるようになる状態を指している。このステップでは，変革や実践への流れや勢い，その潜在力は高くなってきていると考えられる。なぜなら，このステップまでに，理想の将来のポジティブイメージをシェアしたり，

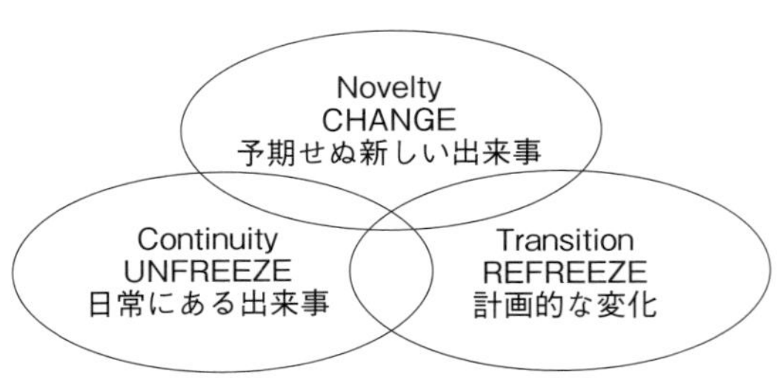

図10－8　AI アプローチと Lewin の変容モデル

またすべての人と将来像をともに創り出すやりとりが積極的に行われたりしているからである。AI アプローチを持続させるカギとなるのは,「アプリシエイティブな眼(appreciative eye)」をもつことであると述べられている（Cooperrider et al., 2008）。

AI アプローチでは，以上のように，５つの原理と５つのプロセスを大切にしながら，ポジティブチェンジを生み出そうとする組織開発のアプローチである。この AI アプローチのベースには，Lewin の変容モデルに示されている３つのフェイズが想定されている。それは，過去のよい状態から気づき学ぶ能力をもつ状態（continuity），予期せぬ創造的な行為が生まれるアイディアに気づく状態（novelty），そしてその結果，システムに新しい変化が起こり望ましい状態に向けて行動が生まれる状態（transition）の３つのフェイズが考えられている（図10－８）。

AI アプローチでは，組織の日々の活動の中にあるアイデンティティ，プライド，賢明さや伝統などの事象に光を当てることから始まり，その日々の連続性（continuity）は，変化が生まれることは当然であるという認識をもつようになることが重要になる。その状態を，Lewin の言葉では溶解作用（unfreeze）が起こる状態といえる。次に，AI の対話やプログラムの進展の中で，予期せぬ出来事が起こる可能性を感じるようになる（novelty）。これは Lewin の言葉では変化（change）とか移行（moving）にあたる。そして，ポジティブな期待に向けて目に見える変化が起きる（transition）。このフェイズでは，共通のビジョンが見えてきて，有効なフィードバックが行われるようになったり，新しい試みに対して支持的になったりするのである。いわば計画された変化として定着するのである。これが，Lewin の変容モデルにおける再凍結作用（refreeze）と考えられる。

AI アプローチは，人間関係トレーニングや組織開発におけるさまざまな考え方を導入しながら，ポジティブな側面に光を当てることによって，グループや組織が健全に発達し学習することを促進するように支援するアプローチなのである。

引用文献

Cooperrider, D. L., & Whitney, D. (2005). *Appreciative Inquiry*. Berrett–Koehler Publishers.（クーパーライダー，D. L.　本間正人（監訳）　市瀬博基（訳）　松瀬理保（解説）(2006). AI「最高の瞬間」を引き出す組織開発　PHP 研究所）

Cooperrider, D. L., Whitney, D., & Stavros, J. M. (2008). *Appreciative Inquiry Handbook For Leaders of Change*. Crown Custom Publishing, Inc. & Berrett-Koehler Publishers, Inc.

Gibb, J. R. (1964). Climate for trust formation. In L. P. Bradford, J. R. Gibb & K. D. Benne(Eds.), *T–group Theory and Laboratory Method*. John Wiley and Sons.（ギブ，J. R.　三隅二不二（監訳）(1971). 信頼形成のための風土　感受性訓練　日本生産性本部）

星野欣生（1977）. 問題解決ミーティング　Creative O. D. プレスタイム

Lewin, K. (1947). Frontiers in group dynamics : I. concept, method, and reality in social sciences : Social equilibria and social change. *Human Relations*, 1 (1), 5－41.

Lewin, K. (1951). *Field Theory in Social Science*. New York : Harper.（レヴィン，K.　猪股左登留（訳）(1956). 社会科学における場の理論　誠信書房）

津村俊充（1993）. 人間関係トレーニングにおける変容モデル　原岡一馬（編）人間の社会的形成と変容　ナカニシヤ出版
津村俊充（2005）. グループは発達する　津村俊充・山口真人（編）　人間関係トレーニング第２版　ナカニシヤ出版
柳原光（1986）. 効果的教育訓練を計画・実施するための６段階　人間関係訓練基礎講座<解説書>（pp.97–105）プレスタイム
Watkins, J. M., & Mohr, B. J. (2001). *Appreciative Inquiry : Change at the Speed of Imagination.* Jossey-Bass/Pfeiffer.
Workman, L., & Watkins, J. M. (2006). *An Appreciative Inquiry Approach to Designing Experience-Based Learning.* NTL Institute.

第11章

組織・コミュニティ変革のためのフューチャーサーチ

(1) フューチャーサーチとは

フューチャーサーチとは，ワイスボード(Weisbord，1987) によると，著書『プロダクティブ・ワークプレイス (Productive Work-place)』で初めて「フューチャーサーチ」を用いて多くの人々が気に入り，それ以来フューチャーサーチと呼称することになったということである。

フューチャーサーチとは，さまざまな利害関係者 (ステークホルダー) が60～80人ほど1つの大きな部屋に集まり，3日間のミーティングを重ねることを通して，共通の方向性 (コモン・グラウンド) を生成し，将来に向けた新しい行動計画を立て実行できるように合意形成を行う民主的な大ミーティングである。

フューチャーサーチの3日間のミーティングは，①過去をふりかえる，②現在を探求する，③理想的な未来のシナリオを作成する，④コモン・グラウンドを明確化する，⑤アクションプランを作成する，といった5つのフェイズからデザインされている。

複雑化する社会の中，企業をはじめとする組織，地域や学校などのコミュニティの開発は絶えず求められている。しかし，変革を起こそうとするのは，一部の人であったり，抵抗を示すのも一部の人であったりすることが多いと思われる。多くの人々は，現代社会の中で無力感に陥っているといってもよいかもしれない。そのような現代状況の中で，フューチャーサーチは，一人ひとりの意見を尊重しながら，ともに向かう方向性 (コモン・グラウンド) を明確にし，それをベースにアクションプランを創り出すといった建設的な行動を可能にするミーティングである。フューチャーサーチは，グローバルな変革戦略としてデザインされているとともに，そこにはファシリテーションの理論や哲学を併せもっている。

本章では，平成18・19年度文部科学省専門職大学院教育推進プログラムの採択を受けた南山大学のプロジェクト「教え学び支え合う教育現場間の連携づくり–ラボラトリー方式の体験学習を核とした2つの連携プロジェクト–」で行った2つの学校教育現場を中心にしたコミュニティを対象としたフューチャーサーチの事例を通して，フューチャーサーチを紹介する。

学校教育現場において，教員間の連携だけでなく広く地域住民と連携することは学校教育を運営していくために重要な課題である。学校組織の民主的風土づくりとして，教育委員会や地域住民を含めた組織 (コミュニティ) 開発に取り組む意向をもつ学校の関係者や組織開発に関心をもつ人々を対象にし，平成18年度に南山大学において米国からジャノフ女史 (ワイスボード氏とともに世界各地でフューチャーサーチを実施し，活躍されている実践家) を招聘し，「フューチャーサーチ」をテーマに講演会とワークショップを行った。

その後，平成19年度には，南山大学教育推進GPの地域プロジェクトとして，「フューチャーサーチ」の実施を希望される学校と地域を募集した。そして，平成20年度に，愛知県小牧市立応時中学校区を，もう１つは，京都府舞鶴市にある聖ヨゼフ学園日星高等学校を対象に，「フューチャーサーチ」を実施した。

(2) フューチャーサーチの概要

フューチャーサーチのミーティングは，基本的に３日間行われる。学校教育現場を対象とした場合，参加者は，さまざまな利害関係者に集まっていただくために，学校教育現場の管理職（校長先生，副校長先生，教務主任など）の先生から学級担任，保健室の養護教諭，そして在校生自身も参加者となる。そのほか，教育委員会（できれば教育長も）の方々から，卒業生，保護者，地域の方々とできる限り幅広く参加が可能な人々が集まることが，フューチャーサーチのミーティングには大切になる。

３日間のプログラムの概要は，一般的には以下のようなプログラムが計画される（Weisbord & Janoff, 2000，香取（訳）2009）。

■第１日目：午後

課題１　過去に焦点づけ：私たちはどこにいたのか？　歴史を探る。

課題２　現在に焦点づけ（外的な環境の現在）：今対象の学校を取り囲む外界のトレンドを探る。

■第２日目：午前

課題２　現在に焦点づけ（つづき）：各利害関係者にとって何が大切か？　今何をしているか？　将来何をしたいか？　を探る。

課題３　現在に焦点づけ（内的な環境の現在）：各利害関係者が考える現状の問題への誇りと申し訳なさを検討する。

■第２日目：午後

課題４　将来への焦点づけ：理想的な将来のシナリオを創る。たとえば，「10年後の私たちは今」をテーマにシナリオを創る。

課題５　共通の方向性（コモン・グラウンド）の発見：ミックスグループに分かれ，コモン・グラウンドのテーマと可能なプロジェクトを探し出す。

■第３日目：午前

課題５　（続き）：将来へのコモン・グラウンドの確認：すべてのグループが集まり，お互いのコモン・グラウンドのテーマについて話し合い，確認する。

課題６　行動計画：利害関係者グループや課題別グループ，ボランティアグループなどに分かれ，短期的な行動計画と長期的な行動計画を作る。６ヶ月後にレビューの会合の日を決めて別れる。

フューチャーサーチは，３日目の正午から午後３時の間に閉会するのが標準的なプログラムの流れである。

(3) フューチャーサーチ実施事例のフィールド

◆小牧市立応時中学校区

○日程：2008年８月22日（金）・23日（土）・24日（日）

○代表者：学校長

○参加を希望する理由

応時中学校は平成14年より，応時フォーラムという会合をつくり，構成員は，地区毎の生徒・教師・保護者・地区の方で，中学生の力を生かした地区づくりについて話し合い，その推進を図ってきた。その発展として，平成19年度には，応時中学区の（幼保小中学校・地域活動代表・行政区代表・地元企業代表など）による応時コミュニティ連絡会を発足させ，地域の中で子どもたちを鍛え育てる活動の情報共有を通して，地域の教育力向上・地域の活性化に取り組んできた。

このフューチャーサーチ・ミーティングの開催により，より多くの地域を代表する人々と，地域の未来について話し合うことを通して，子どもたちに安心安全な町づくりや豊かな心を育てるための共通理解をつくり上げ，具体的な行動計画まで展開することで，地域ぐるみで活動できる風土づくりに結びつけていきたいと考えていた。

◆聖ヨゼフ学園日星高等学校

○日程：2008年8月29日（金）・30日（土）・31日（日）

○代表者：学校長

○参加を希望する理由

日星高等学校は，男女共学で普通科（募集定員：普通コース105名，進学コース30名）と看護科5年課程（同40名）をもつ（2008年度時点）が，京都府北部の少子高齢化，公立志向の中で定員割れが続いている。

さまざまな課題をもった生徒が入学してきており，人間関係がうまく結べなかったり，進路変更を余儀なくされたりしている現状があり，2008年度より，学校設定教科「人間関係」を設けたり，ホームルームの時間にグループワークを取り入れたりして，生徒のコミュニケーション能力の向上を図る取り組みを始めている。2007年末には，筆者が招かれ「ラボラトリー方式の体験学習」による職員1日研修を実施し，プロセス・エデュケーションの基本的な考え方や進め方の共通理解を図ってきた。

校長は，市民参加の「開かれた学校づくり」を通して，生徒，保護者，教師，市民が，それぞれ「日星高校に来てよかった，行かせてよかった，勤めてよかった，学校があってよかった」という学校にし，地域社会に貢献したいという熱い思いをもっていた。そのためには明確な「将来ビジョン」が必要であると考え，地域社会を含めた幅広い参加者による「フューチャーサーチ」を実施することによって，地域社会における学校の役割と将来ビジョンを共有し意識改革と連携の契機にしたいと考えたのである。

（4）フューチャーサーチの具体的事例

応時中学校区における「フューチャーサーチ」と日星高等学校で実施された「フューチャーサーチ」は，それぞれフィールドのもつ特徴があり，具体的な事象としては，異なることも多々あるが，本章では，2つのフィールドにおいて実施した共通のフューチャーサーチ・ミーティングの流れを紹介していく。

フューチャーサーチの当日のミーティングおよび事前の計画会議のファシリテーターは，筆者と同僚の中村和彦氏であった。またミーティング開催当日は，南山大学大学院人間文化研究科教育ファシリテーション専攻の現役大学院生と修了生の協力を得ることができた。

①　事前の計画会議

フューチャーサーチの成功をもたらすのは，事前の計画会議にあるといわれる。どのような目的で，どれだけの利害関係者（ステークホルダー）に集まってもらえるのか，会場の一室にさまざまな利害関係者が集まることができるように準備することがとても重要になる。事前の計画会議は，周到に行われ，フューチャーサーチを企画運営するスタッフと一般参加する利害関係者との積極的な関与が生まれるように準備する必要がある。

◆小牧市立応時中学校区におけるフューチャーサーチの事前ミーティング

公式的には，3回にわたりフューチャーサーチ計画会議が応時中学校校長室にて行われた。

○計画会議事前説明会

フューチャーサーチの理解を深めるために，第1回の計画会議に先立ち，2008年5月9日（金），応時コミュニティ連絡会議という，地域のさまざまな組織体のリーダーが集まる会合があり，中村氏により，フューチャーサーチの概要が説明された。

○第1回計画会議開催

第1回の計画会議は2008年6月12日（木）午後6時30分より午後9時ごろまで行われた。参加者は，応時中学校から校長先生と教頭先生，教育委員会生涯学習課から２名，学校教育課から１名，地域リーダー６名，南山大学から筆者ら２名が参加し，計13名のミーティングであった。

第１回計画ミーティングでの議題として，フューチャーサーチの理解を深めること，それに加えて目的を明確にすること，そして，フューチャーサーチに招待するメンバーの目安を立てることの確認をした。

多くの議論は，それぞれの関係者が日常，地域でどのような活動をしているかといった現状を相互に理解し合う話し合いに時間がとられたが，計画会議メンバーの共通理解を得るために貴重な時間になった。明確な目的を言語化するところまでは行き着かなかったが，おおよその目的共有まで話し合いは進んだ。最後に，招待すべき関係者の範囲をブレインストーミングにより拾い出し，次回のミーティングに具体的な人物の名前までリストアップすることを確認して，ミーティングを終了した。

○第２回計画会議開催

第２回計画会議は，２週間後の2008年６月26日（木）午後６時～午後９時まで応時中学校校長室にて開催された。

主な議題は，フューチャーサーチのテーマづくりであった。現状のさまざまな応時中学校区での取り組みや問題点が出され，時にはフューチャーサーチに対する疑問も出されながら，最終的に，「子どもと地域の将来のために」というテーマでフューチャーサーチを実施することに決定した。その後，今後の日程や参加者への呼びかけ方について討論がなされた。

○第３回計画会議開催

第３回計画会議が，2008年７月24日（木）午後６時～午後10時にわたり，開催された。

主な議題は，フューチャーサーチへの参加者の確認，参加者に送る招待状の確認，フューチャーサーチのスケジュールの確認，当日の役割についてであった。参加者は応時中学校関係者（校長先生，教頭先生，PTA），地域の人々など，計16名であった。

話し合いの中では，フューチャーサーチを運営するファシリテーターとなる筆者らの役割と，計画会議のメンバーの役割について，特に時間をかけて議論が行われた。最終的に，計画会議のメンバーは１人の参加者であるが，コア・メンバーとして話し合いに積極的に参加することが確認された。

計画会議は午後９時で終了した。その後，応時中学校の校長先生・教頭先生・運営にあたる担当教員とともに，当日に向けての具体的な準備について，１時間ほど打ち合わせを行った。

上記の３回の計画会議を通して，本番の８月22～24日のフューチャーサーチ・ミーティングに臨むことになったが，実際には，会場の下見など直接会場を確認，それと同時にフューチャーサーチの主催者となる応時中学校の担当教員との打ち合わせは，Ｅメールをはじめ電話連絡などかなり頻繁なやりとりがその後も行われた。

◆日星高等学校におけるフューチャーサーチの事前の計画会議

応時中学校区の計画会議が先行したことを受けて，応時中学校区で得た計画会議の進め方の経験を生かすとともに，準備物などの手配なども参考にしたことにより，計画会議の運営はスムーズに進めることができた。また，日星高等学校の場合には，学校を改革すること・学校を改善することが明確な目標であったこともあり，それらが計画準備会議の進行を円滑にさせたのではないかと考えられる。筆者らにとって，計画会議の進行を何度かすることにより，フューチャーサーチの進め方を学習する経験になった。

第１回計画会議に先立ち，応時中学校区での計画会議の経験を踏まえて，日星高等学校側との計画会議に向けてのメールミーティングは，かなり頻繁に行われた。

○第１回計画会議

計画会議に先立ち，日星高等学校長と打ち合わせを行い，６月16日（月）午後１時から午後４時の間，フューチャーサーチ第１回計画会議が開催された。この計画ミーティングには，日星高等学校から校長先生，教頭先生２名，教員８名，法人本部から１名，同窓会２名，PTA２名，さらに舞鶴市教育委員会１名，南山大学から筆者ら２名，計19名が参加した。

それぞれが日星高等学校の将来に対する思いを語る自己紹介を行った後，筆者らよりフューチャーサーチの特徴について説明を行った。

次に，今後の予定を確認するとともに，フューチャーサーチ当日に招く関係者をリストアップした。日星高等学校の全教職員約40名，高校生９名，他の関係者約35名の合計80名以上を集めることになり，当日は非常に大規模なフューチャーサーチ・ミーティングとなることが予想された。

なお，今回の計画会議を通して，上記参加者がフューチャーサーチについて理解し，目的を共有し，夏の実施に向けての動機づけが高まり，非常に有意義な場になったと考えられる。

○第２回計画会議

2008年８月７日（木）午前11時から１時間ほど，筆者らが校長先生と第２回計画会議の進め方などについて打ち合わせを行った。

午後１時より午後３時過ぎまで，第２回計画会議が開催された。参加者は，学園理事長をはじめ，同窓会会長など２名の卒業生代表と，８名の教員と校長先生の総勢12名であった。

議題としては，①参加者の確認，②スケジュールおよび計画会議メンバーの役割分担，③フューチャーサーチの概要，④フューチャーサーチのテーマの検討と確定，⑤参加者（とりわけ，日星高等学校教員）に対する趣旨の伝え方などについて，話し合いを行った。話し合いの結果，「築こう日星の夢　つなごう舞鶴の未来へ」がテーマになった。

その後，フューチャーサーチの会場になる舞鶴市中央公民館を訪ね，会場の広さや備品などのチェックを行った。

1）フューチャーサーチ・ミーティングの実際

応時中学校区のフューチャーサーチのテーマは，「子どもと地域の将来について語る：住み

表11−1　フューチャーサーチのテーマとプログラム

１日目	午後	みなさんと知り合いになりましょう なぜここに？　集まったのかを話します 話し合いのルールをつくります 過去をみなさんで共有します
２日目	午前	今を見つめましょう 変化の確認をします 現在を考えます
	午後	望ましい未来を考えましょう 未来のビジョンを描きます 未来予測，未来のために大切なことを考えます
３日目	午前	共通のビジョンをつくりましょう 未来の方向性を合意し，「宣言」をつくります
	午後	未来に向かって計画しましょう 行動計画を話し合い，決めます

やすい地域の実現に向けて・・・」であった。

日星高等学校のフューチャーサーチのテーマは，「築こう日星の夢　つなごう舞鶴の未来」であった。

２つのフィールドで，テーマは異なるものの，おおよそのフューチャーサーチ・ミーティングは以下のように進められた。

まず，参加者に受付で，名札と共に，フューチャーサーチのための３日間の資料が綴じられたファイルが渡された。そのファイルの表紙には，各フューチャーサーチのテーマと下記のようなプログラムの概要と日程が記されていた（表11-１）。

一日目のミーティングの流れ

13：00～13：30　受付：名札とファイルの配布
13：30～14：30　開会，フューチャーサーチの目的，概要の説明

会場には，フューチャーサーチへようこそのメッセージや，フューチャーサーチ実施に必要なフューチャーサーチの原理や流れを書いたフリップチャートがすでに貼られている。

フューチャーサーチへようこそ

開会の後に行われる「過去への焦点づけ」による個人レベル，世界レベル，地域レベルの３つのタイムライン（白紙の年表）も貼り出されていた。もともとのフューチャーサーチ・プログラムでは，利害関係者の混合グループから始まることが多いようであるが，参加者相互に安心感をもってプログラムがスタートできることを考えて，利害関係者ごとに集まれるような椅子のセッティングからスタートした。

学校長挨拶：

計画会議のメンバーを代表して，主催者の歓迎の挨拶から始まった。また，参加者にはどのような利害関係者が集まっているかの紹介が行われた。参加者にとっては，少し緊張気味で何がこれから始まるのか不安と，またこれだけのメンバーが集まったことへの驚きと期待も入り交じってのスタートとなった。

南山大学のスタッフである筆者らが，ファシリテーターとして，３日間のミーティングをサポートするスタッフであることが紹介された。

二人のファシリテーターから挨拶：

自己紹介とこのミーティングにかける思いを伝える。また，参加者にインタビューをして，今どのような思いでここにいるかを会場の参加者とわかちあった。

◆フューチャーサーチのオリエンテーション

ファシリテーターから，フューチャーサーチを実施するに際し，以下のようなフューチャーサーチの特徴（原理）を説明した。

◇フューチャーサーチの特徴（原理）

- 部屋の中に全体システムがあること
- 部分を考える前に全体的視点から考えよう
- 小グループの自立的運営と対話で進められること
- 共通の方向性（コモン・グラウンド）を見つけ出し，それを基礎にすること
- 自分の見方や考え方，将来の行動計画には責任をもつこと

続いて，フューチャーサーチが成功するための会場に集まった参加者が共通にもつとよいルール（鍵となるメッセージ）を伝えた。

◇成功のための鍵（共通のルール）

- ●すべのアイディアには意味がある→聴こう！
- ●すべての情報はフリップチャートに書き出そう→情報はオープンに！
- ●時間は厳守する→各グループが時間の管理を！
- ●共通の方向性を見つけ出そう
- ●違いや問題点はやっかいな物ではない→違いを探求しよう！
- ●楽しみましょう！

そして，下記のようにファシリテーターが担う役割と参加者に期待されている役割を明確に提示し，共にフューチャーサーチのミーティングを創りあげていく風土づくりが行われた。

◇実施上の約束事

●ファシリテーター
▷時間と課題の設定をします
▷全体での討論の進行をします
▷目的を常に意識した進行をします

●参加者
▷情報や分析を提供します
▷小グループの運営と管理をします
▷将来に向けて計画と行動をします

14：25～

◆「過去への焦点づけ」セッション

上記のフューチャーサーチのオリエンテーションが終了した後に，いよいよ「過去への焦点づけ」セッションがスタートした。

個人レベル，世界レベル，地域レベルの視点から，過去30年ぐらい遡り，それぞれの白紙の年表に，参加者は色ペンをもって書き込んでいく。

長さ6ｍぐらいの3つの白いロール紙には，それぞれ昭和55～64（平成元年）（1980–1989），平成2～11年（1990–1999），平成12～現在（2000–現在）と書かれていた。一人ひとりになって30年間をふりかえる時間を少しとった後に各年表に，自分が思い出した出来事を思い思いに書き出していった。目安として1人で5分ぐらいで合計20分間で書き出した。

◆「過去と現在とのつながり」を考えるセッション

過去の出来事を書き出した後，少し休憩をとり，個人レベル，世界レベル，地域レベルを担当する混合グループに分かれて書き出された過去の出来事は，今の対象のフィールドとどのようなかかわりがあるかを話し合った。

話し合いをするときには，それぞれの小グループに自分たちの討議，全体への報告，時間を管理すること，そして，以下のような自律的運営のヒントを伝え，それぞれが役割を決めて話をするようにした。また，これらの役割はこの3日間の中で小グループの中で交代するとよいことも伝えられた。

◇自律的運営のヒント

- ●進行役：限られた時間の中でできる限り多くの人が発言できるように配慮する。グループの話し合いが軌道から外れないようにする。
- ●タイムキーパー：グループが残りの時間を意識するようにする。全体への報告の際には，報告者の様子を見ながら，残り時間を知らせる。
- ●記録者：発言者の言葉を用いながら，グループの情報をフリップチャートに書き出す。
- ●報告書：設定された時間で全体に対して報告を行う。

15：45～

所定の時間が過ぎた時点で，各グループから話し合われた内容を発表してもらった。各グループの発表内容は，年表を最初に見たときには，自分たちのフィールドと関係があるのだろうかと半信半疑の様子で討議が始まったにもかかわらず，それぞれのグループは，個人レベルの事象，世界レベルの事象，地域レベルの事象を自分たちのフィールドの問題と適切に関連づけながら発表されたことに驚かされた。

16：20～

すべての小グループの発表が終了した後に，フューチャーサーチでは，ほぼ必ずといっていいほど，全体でわかちあいの場をもち，全員で対話の時間をとる。それぞれの発表に対する感想を言ったり，質問をしてそれに答えたりと，この全体での対話もとても重要なセッションの時間になっている。

16：30～

各グループが話し合い，書き出したフリップチャートを年表の上や下に貼り出した後，休憩をとる。

◆「現在について」考えるセッション

社会的，経済的，技術的など，できる限り広い視点に立って現在を考える。私たちが将来に向けて計画を立てるのに際し，考慮すべき現在の傾向はどのようなものがあるかをリストアップする作業を行った。方法として，マインドマップづくりという方法を用いている。横4.5m×縦3.0mの白紙の真ん中に，テーマを書き出し，そのテーマに関連している現在の傾向を全体ミーティングで，自由に発言を求めながら，その傾向が大から小へ，小から大へ，多から少へ，少から多への方向性も確認しながら客観的なデータに基づき書き出していった。反対の傾向も可ということで，できる限り多くの傾向を具体的に拾い出していった。すべてを書き出した後で，利害関係者ごとに指定された色のドットシールをもち，自分が関心をもっている傾向のところにドットシールを貼って，一日目のプログラムは終了した。

マインドマップの作業は，２つのフューチャーサーチいずれにおいても，非常に参加者がコミットした全体会ミーティングになった。ほぼ１時間，発言が止まることなく，いろいろな利害関係者から現代の傾向が出された。ただ，このあたりから発言者に少し偏りが生まれ始めた。発言量の偏りをコントロールすることも，ファシリテーターの働きとして大切になる。

17：30　終了

二日目のミーティングの流れ

９：00～

前日作成したマインドマップの前に，前日と同様に半円形で座り，昨日のセッションで気づいたことをファシリテーターが伝え，二日目のプログラムの流れを簡単に説明してスタートした。

まず，マインドマップを見て感じたことを参加者に発表してもらった。各利害関係者によって関心事が違うことがわかったこと，中心的な利害関係者である在校生が今もっている関心事を知ることができたことなど，いろいろ興味深い感想が出された。

全員の前で，ドットシールの数を数えることによって，ここに集うメンバーの関心事がどのようなところにあるかを知る手がかりとなった。

10：25～

◆「現在の傾向」が私たちの行動に与えている影響を考えるセッション

マインドマップに記された傾向が今の自分たちの行動にどのように影響を与えているかを小グループで話し合う。

まず，関係者グループで集まり，自分たちが関心をもつ，またはもっとも懸念をもつ傾向を３～５つ選び出し，それらがどのような関係にあるのか，独自のマップを描いてもいいし，何らかの関係図を創り出し，今自分が行っていることとどのような関係があるかをフリップチャートにまとめる作業を行った。

40分間話し合った後，各グループ３分間で発表をしてもらった。この発表を通して，これまでの過去が今につながり，また現在の傾向が日常の生活に結びついているかを明確に認識する機会になった。

11：05～

◆「現在について」誇りと申し訳なさ（Prouds & Sorries）の視点から吟味するセッション

自分たちが今行っている行動について話し合い，自分たちが行っている行動に責任をもつことがこのセッションのねらいである。そのために，フリップチャートの上に，フューチャーサーチのテーマを書き出し，真ん中にラインを引き，左に「誇りに思っている今の行動」，右に「申し訳なさを感じている今の行動」をできるだけ書き出した。そして，そのリストの中から，もっとも「誇りに思っている今の行動」，「申し訳なさを感じている今の行動」をそれぞれ３つずつ選び出す話し合いを行った。話し合いは，30分間でその後に発表が行われた。

発表を聞いた後，全体で対話の時間をもった。それぞれの利害関係者ごとに話し合い，発表した結果を聞くことで，それぞれの利害関係者によって，見方の違いがずいぶんあることを見出すことができた。その違いをこれからのミーティングでどのように共通の方向性として見出すことができるのか，疑問と期待と入り交じった気持ちの表明がされたりした。さらに，それぞれが行ってきたことへの責任意識が強まるセッションになったようである。

12：00～

昼食の時間を兼ねながら，次のセッションのプログラムに参加してもらった。

◆「望ましい未来の脚本」を描くセッション

ここまでのプログラムでは，過去から現代へと視点を移す作業をしてきた。これからは，自分たちのテーマとなっているフィールドの将来を考えていく作業を行う。そのために，今のフィールドでそれぞれが20年後にいると想像して，どのような学校，地域になっているかを，あなたの夢が実現しているシーンを描く作業を行った。まず，混合グループで集まり，20年後にどのようなことが起こっているかを描き出し，関係者の間に，どのような問題を乗り越えて，どのような関係性が生まれているかのシナリオを描いてもらった。できる限り創造性豊かに発想し，発表もできる限り自由な発想で発表するようにしてもらった。

14：40～

シナリオの発表は，とてもユニークで，そしてとても楽しい発表であった。

16：00～

◆「共通の方向性（コモン・グラウンド）」を見出すセッション

フューチャーサーチのテーマにあるフィールドで将来実現したい関係者の関係や地域・学校の姿を考えた。ここに集った人々が希望する共通の将来の方向性を創り出す作業を行った。混合グループで集まり，自分たちがめざしたい将来の方向性を考えた。先ほどのシナリオで表現した中にある共通の価値観なども拾い出した。

その後，もう１つの混合グループと一緒になり，２つのグループで考えた共通の方向性を出し合い，共通の方向性として合意できるかどうかの吟味をした。合意ができた場合には，合意リストに，合意できないものは非合意リストに入れる作業を行った。

最後に，それらを正面の壁面に，合意リストと書かれた壁面に合意メッセージを，非合意メッセージは，非合意リストと書かれた壁面に貼りだした。

それらの一連の作業が終わると，二日目のプログラムは終了となった。

17：00　終了

三日目のプログラムの流れ

9：00～

◆「共通の方向性」を確認するセッション

一日のプログラムの流れを話した後に，前日貼り出した合意リスト，非合意リストの位置が，今のままでよいかどうか，全体を眺めて吟味を行うセッションである。

合意リストに書かれているメッセージが共通の方向性として，合意できるかどうかメッセージを切り離したり，統合したり，新しくネーミングしたりしながら，参加者全員で対話をしながら，全体ミーティングを行った。三日間のプログラムの中で，このセッションが，参加者にも，またファシリテーターにとっても，一番ハードなセッションといえる。一人ひとりの発言をできる限り引き出しながら，小さな違いも大事にしながら，合意かどうかを吟味していく集中力が必要となる時間であった。

最初は，60分ぐらいで行う予定であったが，２つのフューチャーサーチともに，２時間強は時間を要するセッションとなった。確かに，参加者全員の合意が得られる共通の方向性，これからの将来に向けての行動計画を行うための大事なメッセージづくりなので，当然といえば当然，大事な時間となったわけである。

11：00～

吟味して選び出された合意リストのもとに，関心あるメンバーが集まり，それぞれの合意リストを表す宣言文を作成した。そして，各グループが宣言文を発表した。

応時中学校区のフューチャーサーチでの宣言文（コモン・グラウンド）

◇交通の便利：私たちは誰でも利用でき，互いに学び合い，誰もが活躍できる温かい町にします。

◇私たちは世代を超えてつながりあい，互いに学び合い，誰もが活躍できる温かい町にします。

◇宣言します。私たちは互いに見守り合い助け合い安心安全な町をめざします。

◇私たちは世代や立場を超えて自然に挨拶を交わし，互いに見守り合いコミュニケーション豊かな町にします。

◇私たちは学校を子どもからお年寄りまで楽しく集える交流の場にします。

◇私たちは誰もが住みたくなるようなきれいな町をめざし，緑や花が豊かで，ゴミをなくす行動を継続します。

◇私たちは，誰もが気軽にできるボランティア精神豊かな町をめざします。

◇宣言します。私たちは周りの人に目を向けて，SOS を見逃さず，手を差し伸べ，支え合う町にします。

日星高等学校のフューチャーサーチでの宣言文（コモン・グラウンド）

◇カトリック：私たちはカトリックミッションスクールとして一人ひとりを大切にする教育をします。

◇進路・就職：私たちは世界に役立つ人材を育成するために資格取得と学力向上をサポートし，生徒が希望する進路の実現をめざします。

◇主体性：私たちは一人ひとりの生徒が存在感をもちながら，主体的に思いや願い目標を実現できる学校をめざします。

◇部活動：私たちは，生徒が意欲的になり，学校全体が活気づくことを目標に部活動を推進します！

◇地域とのかかわり：私たちは同窓生，学校関係者と地域の方々とのさまざまな交流を通して，関係性を深め開かれた学校，地域の活性化に貢献できる学校づくりをめざします。

◇国際：私たちは地球人として歴史・文化の多様性を学び尊敬し合って共生する社会づくりに貢献できる生徒を育てます。

◇看護：私たちは地域に貢献できる看護師を育てます。看護短大へのレベルアップをめざします。

◇生徒数増加：私たちは日々の教育活動を充実し，日星の魅力を上手にPRして生徒数増加をめざします。

◇校舎：私たちは日星の夢が実現化された校舎を新築します。

12：00

宣言文を前に貼り出して，昼食休憩をとった。

13：00～

◆「グループの行動計画」を考えるセッション

共通の方向性が宣言文として確認できた後，それぞれの宣言文ごとに関心あるメンバーが集まり，その宣言文を実現するための行動計画をグループごとに立てた。多くのグループが，宣言文を考えたメンバーで集まり，行動計画も立案する傾向にあった。

グループの行動計画は，目安の時期として，長くて3年，近いところで3ヶ月後を想定して具体的な行動計画を立てた。

◆「個人の行動計画」を考えるセッション

また，グループでの行動計画がある程度明確になったところで，そのグループの行動計画を実現するために，一人ひとりの個人がどのような行動に移すかのメモ書きも行った。

グループの行動計画の時間と，個人の行動計画の時間が十分にとれなくなり，個人の行動レベルの計画まで具体化することができなかった参加者もいた。三日目の最後の部分の時間配分にもう少し，余裕をもたせる必要性を感じた。

◆閉会

最後に，主催者を代表して学校長の挨拶があり，閉会となった。

フューチャーサーチは，ラーニング・ラボラトリーであるといわれている。多くの参加者が集まり，一堂に会する中から，新しいダイナミックスが生まれ，その中から新たな発見が生まれ，共に歩むコモン・グラウンドが創り出され，参加者一人ひとりのアクションプランが立てられ，それらへの責任をもつようになっていくのである。これほど大きなエネルギーが生まれるラボラトリーはないであろう。ファシリテーターは，情報が良いとか悪いとか，役立つとか役立たないとかの判断はせずに，協力する方法を発見することを支援し，個々人が行動を起こす可能性が生まれることを期待している（Welsbord & Janoff, 2007　金井監訳，2012)。その体験は，参加者の行動が劇的に変わったり，権威や依存の関係が数日間で変化したりすることを期待しているのではなく，限られた時間の中で，参加者ができる限り，十分に，深く，人間的感情をもって「“今ここ”にある現実」を経験できるように支援するのである。

三日間のフューチャーサーチ・ミーティングを通して，三日間で，学校が変わっていくということを実感することができたといった感想をいただいたり，新しく計画した具体的な行動をもう一度みんなの前で宣言したいと発言してくださる参加者がいたり，学園関係者から再度学校の創立の願いやミッションを想い出し，学校づくりをみなさんでやっていきましょうといった熱い思いが語り合われる対話のセッションで2つのフューチャーサーチは幕を閉じた。フューチャーサーチは，異なる立場であると思っていた参加者が相互に，ともに協力をし合えたこと，つながりを体感できたことによって，変革に向けた明日への大きな一歩につながっていくことが十分に実感できたミーティングであった。

引用文献

Weisbord, M. (1987). *Productive Workplaces : Organizing and Managing for Dignity, Meaning and Community*, Chapter 14, "Future Search". San Francisco : Jossey–Bass.

Wisbord, M., & Janoff, S. (2000). *Future Search An Action Guide to Finding Common Ground in Organizations & Comunities*. San Francisco : Berrett–Koehler Publishers, Inc. （ワイスボード，M.・ジャノフ，S.　香取一昭（訳）(2009). フューチャーサーチ　ヒューマンバリュー）

Wisbord, M., & Janoff, S. (2007). *Don't Just Do Something Stand There! Ten Principles for Leading Meetings That Matter*. San Francisco : Berrett–Koehler Publishers, Inc. （ワイスボード，M.・ジャノフ，S.　金井壽宏（監訳）(2012). 会議のリーダーが知っておくべき10の原則　英治出版）

第IV部

プロセス・エデュケーションを実践する

第12章

グループワークによる人間関係づくり授業実践

(1) 問題の背景

小・中学校における人間関係の問題

いじめ，不登校，学級崩壊，子どもの自殺，暴力行為など，児童生徒の人間関係にかかわる深刻な問題が日々マスコミによって報道されている。文部科学省では毎年，学校内や学校外における暴力行為の発生状況，いじめの発生学校数・発生件数，不登校児童生徒数などに関する調査を行っている。

平成17年度は，暴力行為の発生件数［公立の小・中・高等学校］学校内30,283件，学校外3,735件，いじめの発生件数［公立の小・中・高等学校及び特殊教育諸学校］20,143件，不登校児童生徒数［国・公・私立の小・中学校］122,287件，高等学校における不登校生徒数［国・公・私立の高等学校］59,419件であり，件数はここ数年多少の変動があるものの，かなりの数にのぼっている（文部科学省, 2005）。これらの児童生徒の問題状況の背景には人間関係の問題が伏在していることは推測できる。

石田（2005）は，日本における文化の時代的な流れを概観し，現代人の人間関係のもちかたの特徴として直接関係行動の減少，間接関係行動や関係排斥行動の増加を見出して，これらの人間関係行動の増減要因の変化から日常生活における直接対人的交渉の減少と間接的なコミュニケーションの増加を指摘している。さらに，石田は，対人関係のスキルや対人関係能力は，直接関係行動において形成されるものであり，直接体験の欠如により人間関係を学習する場をつくる必要性が生まれてきていると述べている。

また総務庁（当時，以下同じ）は5年ごとに世界青年意識調査を実施し，1998年に11ヶ国の青少年を対象にした第6回調査報告書をまとめている（総務庁青少年対策本部, 1998）。その中の友人との接し方に関する回答結果で「相手が怒っているときにうまくなだめる」,「知らない人とでも，すぐに会話を始める」,「話し合いの輪の中に気軽に参加する」,「自分と違った考えを持っている人とうまくやっていく」の行動について,「いつもできる」と答えた日本人青少年の割合はいずれも11ヶ国中9位という低い順位であった。調査対象は，18～24歳であるが，日本の青年期の対人行動の特徴として，積極的に関係をつくったり，葛藤を処理したりする人間関係力の弱さを示しているといえるだろう。

一方，2005年に報告されている同様の総務省の調査（2005）においては，60%を超える青少年が，学校に通う意義として「友達との友情をはぐくむ」をあげている。こうしたことからも，青少年にとって，学校は人間関係を形成するために大切な場となっており，児童生徒の人間関係の力を育成することが今日の学校教育において喫緊の課題になってきていることが明らかである（津村, 2008a）。

(2) 学校現場と大学・研究者間の連携

上述したように，現代社会の中にあって児童生徒の人間関係の力を育成するために，また授業の中で協同的な関係を創り出すために，学校教育現場と大学や研究者とが連携したさまざまな取り組みが行われている。

1）社会的スキルトレーニングの実践

相川（2009）は，東京学芸大学の附属中学校と連携し，ソーシャルスキル・トレーニング（social skills training：以下 SST と略）を用いた教育プログラム案を考案し，1年間かけて実践研究を行い，ソーシャルスキル教育の成果を検証している。SST による授業は，あらかじめ児童生徒の状態を把握するアセスメントを行い，教えるスキルを決めるところから始まる。授業展開は，導入→インストラクション→モデリング→リハーサル→フィードバック→般化といった一連の過程である。

相川（2009）は，1年間の取り組みの結果として，子どもたちの自己評定尺度において，主張性尺度の「断り」，学級アイデンティティ尺度の「集団への同一視」と「成員への同一視」，ソーシャルサポート尺度の「ソーシャルサポート」の4因子において，プレポスト・テストで肯定的な変化を示したことを報告している。しかし，主張性尺度の「相談」，ソーシャルスキル尺度の「攻撃」と「孤立」の3因子においては否定的な変化を示しており，十分にソーシャルスキル教育の効果を実証するところにまでは至っていない。ただ，ソーシャルスキル教育を受けた群の子どもたちの多くがその後の学校生活の中でリーダーシップを発揮しているといった養護教諭からの報告を受けていると述べられている。

2）構成的グループ・エンカウンターの実践

國分（2000）は，構成的グループ・エンカウンター（structured group encounter：SGE と略）を開発し，幅広く学校教育現場において実践的研究を展開し，成果をあげている。國分は，SGE のねらいとして，①人間関係をつくること，②人間関係を通して自己発見すること，の2つをあげている。また，SGE は，情動的なやりとりが主となり，問題解決志向のグループワークやスキルトレーニングのグループではなく，体験集団であると述べられている。SGE においては，プログラムの実施における自己開示が大切にされる。SGE の実践は全国規模に活動拠点があり，多数の書籍も出版され学校教育現場にも多くの支持者がおり，具体的な授業展開やその効果に関する現場実践報告がさまざまな形で出版されている（國分, 2000；國分・片野, 2001）。

3）協同学習の実践

協同学習は，学習は個人の営みではなく社会的営みであり，知識は周囲との相互作用により深まるといった学習観に立ち，グループメンバーが相互に貢献し合う互恵的な関係を生み出すことを大切にし，協同が起こるような授業実践の技術を提供している（Johnson, Johnson & Holubec, 1993, 杉江他訳, 1998）。協力を生み出す源泉として，グループ内における目標の共有化や学習教材はじめ各メンバーのもつリソースの共有化などがあげられている。特に協同学習を採り入れた授業づくりの留意点として，①指導目標を学修目標と態度目標の両視点から設定すること，②学習課題（生徒の学習目標）の内容と手順，および協力して達成すべき目標と手順を明示すること，③学習成果の点検，特に人任せ，不参加などグループ活動で好ましくない行動が見られる場合の原因を考え，対策を考えること，④互恵的関係発生の仕掛けを考えること，⑤ふりかえり（気づきと改善の時間）で協力して学ぶことの良さを確認すること，⑥その他（資源配置・設営など）で学習環境を確認することを取り上げている。（Johnson et al., 1993, 杉江他訳, 1998）。

一方，佐藤（2006）は，学校教育改革として，学校が学びの共同体になることをめざし，「公共性」，「民主主義」，「卓越性」を哲学的基礎として，学校教育に協同の学び―学び合う関係―が実現することを提唱している。

「公共性」の原理とは，他者の声に耳を傾け他者に開かれていることであり，他者に対する寛容の精神と多様性を尊重する精神であり，「民主主義」の原理とは，子ども，教師，校長，保護者が対等な関係を結び，一人ひとりが学校の「主人公」となって，権利の実現と責任の担い手になることに根ざしている。また，「卓越性」とは，他者と比較して優れているという意味ではなく，最上のものを追求する姿勢を示し，教師にとっては子ども一人ひとりを尊重し，教師としての実践の最上をめざすことであり，生徒にとっては学びにおける「背伸びとジャンプ」に挑戦し続けることであると述べられている。

そして，グループによる話し合いを通して，モノとの対話的実践，他者との対話的実践，自己との対話的実践の三位一体論とよばれる対話的実践の学びの実現をめざしている（佐藤, 2009）。また，その教師の専門性を育成するためには，教師の「同僚性」の大切さを強調している。

4）ラボラトリー方式の体験学習を用いた人間関係づくり授業の実践

体験を通して人間関係を学ぶための学習方法として，1946年 Lewin らにより開発されたラボラトリー方式の体験学習（experiential learning using the laboratory method：以下 ELLM と略）がある（Bradford, Gibb, & Benne, 1964 三隅監訳，1971）。

ELLM とは，「特別に設計された人と人がかかわる場において，“今ここ”での参加者の体験を素材（データ）として，人間や人間関係を参加者とファシリテーターとが共に学ぶ（探求する）方法である」（津村, 2008b）と定義される。学校教育現場では，「参加者」とは「学習者」のことであり，児童生徒を指している。また，「ファシリテーター」という呼称は，いわゆる教える指導者というよりは共に学ぶことを強調するために用いられている。さらに，人間関係の学習では，学習者の中に起こっているプロセス（気持ちや考えなど）が大切な学びの素材（データ）になるが，多くのプロセス・データは，学習者自身の中に起こっていることであり，教科教育における教師のように前もって答えを知識として知っているわけではない。ELLM では学習者の中に起こっている気持ちや考えなどを学習者相互にわかちあうことを通して学ぶのであり，その活動を促進する働きが必要であり，それゆえファシリテーターという呼称がふさわしいと考えられる。

ELLM における学び方は，具体的な体験【体験】の後，プロセスに気づき，データを拾い集め【意識化】，そのデータから自己・他者，グループなどのありようなど現状を分析し，ファシリテーターと共にそれらの気づきや学びを一般化・概念化【分析】し，成長のための課題（目標）を見つけ出すこと【仮説化】，そして次の具体的な体験【新しい実験】を行うといった一連の体験から学ぶ循環の過程により，学びが深まっていくと考えられている。

その他に，ELLM の考え方と類似した学校グループワークトレーニングというアプローチを実践している組織もあり，学校教育現場に貢献している（日本学校 GWT 研究会, 1989）。

グループワークトレーニングとして，学校教育実践の場でグループを用いた代表的な取り組みを紹介した。ELLM は，他の３つの取り組みと比較して，いくつか特徴が考えられる。

SST との比較においては，SST では，学習する特定のターゲットスキル（目標）は基本的には教師が決定する。ELLM では，学習者が学ぶための目標や課題を決めること，また学習の内容が特定のスキルというよりは複雑な行動目標を扱うことが多い。

SGE との比較においては，SGE では，グループワークにおいて自己開示を大切にし，情緒的な交流による人間関係を体験することをめざしている。一方，ELLM は，自己開示をするかしないかをも含め，体験そのものをプロセス・データとして扱い，その体験をふりかえり学ぶことが大切にされる学習集団である。

ジョンソンら（Johnson, Johnson, & Holubec, 1993　杉江・石田・伊井・伊藤訳，1998）の提唱する協同学習は，協同であることを教師の指導のもとで学習者が体験することをめざし，学習目標と態度目標の両目標の達成が考えられている。一方，ELLMでは，協同することも含め競争など学習者がさまざまなグループダイナミックスの体験を通してそのプロセスから学ぶこと，またその学びは人間関係の視点に限定して学びを深められることなど，差異を見出すことができる。

佐藤（2009）が提唱する学びの共同体づくりでは，教師からの生徒に「背伸びとジャンプ」が起こる各教科における教材提示と問いかけにより，グループによる話し合いで，対話的実践（モノとの，他者との，自己との対話）の学びの実現をめざし，その結果互恵的な学びや学び合う関係性への変化が生まれると考えられている。ELLMでは，教科といった内容から離れ，関係性に焦点を当てたグループ体験活動（実習）を行うことを通して，対象や自他との関係性のみならず，グループダイナミックスの現象も含めた人間関係の理解を深め，個人・グループの成長に取り組むことをめざしている。

それぞれの実践研究は，学校現場において有意義な貢献をしているが，本稿では，ELLMを用いた人間関係づくりのグループワークに焦点を当て，学校現場での実践研究を報告する。

（3）ELLMによるトレーニングの実際

ELLMのはじまりと構成要素

ベネ（Benne，1964　坂口・安井訳，1971）によると，Lewinらが米国コネティカット州の教育局の要請を受けて行った人種差別をなくす民主的な風土づくりのためのリーダー養成のワークショップがELLMの始まりとされる。そのワークショップで，研究者や観察者による外側からの観察ではなく，参加者と共に“今ここ”に起こっていることを吟味することによってはじめてグループのプロセス（グループの中で起こる相互作用）の真実が理解できることが見出された。

それ以降，「トレーニング・ラボラトリー」といった名称を用いて，ⓐ集中的な対話によるグループ体験（非構成的体験），ⓑ構造化されたグループ実習体験（構成的グループ体験），ⓒテストやふりかり用紙などのチェックリストの活用，ⓓモデルや理論を紹介する小講義セッションを4つの構成要素とした集中的な人間関係トレーニングが全世界に広がっている（津村，1996）。

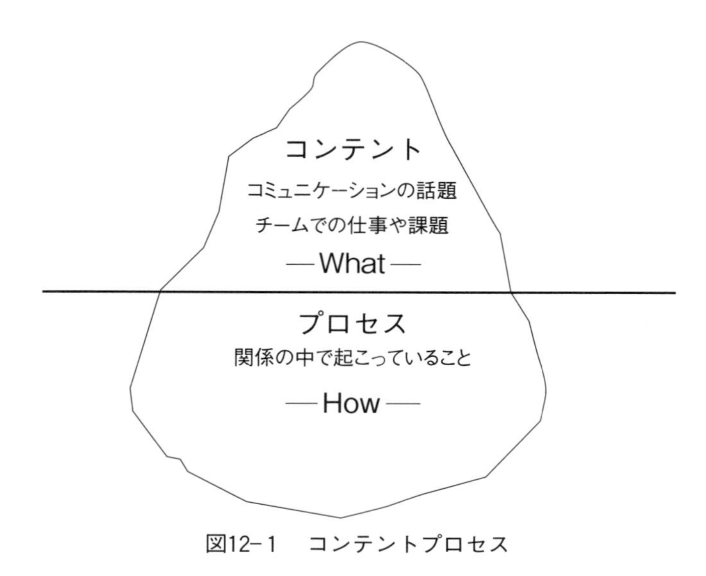

図12-1　コンテントプロセス

ELLMの核となる考え方

① 人間関係をとらえる2つの視点

ELLMでは，コンテントとプロセスといった人間関係をとらえる2つの視点を大切にする。コンテントとは，対人コミュニケーションにおける話題を指す。プロセスとは，その話題で対話をしている両者の話し方や聞き方を指し，対話者の中に起こっている気持ちや考えであり，また両者の間に起こる信頼や不信頼などの心理的な現象など，相互作用における関係的過程である。

図12-1に示された氷山の図は，日常のコミュニケーションではコンテント（話題）に注意が向きやすいが，水面下に起こっている関係の中での気持ちなどのプロセスには気づきにくいことを示す。

人間関係に焦点を当てたトレーニングでは，ファシリテーターによって準備された実習に参加し，二者間のプロセスやグループ内・グループ間のダイナミックスをふりかえり，その体験データから学びを深めていく。

人間関係をつくり出すためのコミュニケーション力を高める教育プログラムを実施する際に，話題である意見をどのように適切に論理立てて話すかといったコンテント中心のプログラムではなく，どのような話し方をしているのか，どのような聞き方をしているのか，自分が相手にどのような影響を与えているのかなど，プロセスに焦点を当てた教育プログラムを準備することが大切になる。

チーム力や組織の改善においても，チームや組織の中で何が起こっているかに着目することが重要である（Schein, 1999　稲葉・尾川訳, 2002）。たとえば，チームを活性化するために何が大切かといった話題（コンテント）として結論を得るだけではなく，グループのメンバー相互のコミュニケーションのありよう，メンバー間の影響関係（リーダーシップ），グループの意思決定のありようや集団規範などのグループ・プロセスを吟味し改善していくことによって，チームの活性化が可能になると考えられている。

② 体験学習の循環過程

ELLMにおける学び方は，応用行動科学の方法論を援用した人間関係改善のためのアクションリサーチの発想が基礎になっている。特に，コルブら（Kolb, Rubin, & McIntyre, 1984）による「体験学習の循環過程」のモデルが有名である。コルブらの提唱するモデルでは，体験学習の循環過程として4つのステップを提唱している（図12-2）。

ステップ1　体験

私たちは，家庭や学校など日常生活の中で人間関係を営み，さまざまな体験をしている。トレーニングでは，そうした体験の他に，ファシ

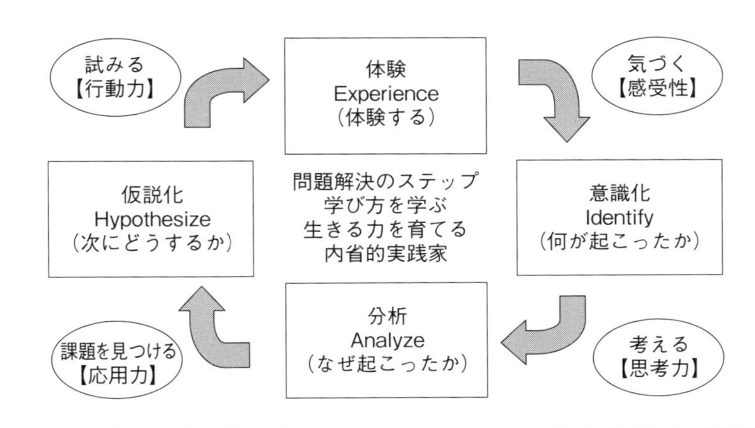

図12-2　体験学習の循環過程（Kolb, Rubin, & McIntyre, 1984を参考にして筆者作成）

リテーターによって準備された実習体験に参加することが,学びの基礎的な体験となる。ELLMでは，ファシリテーターはまず，準備した実習に学習者が興味や関心をもって参加できるような配慮をする。時には実習参加への抵抗感も大切な体験として取り上げることもあるだろう。

ステップ2　意識化：体験の内省と観察

このステップでは，体験したことを内省したり他者の行動を観察したりして気づいたことを拾い出しわかちあうステップである。グループの話題や結果（コンテント）だけでなく，関係の中に起こっていたプロセスに気づくことが大切になり，ファシリテーターは気づきを促進する働きかけを行う。

また，学習者一人の気づきだけでなく他のメンバーの気づきも共有することを通してグループ・プロセスの理解を深めるようにする。そのために，実習体験後，個人でふりかえり用紙にプロセスに関して気づいたことを記入し，その気づきをグループで話し合う時間をとる。

ステップ3　分析：一般化・概念化

このステップでは，ステップ2で共有化したデータをもとに，学習者がそのプロセスが起こった理由や対人関係における学習者自身の傾向を考えたり，グループの状況を分析したりする。このステップでは，グループ体験を通して，コミュニケーション，リーダーシップやチームワークなどに関する一般化や概念化を行う。すなわち，コミュニケーションを豊かにするために必要な留意点は何かとか，チームワークを高めるために大切な要因は何かなどを吟味し，概念化する。

ステップ4　仮説化：行動目標を立てる

ステップ3で概念化したことをもとに，学習者が自らの成長のために次の機会に具体的に試みたい行動目標を立てるステップである。学習者が実験的行動を成功させるためにできる限り具体的で効果的な行動計画を立てることが大切になる。

このような一連の循環過程（体験→指摘→分析→仮説化→新しい体験）を通して，学習者の新しい行動レパートリーが増え，学習者の対人関係能力が高まり成長すると考えられている。

（4）学校現場におけるELLMによる人間関係づくり授業の実際

筆者らは，ELLMによる人間関係トレーニングの考え方を，学校教育現場に活用した取り組みとして，平成17・18年度文部科学省教員養成GP「豊かで潤いのある学びを育むために―ラボラトリー方式の体験学習を通した豊かな人間関係構築を目指して―」を実施し，12校（小学校2校，中学校10校）の研究協力校と共同研究を行った（南山大学教員養成GP推進本部編, 2007)。

F小学校の取り組み

愛知県下のF小学校では，平成18・19年の2年度にわたって管轄の教育委員会より「人とのかかわりを豊かにすること」を主眼に研究委嘱を受け，併せて上述の教員養成GP協力校として「家庭・地域・仲間とともに高め合う『のびっ子』の育成～人と豊かにかかわる人間関係づくりの実践を通して～」をテーマに教育実践研究を行った。

実践研究に際し，授業開発部，学習環境部，地域連携部の3部会を設置し，いずれの部会の活動にも「豊かなコミュニケーション能力の育成」の視点をおき，カリキュラムの策定と授業指導案作成を行った。具体的には,「のびっ子タイム」とよぶ総合的な時間や，道徳・学級活動の時間を活用して，ELLMを用いた人間関係づくり授業を行った（南山大学GP, 2007)。

低学年では,「自分のことを話す」,「友だちの話を聞く」といったコミュニケーションに焦点を当てた授業実践，中学年では,「かかわり合う」,「認め合う」といったテーマで他者とともに仕事をすることをふりかえり学ぶ実践，高学年では,「思いやる」,「深め合う」といった共感的な理解や学級活動など大きなグループでの話し合いにおける合意形成ができる関係づくりの深化に焦点を当てたカリキュラムをつくり上げた。

指導案作成に際しては，生徒同士の関係や生徒と教師との関係といったプロセスに焦点を当て，指導案には個人のふりかえりとわかちあいの時間を必ず組み込むといった工夫がされていた。作成される指導案においては，①研究テーマに迫るために授業中に生徒同士が直接かかわる場面を工夫すること，②人間関係づくりにかかわる目標・評価を設定すること，③授業展開における人間関係にかかわる支援・評価を必ず記載すること，④ふりかえり・わかちあいの場を設定することを研究授業の共通理解とすることとした。

その結果，全学年において，１年間を通しての道徳の授業プラン，学級活動の授業プラン，全教科にわたる年次授業プランが創り出された（南山大学 GP, 2007）。

その成果として，学習場面で自らの意見や思いを進んで発表する児童が増えるとともに，ふりかえりの時間を大切にすることで，自己理解や他者理解を深め，互いの考えを認め合う場面が増えたことが報告された。

M 中学校の取り組み

愛知県下の M 中学校では，平成18年度に M 市の教育委員会から３年間の研究委嘱を受け，「人間力向上のための学校教育の具体的方策」といった課題のもと研究授業に取り組んだ。そこでは「自立力の育成」としてキャリア教育を，「人間関係力の育成」に ELLM を用いたグループワークトレーニングを，「学習力の育成」として協同学習を取り上げ，３年間の実践研究に取り組んだ。筆者は，「人間関係力の育成」に関する実践研究を支援した。

M 中学校における「人間関係力の育成」のカリキュラムでは，グループワークトレーニングに基づくコミュニケーション能力をベーシックスキルとして，「聞く」，「話す」スキルの育成を基礎的な目標とした。そして，「チームワーク」，「リーダーシップ」，「コンセンサス」の３つの領域のテーマにそって，各学年においてさまざまなグループワークを行った（南山大学 GP, 2008）。

そこでは，体験から学ぶコルブの循環過程のモデル（図12−２）を教科学習における協同学習の展開にも援用し，授業において，グループワーク体験後のふりかえりを大切にし，体験を内省し言語化する時間をとり，具体的には作業として個人でふりかえり用紙に気づきを記入しグループでわかちあう時間の確保をした。そしてクラス全体で学びの共有化と，その後の個人やグループの課題づくりを行った。

その成果として，「人間関係力の育成」の観点からは，ELLM によるグループワークは他者を尊重し，お互いに高め合う力を培う手立てになる可能性があることが明らかになり，他者と自信をもってかかわることができる生徒の育成に貢献している実感を教師がもつようになった。また，クラスの雰囲気や対人関係に関する質問紙によるプレポスト調査結果では，中学２年生，３年生と高学年においては，クラスへの満足度やクラスへの協力度，クラスの雰囲気（明朗性）に関しては１学期（４月）よりも３学期（翌年１月）の方が有意に高い値を示していた。さらに，全学年にわたり，対人関係における他者との関係の広さと深さに関して，１学期より３学期の方が有意に高い値を示していた。

学校生活のさまざまな営みが生徒のありように影響しており，友人間の関係性が豊かになることの要因を ELLM によるグループワークに限定することはできないが，M 中学校のような全校あげての学校改善に向けての取り組みが生徒の人間関係力の向上や学級の風土づくりに影響を与えることは十分に考えられる。

（5）ELLM を用いた人間関係づくりトレーニングの効果

児童生徒の変化

①　クラスへの認知の変化

津村ら（2008）は，平成17・18年度文部科学省教員養成GP事業において，ELLMを用いた人間関係づくり授業を12校の研究協力校（小学校2校，中学校10校）に導入し，その効果を測定するために質問紙を用いて調査した。調査項目として，グループ（クラス）・レベルとして，①クラスへの満足度，②クラスの協力度，③クラスの雰囲気，対人間レベルとして，①他者との関係（広さ），②他者との関係（深さ），③教師―生徒関係（親しみやすさ），④教師―生徒関係（深さ），個人内レベルとして，①共感・協調傾向，②自己受容度，③ストレス反応，④社会的スキル，⑤自己効力感，が取り上げられている。事前調査（2006年5月）と事後調査（2006年12月～2007年1月）を実施し，分析は，事前・事後でケースの一致した3,999名について行われた。

全体的な結果として，「クラスへの満足度」，「クラスの協力度」，「他者との関係性（広さ）」，「共感・協調傾向」，「社会的スキル」などの尺度において，事前と比べて，中学校1年生では事後調査が有意に低い値を示すクラスが多く，中学校3年生では，事後調査において有意に高い値を示すクラスが多かった。

特に，中学校1年生の事後調査では事前よりも「クラスへの満足度」，「クラスへの協力度」は有意に低下していた。このことは，中学校1年生の入学当初はクラスや友人に対して強い期待感があり，その期待によって入学1ヶ月後に実施された事前調査時では比較的高い値を示したのではないかと考えられる。また，中学校1年生の事後調査においても，「教師―生徒関係（親しみやすさ）」の尺度ではもっとも低い値を示し，「自己受容度」は小学校から中学校入学時にかなり低い値をしており，いわゆる中1ギャップといわれるように，中学校1年生はかなり難しい課題を抱えた時期であると推察できる。このことは，相川（2009）による中学校1年生のポスト調査時の「攻撃」因子の高まりなどと類似していると考えられる。

一方，中学校3年生では，3学期を迎える頃クラスに対する満足度や協力度が高まる傾向を示した。特に，ELLMを用いた人間関係づくり授業の実施回数により，3回以下を実施回数低群，5回以上を実施回数高群として両者の比較を行った結果，「クラスへの満足度」，「クラスへの協力度」について，実施回数群と調査時期に有意な交互作用が見られている（それぞれ，$F(1,636)=19.13$, $p<.001$；$F(1,635)=5.27$, $p<.05$）。分散分析の下位検定の結果では，中学校3年生において実施回数低群に比べて実施回数高群は「クラスへの満足度」も「クラスへの協力度」も事後において高まったことを示していた。すなわち，中学校3年生においては，ELLMを用いた人間関係づくり授業の実施回数が多かったクラスの生徒は，少なかったクラスの生徒に比べて，クラスへの満足度やクラスへの協力度の認知に対してより効果があった（津村ら，2008）。

②　問題行動の減少

O中学校では平成15年度より全校あげて本格的にELLMを用いた人間関係づくり授業を導入したが，采女（2008）はその成果について，問題行動発生件数，不登校生徒数，相談活動の件数などを取り上げ，それらの変化を分析している。

問題行動発生件数の推移

生徒指導上の問題行動を生徒指導日誌から抽出し，問題行動数の推移を示している（図12-3）。平成14年度180件あまりあった問題行動が，4年後に40件を下回る数字になっている。また，質的変化として，平成14年度は暴力，授業エスケープ，喫煙，器物破損，シンナー吸引といった問題行動が目立っていたのが，その後，自傷行為や火遊びなど，ストレスを抱えた心の問題に焦点化されてきている。問題行動の減少にともない教師にそれまで見えにくかった生徒の心のありようが見え始め，生徒一人ひとりに目が向けられるようになったと報告されている。その後は，家出，怠学などの問題行動が目立つようになり，最近では深夜徘徊，家出など，学

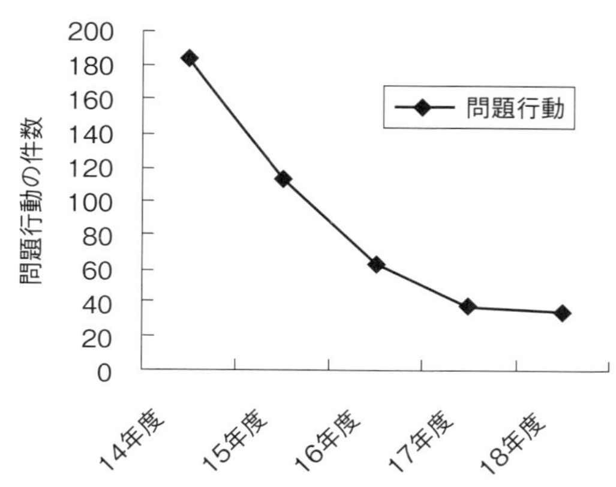

図12－3　問題行動発生件数の推移（采女, 2008）

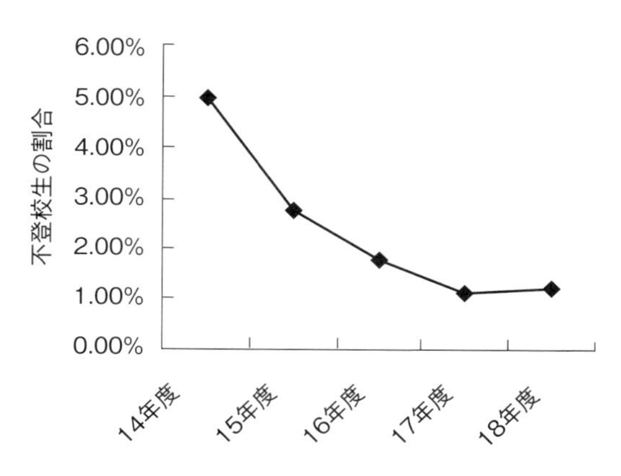

図12－4　不登校発生率の推移（采女, 2008）

校の問題というよりは家庭生活のあり方や親子関係に起因する問題行動の割合が目立つようになってきている。

不登校生徒数の推移

図12－4に不登校発生率の推移を示している。平成14年度（5.0%）から徐々に減少しており，平成17年度にはほぼ1.0%になっている。不登校に至る原因にはさまざまな問題があるが，1つの大きな不登校の要因として，学校における人間関係の問題を挙げることができるだろう。特に，ELLMを用いて学級内の人間関係づくりを行う取り組みは，生徒相互の関係の広がりや深まりを促進する機能を果たしており，その結果不登校生徒率の減少に影響を与えていると考えられる。

こうしたELLMを用いた人間関係づくり授業が，クラス内の関係づくりに貢献し，上述したように問題行動を減少させる要因となった理由として，一人ひとりがクラスの中で存在する意味を見出し，居場所をつくることができてきていることがあると考えられる。

さらに，O中学校では，佐藤（2006）の指導を受けながら，学校挙げての協同的な学びの取り組みを行っている。このようにグループを用いた人間関係づくり授業で人間関係の構築を行うとともに，その関係をベースに，教科学習においても仲間とかかわり合い，学び高め合う協同的な学習への展開が学校教育では重要になると筆者は考えている。

教師の教育指導に対する態度変化

津村ら（2008）は，ELLMを用いた人間関係づくり授業を学校教育に導入することを通して，教師の教育に対する態度，信念などの教育観の変化について調査を行った。調査項目として，教師の指導信念，教師のモラール，そして学習者中心の教育観やELLM実施にかかわる教育態度項目などから構成される40項目の質問紙を用いて，事前（2006年5月）と事後（2006年12月～2007年1月）調査を行った。事前・事後でデータが対応する160名について分析している。

その結果，第Ⅰ因子「教育指導への自信」因子，第Ⅱ因子「学校への満足度」因子，第Ⅲ因子「教育への向上心」因子，第Ⅳ因子「子ども中心の教育観」因子，第Ⅴ因子「仕事へのストレス反応」因子，第Ⅵ因子「自己成長の実感」因子の6因子を見出している。そして，「教育指導への自信」因子と「子ども中心の教育観」因子について，事前調査時に比べて事後調査時の得点の平均値が5%水準で有意に高くなっていた（それぞれ，$df=159, t=2.49, p<.05$；$df=159, t=2.39, p<.05$）。

「教育指導への自信」因子の下位項目である尺度に関しても事前事後を比較するt検定を行った結果，授業や学級経営に対する自信を示す項目や，社会の流れやその中での役割に対する教師の認識が高まったといった項目において有意に事後が高かった。現在は，いじめ問題への対応をはじめとして学級運営や教育指導の困難な時代である。このような状況下にあって，ELLMを用いた人間関係づくりといった新しい授業の取り組みに参画することで，教師が自らの役割を明確に意識し学級経営や教育指導に自信をもてるようになっていったと解釈されている。

「子ども中心の教育観」因子の得点が事後に高まっていることは，教師が児童生徒のペースや個性をより尊重する考え方に変化をしたことを示している。ELLMでは，学習者が主役であり（星野, 2003），教育者として，学習者が主体的に学ぶことが可能となる教育プログラムや学習環境をつくることが重視されている（津村, 2003）。教師の教育観が，このような「学習者中心の教育」へと変化していったことの証拠として，確かに，下位尺度の「押しつけたり脅したりしないで，子どもを指導していける」の得点が事後に有意に高い平均値を示していた（事前 $M=3.51$, 事後 $M=3.66$； $t=2.21$, $df=159$, $p<.05$）。

（6）今後の課題

成人教育の手法として開発されたELLMを学校教育現場に応用し，子どもたちの人間関係の力の育成，学級内の人間関係づくりの取り組みを始めてから，まだ10年ほどしか経っていない。本稿では，平成17・18年度の文部科学省GPでの取り組みの事例と調査研究を中心に報告をした。現在，試行錯誤的にELLMの実習教材を現場で活用してもらっているというのが正直な実態である。また，小学校・中学校のそれぞれの学年などの発達課題やクラスの状況に合わせたELLMを用いた人間関係づくり授業の必要性が生まれてきている。今後，ELLMを用いた人間関係づくり授業の実践的実証的な研究を継続して行っていく必要がある。それらの継続的な研究成果をもとに，ELLMによる授業の小学校，中学校におけるカリキュラムの構築やELLMの実習開発などの課題に取り組み，より効果的なELLMによる人間関係づくりの授業実践と学校教育改善に取り組んでいきたいと考えている。

引用文献

相川充（2009）. 多様な集団で交流するコンピテンシーを育成するソーシャルスキル教育の研究　東京学芸大学・ベネッセコーポレーション共同研究　キー・コンピテンシーを育成する新しい教育領域の研究ソーシャルスキル分野研究報告書

Benne, K. D. (1964). History of the T-group in the laboratory setting. In L. P. Bradford, J. R. Gibb & K. D. Benne (Eds.), *T-group theory and laboratory method* (pp. 80-135). New York : Wiley.（ベネ, K.D.　坂口順治・安井延男（訳）（1971）. ラボラトリにおけるTグループの歴史　三隅二不二（監訳）感受性訓練——Tグループの理論と方法——（pp. 111-179）日本生産性本部）

Bradford, L. P., Gibb. J. R., & Benne, K. D. (Eds.) (1964). *T-group Theory and Laboratory Method.* New York : Wiley.（ブラッドフォード, L. P.・ギブ, J.R.・ベネ. K.D.（編）三隅二不二（監訳）（1971）. 感受性訓練——Tグループの理論と方法——　日本生産性本部）

星野欣生（2003）. ファシリテーターは援助促進者である　津村俊充・石田裕久（編）ファシリテーター・トレーニング　第2章（pp. 7-11）ナカニシヤ出版

石田裕久（2005）.「対人関係トレーニング」瞥見　南山大学人間関係研究センター紀要　人間関係研究，4，125-133.

Johnson, D. W., Johnson, A. T., & Holubec, E. J. (1993). *Circles of learning : Cooperation in the classroom* (4th ed.), Edina, MN : Interaction Book Company.（ジョンソン, D.W.・ジョンソン, R.T.・ホルベック. E.J.　杉江修治・石田裕久・伊井康児・伊藤篤（訳）（1998）. 学習の輪——アメリカの協同学習入門　二瓶社）

國分康孝（2000）. 続・構成的グループ・エンカ

ウンター　誠信書房
國分康孝・片野智治（2001）. 肯定的グループ・エンカウンターの原理と進め方——リーダーのためのガイド　誠信書房
Kolb, D. A., Rubin. I. M., McIntyre, J. M. (1984). *Organizational psychology : Readings on human behaviour in organisatios* (4th ed.). Englewood Cliffs, NJ : Prentice-Hall.
文部科学省初等中等教育局児童生徒課（2005）. 児童生徒の問題行動等生徒指導上の諸問題に関する調査　文部科学省<http://www.mext.go.jp/b_menu/toukei/001/index31.htm.>（2009年11月12日）
南山大学 GP（2007）. 扶桑東小学校の取り組み事例　家庭・地域・仲間とともに高め合う「のびっ子」の育成　——人と豊かにかかわる人間関係づくりの実践を通して　南山大学教育推進 GP<http://www.ic.nanzan-u.ac.jp/NINKAN/gp2007/library/sozai02.html>（2009年11月29日）
南山大学 GP（2008）. 岡崎市立六ツ美北中学校の取り組み事例　共に学び合い，互いの成長を喜び合える生徒の育成——人間力を育てる教育課程の創造　南山大学教育推進 GP<http://www.ic.nanzan-u.ac.jp/NINKAN/gp2007/library/sozai03.html>（2009年11月29日）
南山大学教員養成 GP 推進本部（編）（2007）. 平成17・18年度文部科学省「大学・大学院における教員養成推進プログラム」GP (Good Practice）採択　豊かで潤いのある学びを育むために——ラボラトリー方式の体験学習を通した豊かな人間関係構築を目指して　報告書　南山大学教員養成 GP
日本学校 GWT 研究会（1989）. 日本学校グループワーク・トレーニング　遊戯社
佐藤学（2006）. 学校の挑戦——学びの共同体を創る　小学館
佐藤学（2009）. 教師花伝書——専門家として成長するために　小学館
Schein, E. H. (1999). *Process cousultation revisited : Building the helping relationship.* Reading, MA : Addison-Wesley.（シャイン, E.H. 稲葉元吉・尾川丈一（訳）(2002). プロセス・コンサルテーション援助関係を築くこと　白桃書房）
総務庁青少年対対策本部（1998）. 世界の青年との比較からみた日本の青年——第６回世界青年意識調査報告書　総務省青少年対策本部<http://www8.cao.go.jp/youth/kenkyu/worldyouth6/html/hyoushi.html>（2009年11月12日）
総務省青少年対策本部（2005）. 世界の青年との比較からみた日本の青年——第７回世界青年意識調査報告書　総務省青少年対策本部<http://www8.cao.go.jp/youth/kenkyu/worldyouth7/himl/hyoushi. html>（2009年11月12日）
津村俊充（1996）. 日本人の人間関係トレーニング　長田雅喜（編）対人関係の社会心理学（pp. 232-241）福村出版
津村俊充（2003）. “教育ファシリテーター”になること　津村俊充・石田裕久（編）ファシリテーター・トレーニング（pp.12-16）ナカニシヤ出版
津村俊充（2008a）. 学校の人間関係を改善する　宮川充司・津村俊充・中西由星・大野木裕明（編）スクールカウンセリングと発達支援（pp. 143-155）ナカニシヤ出版
津村俊充（2008b）. プロセス・エデュケーション事始め——E.H.シャインのプロセス・コンサルテーションを手がかりに　体験学習実践研究, 8, 1-11.
津村俊充（2010）. グループワークトレーニング——ラボラトリー方式の体験学習を用いた人間関係づくり授業実践の試み　教育心理学年報, 49, 171-179.
津村俊充・中村和彦・浦上昌則・楠本和彦・中尾陽子・川浦佐知子・大塚弥生・石口裕久（2008）. 小・中学校における人間関係づくりをめざしたアクションリサーチ——ラボラトリー方式の体験学習を用いた教育実践の試みとその評価　南山大学人間関係研究センター紀要　人間関係研究，7，26-53.
采女隆一（2008）. よりよい人間関係づくりで学校改革を！　宮川充司・津村俊充・中西由里・大野木裕明（編）スクールカウンセリングと発達支援（pp.158-160）ナカニシヤ出版

第13章

教育プログラムを設計するための留意点

ラボラトリー方式の体験学習とは「特別に設計された人と人がかかわる場において，“今ここ”での学習者の体験を素材（データ）として，人間や人間関係を学習者とファシリテーターとがともに探求する学習」であり，学習者の一人ひとりの自主的参加体験がベースにプログラムが設計されることになる。学習者個人の中に起こるプロセス，学習者間の対人間に起こるプロセス，またグループの中で起こるプロセス，さらには学習者とファシリテーターとの間に起こるプロセスも，大切にしながら学ぶことになる。

そうした学びの体験の場を提供するのがファシリテーターの大きな仕事であり，下記のような視点をもってプログラムの設計にあたる必要がある。

津村（2005）は，パイファーとジョーンズ（Pfeiffer & Jones, 1973）のラボラトリー教育における設計の考慮すべき点を参考にして，①目標を明確にすること，②学習への主体的参加と自発的参加，③プログラムの流れと進度，④学習に組み入れる内容，⑤ふりかえりの実施の5つの視点を教育プログラムを設計する際の留意点として示している。また，シンプソン（Simpson, 1983）も，トレーニングの設計に関するモデルを提案している。それらを参照しながら，体験学習のプログラムを設計するためのステップと留意点を記述する。教育プログラム設計のための一連のステップとしては，図13−1に示したようなプログラム設計の流れを考えることができる。

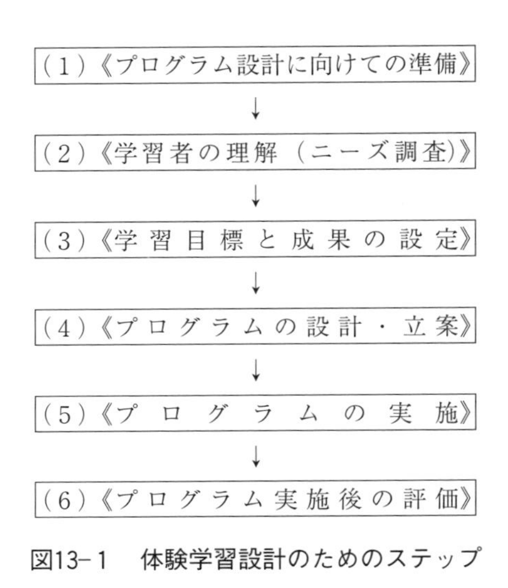

図13−1　体験学習設計のためのステップ

（1）プログラム設計に向けての準備―ファシリテーターチームの結成

プログラムを実施するファシリテーターのメンバーが決定したならば，それぞれのファシリテーターが今回のプログラムにどのような思いで参加しようとしているのかを話し合う時間をもつことが大切になるだろう。それぞれのファシリテーターにとって，今回のプログラムを設計し実施することに際し，自分のねらいや思いなど考えていることを，ブレインストーミング法などを活用しながら，スタッフ全員で話し合うことが最初のステップである。こうした話し合いを通して，ファシリテーター相互の理解が深まったり，学習者のねらいづくりを前にしてファシリテーター自身のねらいを明確化し共有することができる。このことは，単にファシリテーターは何かを教える存在だけではなく，学習者と共に学び合う存在であるというプロセス・エデュケーションの教育観の醸成と実践につながるのである。

（2）学習者の理解（ニーズ調査）

研修の依頼を受けて，体験学習のプログラムを設計する際には，どうしても研修依頼者の思いや目的を聴き，プログラム設計に入ることになるが，参加者である学習者の状況やニーズを適切に把握しておくことがとても重要である。たとえば，学習者は，組織の中で今どのような状況にいるのか，学習者の人間関係の特徴や傾向にはどのようなものがあるのか，また体験学習へのこれまでの参加経験の有無や研修に参加し学ぶことに対してどの程度意欲的に参加しようとしているのか，などを把握する必要がある。できる限り，学習者に直接インタビューなどをして，もしくは質問紙などを用いてニーズ調査を行うことが望ましいが，時間的また経済的なコストが大きくなることから，どうしても研修依頼者からの間接的な情報収集だけになる可能性がある。その際には，学習者からの直接的なデータがなくても今日的な社会的な背景なども鑑みながら，学習者の状況をできる限り把握する努力が必要となる。これらのニーズ調査と学習者の状況分析は，学習者の傾向を把握し，体験学習を設計する際のねらいづくりに大きく影響を与えることになる。また，直接学習者にニーズ調査を行うことができたならば，その行為が学習へのコミットメントを高めることになり，学習への取り組みを促進する要因になると考えられる。

（3）学習目標と成果の設定

教育プログラムの計画・立案に入る前に，ファシリテーターチームは，ニーズ調査と分析に基づき，具体的な目標を明確にする必要がある。ファシリテーターチームとしては，教育的な意図と学習者のニーズとをすり合わせながら，学習者に理解しやすい目標として提示できるような簡単な言葉に表現する必要がある。できるならば，目標づくりにおいても，研修依頼者や学習者など関係者を含めて，目標づくりができれば，教育プログラムに多くの関係者を巻き込んでいくことができ，研修はより充実することになるだろう。

また，研修全体の目標と個々の実習プログラムを体験するためのねらいもしっかりと明確化するとともに関連づけを意識しておく必要がある。研修全体の目標は，この研修後，学びが現場でどのように生かされようとするのかなど，実生活との関連においても，目標を明確にしておく必要がある。そして，実習を用いた個々のプログラムのねらいとの関連性が適切であるか，実習の位置づけが全体の教育の目標にマッチしているかどうかなどの吟味が必要になる。計画された目標は，実生活でどのように生かされるのか，また体験学習を実施する時間内に到達可能な目標かどうかも含めて，リアリティ・チェック（現実吟味）をしておく必要がある。

さらに，教育目標や個々の実習体験のねらいを明確にする際に，学習の目標が，事象や考え方などの認知的な理解を深めることをねらいとする認知的な領域，学習者が何か行動やスキルが上達することを望んでいるといった運動スキル領域，もしくは学習者の価値感や情緒などにかかわるような態度的な領域の，領域の内いずれの変化をめざそうとしているのかを吟味することはプログラム設計において大切になる。

（4）プログラムの計画・立案

1）自発的な体験と主体的な学びの保障

ラボラトリー方式の体験学習の場では，学習者がグループ体験に主体的・自発的に参加できるように配慮されていることが大切になる。筆者は，ファシリテーターや特定のメンバーから強要されて，グループ活動に参加することがあってはならないと考えている。あくまで学習者の意思で自発的にグループ活動に参加し，その体験から主体的に学ぶことができ，学習者自身が「学ぶことへの責任」をもっていることが自覚されるようになることがプロセス・エデュケーションでは大切である。

2）体験学習設計の４つの構成要素

ラボラトリー方式の体験学習を用いた教育プログラムは，①集中的な対話グループ体験（Tグループ），②実習を用いた構成的なグループ体験，③ふりかえり用紙をはじめ各種テスト・バッテリーなどを用いた質問紙の活用，④理論やモデルなどを紹介する小講義，の４種類の要素から構成される。①集中的な対話グループ体験は，ファシリテーターの技能や時間的・空間的な配慮もかなり必要になり，日常的なトレーニングとして扱うことは難しい。よって，実習を用いた構成的なグループ体験とふりかえり用紙ならびに小講義などを加えたプログラム要素を活用して，ラボラトリー方式の体験学習のプログラムを設計することが一般的なファシリテーターの課題となる。

3）プログラムの流れと進度

ファシリテーターが教育プログラムを設計するときに，プログラムの構成要素をいかに配置するかを吟味することはとても重要な仕事である。１つの実習プログラムを配置する場合に，それまでの実施プログラムがその後のプログラムにどのような影響を与える可能性があるか，これまでのプログラムの体験をふりかえる作業を入れた方がよいのか，など実習プログラムの流れを十分に吟味する必要がある。

このことは，実習教材の配置だけの問題でなく，小講義などの要素も，実習体験をする前に導入するのか，体験学習後に導入するのかで，学習者への影響は異なると考えられる。ラボラトリー方式の体験学習においては，基本的には体験から学ぶプログラムの後に小講義を導入し体験を一般化したり，概念化したりして，体験学習の分析と仮説化を豊かにするのが一般的な流れである。しかし，学習者のニーズや状況によっては，理論的な枠組みを先に示して，実習体験の意味づけを明確に行うことで学習者にある種の安心感や納得感を与えることも可能になるだろう。プログラムをデザインしたり実施したりしていると，ファシリテーターの教えたい欲求が強くなり，学習者に教えたくなったりコントロールしたくなったりすることも要注意である。

ファシリテーターの教育や研修への思い入れが強くなり，学習者に過剰な負担を負わせるプログラムになったり，学習者の学びのペースを乱してしまう可能性があることも注意しておく必要がある。学習内容の提供の量とペースは，少し余裕をもった内容にすることが望ましい。

4）プログラムに組み入れる内容

教育プログラムに組み入れる学習内容や実習内容は，あくまでも教育プログラムの目標に照らし合わせながら，設計する必要がある。特に，学習目標が①知識を身につけること，②スキルを習得すること，③態度や考え方などを修得することのいずれの目標であるかによって，実習内容をはじめプログラムの要素の検討が必要になる。

また，プログラムの構成の中で，提示される課題の複雑さや相互作用の量によって，学習者に抵抗感を与えることがある。レディネスが高く学ぶ意欲が強い学習者が集まった学習場面では，あまり簡単な課題や一方的な話ばかりの相互作用が少ない学習プログラムはやる気を失せさせる可能性がある。

一方，やる気が低い学習者が集まっているような学習場面では，複雑な課題の提示や学習者相互に交流が多い実習体験などは抵抗感を高め，コミットメントが低くなることが予想される。そのような対象者である場合は，少し相互作用が少なく，シンプルな課題で体験して学ぶ楽しさを味わうような工夫が必要になるだろう。

5）プログラムの流れの決定

以上のような視点からの要素を加味しながら，一連の流れをもつ教育プログラムを決定していく必要がある。一般的には，オープニングなどの導入部分があり，そこでは，お互いの自己紹介（どのようなメンバーがここにいるかを確かめる）をしたり，学習者が今一度何を学ぼうとしているかといった目標の明確化や目標の共有化をする時間を設定するといいだろう。続いて，簡単な実習体験を通して，体験から学ぶ基本的な考え方を理解したり，グループワークを通して学習目標の達成をめざしたりすることになる。そして，最後には，研修での学びを確認し，その学びを日常の現場にどのように活用するかのリエントリープログラムを導入して，学びの場のラボラトリーと日常をつなげるプログラムを実施しオープンエンドで終えていくことになる。

（5）プログラムの実施

教育プログラムはファシリテーターによる導入からスタートする。それは，学習者が会場に入る前にファシリテーターが会場設営を行い，教材等の準備を終え，準備万端で学習者を迎え入れることからプログラムの実施は始まっている。いつもアイスブレークのプログラムが必要ではないが，会場に集まった学習者の状況を見ながら，雰囲気が不安や緊張から固いと感じたならば，学習者の気持ちを和らげたり今の気持ちを学習者相互に語り合ったりするプログラムの展開も柔軟に導入する必要がある。

十分にプログラムを設計し準備をしていたとしても，いざプログラムがスタートすると，思いがけない出来事が起こることがある。たとえば，学習者のニーズ調査の結果と違って学習者の期待と実施し始めたプログラムがミスマッチングな感じがしたり，体験学習の教材を準備していたが，理論やモデルの認知的な枠組みの話を期待しているように感じたりした場合には，柔軟にプログラムを修正していく必要がある。実習を実施し，ふりかえりを進めていくと，ふりかえりの時間が充実していて予定より時間が必要だと感じたなら，プログラムの中で適切な時間を設定し直すことも大切になる。そのような状況が起こっても対応できるように，実習時間とふりかえりの時間，そして小講議の時間などのバランスをよく吟味し，プログラムの設計段階で余裕をもったプログラムの立案をしておくことが重要になる。

（6）プログラム実施後の評価

ラボラトリー方式の体験学習をファシリテートするとは，プロセス（体験したこと）をふりかえり，体験学習の循環過程を通して学ぶことを促進することである。教育プログラムの実施そのものが，まさに体験であり，ファシリテーター自身もその体験から学ぶことが重要である。そのためには，プログラム実施後，ポストスタッフミーティング（ポストスタミと略されることがある）を実施し，スタッフチームはプログラム実施体験から気づいたことや学んだこと，そして次回のプログラムの計画・実施に向けての課題を見つけ出す話し合いが大切である。津村（2010）は，以下のようなポストスタミの視点を示している。

1）導入について

- ねらいの提示の仕方は明瞭であったか？　学習者にわかりやすかったか？
- 模造紙や板書などによる伝え方の工夫が適切であったか？
- 学習者の状況・ニーズやファシリテーターの意図する教育目標との関連に触れながら，ねらいが適切に表現できていたか？　理解されたか？
- 収集したニーズ（データ）の分析が生かされていたか？
- 手順の説明は，学習者にわかりやすかったか？　プログラムの全体像を学習者はつかむことはできていたか？
- 取り組む課題が明確に伝わっていたか？

2）実習の実施について
・時間配分は適切であったか？
・学習者の動きをファシリテーターはどのように見ていたか？
・途中で計画を変更したことはあったか？　変更した場合にはその意図は何であったか？
・机や椅子の並べ方などを含め会場の設営は適切だったか？　模造紙や色ペン，付箋など，文具類などで足りないものはなかったか？　逆に，それらが準備されていることが実習の障害になっていなかったか？
・その他，もう少し工夫すべきところがあったか？

3）ふりかえりの仕方について
・ふりかえり用紙はねらいと一貫性があったか？　ねらいを達成するために適切な項目で構成されていたか？
・ふりかえり用紙記入の時間やわかちあいの時間は十分であったか？
・ふりかえり用紙を工夫するとしたらどのような修正点が考えられるか？
・わかちあいの時間で，学習者の発言にはどのようなことがあったか？　特徴的なことは？
・わかちあいのときのファシリテーターのありようで気づいたこと
・＜体験＞→＜意識化＞→＜分析＞→＜仮説化＞の学習過程が意識されていたか？

4）ファシリテーターの介入について
・ファシリテーターのどのような介入があったか？　導入のとき，実習実施のとき，ふりかえりのときなどに，発言したことや行動など具体的な言動は？
・介入は学習者にどのような影響を与えたか？　ファシリテーターはその状況をどのように考えているか？
・学習者とファシリテーターとのやりとりにおいて，ファシリテーターの応答は学習者を理解し柔軟に行えていたか？　学習者はその応答をどのように受け取っていたか？
・ファシリテーターは，“今ここ”でのプロセスに気づくことができるように焦点づけられていたか？　プロセスへの介入があったか？　介入しようと考えたが，介入しなかったことがあったか？　その意図はどのようなものであったか？
・その他にファシリテーターが介入する可能性のあった場面はどのようなときか？　そのとき，具体的にどのような声かけが可能であったか？　さまざまな視点から介入の選択肢にはどのようなものが考えられるか？

5）ファシリテーターチームについて
・ファシリテーターチームの役割や進め方は適切であったか？　柔軟であったか？
・ファシリテーターチームのもつ能力（知識やスキル）を十分に生かしていたか？
・教育プログラムのねらいや流れに反映しているファシリテーターの教育姿勢や態度，考え方で気づいたことは？
・ファシリテーターチームでお互いに助けられたことやファシリテーター間で協力して欲しかったことは？

6）今回の教育プログラムの可能性について
・今回の実習をはじめ，教育プログラムを他の対象や異なる場で実施するとしたらどのような工夫・改善が必要であるか？
・今回のプログラムの中で，ねらいと関連づけたり，ねらいを少し変更したりして，プログラムの展開を考えると，どのような実習を実施することで，新しい可能性が広がるか？

プログラム設計におけるその他の視点としてラボラトリー方式の体験学習プログラムの実施

後，日常の現場で学びがどのように生かされているかをフォローアップすることは大切である。そのためにも，研修後，フォローアップ研修会などを実施することが大切になる。学習者がもう一度研修の場に集まり，学びの点検と現場での応用を再度確認するようなプログラムを計画・実施することが考えられる。もしくは，研修担当者であるファシリテーターか，研修依頼者である人事・教育担当者などが現場に出かけ，学びが日常にどのように生かされているかを観察したり面接したりして，学習の定着を促進するような働きが必要となるであろう。

以下に，いくつかのモデル研修プランを例示しておく。

私のコミュニケーションを考える

13：00～17：00　担当：津村　俊充

ねらい
- 自分自身のコミュニケーションのあり方（他者と協力して仕事をするとき，話し合うとき，他者を理解する必要のあるときなど）に気づき，より効果的なあり方を体験的に学ぶ
- 体験から学ぶことを学ぶ

1．人間関係を観る視点
- 実習「同心円」
- 小講義『コンテントとプロセス：プロセスに気づく』

2．チームで仕事をするとは
- 実習『ハッピーファーマーズ』
  - （1）導入
  - （2）実習の実施
  - （3）結果の報告と正解発表
  - （4）ふりかえり用紙記入
  - （5）わかちあい
  - （6）インタビューとコメント

3．体験から学ぶとは
- 小講義『体験学習のステップ：プロセスから学ぶ』

4．コミュニケーションとは
- 実習『流れ星』
- 小講義『コミュニケーションプロセスとは』
- 実習『きく』
- 小講義『JOHARI（ジョハリ）の窓：対人関係における気づきの図解式モデル』

5．まとめ
- 小講義『傾聴するということ』
- 小講義『人間関係とは』

『聴く』力を育てる
～ラボラトリー方式の体験学習を用いて～

9：30～12：00
担当：津村　俊充

ねらい
・自分自身のコミュニケーションのあり方，特にどのように聴いているかに気づき，より効果的なコミュニケーションのあり方を体験的に学ぶ

ながれ

1．導入　体験から学ぶとは
・自己紹介
・小講義『プロセスを大切にした教育者をめざして』
→コンテントとプロセス＆体験学習のステップ
・内省的実践家になろう！

2．コミュニケーションとは
・実習『流れ星』
・小講義『コミュニケーションプロセスとは』
・実習『きく』
・小講義『JOHARI（ジョハリ）の窓：対人関係における気づきの図解式モデル』

3．体験を通して考えたいこと
・小講義『傾聴するということ』
・小講義『人間関係とは』

4．さいごに
・再確認「プロセスから学ぶこと」「内省的実践家になること」

リーダーシップ研修
～プロセスに働きかけるリーダーをめざして～
（認定看護師対象の研修にて）

担当：津村　俊充

ねらい

・自分自身のコミュニケーションやリーダーシップに気づき，チームワークを発揮するためのより効果的なかかわり方を体験的に学ぶ
・体験から学ぶことを学ぶ

第一日目（４月９日）
９：00～15：00

１．体験から学ぶとは

・あいさつ
・実習『Concentric Circle』
・小講義『コンテントとプロセス』
・小講義『体験学習のステップ：プロセスから学ぶ』

２．チーム活動におけるプロセスに気づく

・問題解決実習『ナースをさがせ』
　（１）導入
　（２）実習の実施
　（３）結果の報告と正解発表
　（４）ふりかえり用紙記入
　（５）わかちあい
　（６）インタビューとコメント
・小講義『個とグループの成長：JOHARI（ジョハリ）の窓』
・小講義『リーダーシップとは：代表的なリーダーシップ研究より』

第二日目（4月11日）
9：00〜12：00

3．プロセスに気づき，リーダーシップを発揮してみる
・実習『ブロックモデル』
（1）導入
（2）実習の実施
（3）チーム活動の審査
（4）ふりかえり用紙記入
（5）わかちあい
（6）インタビューとコメント

・小講義『リーダーシップを発揮するために大切なことは』
・コミュニケーション能力：効果的コミュニケーションの5つの要素
・プロセス観察能力：プロセスを観る力とそのプロセスに働きかける力
・自己理解能力：自分自身が開かれている→自分を知る，成長する欲求

4．まとめにかえて
・小講義『人間関係とは』人と人との関係の中で人は生まれ，育つ
・内省的実践家になろう！

子育て支援者のチーム力アップをめざして
～人間関係力について～

担当者：津村　俊充
10：00～12：00

ねらい

・ラボラトリー方式の体験学習を用いた人間関係づくり・チームワークづくりに取り組む
・体験を通して，プロセスに気づくこと・学ぶことを理解するとともに，相互成長のために効果的なフィードバックの必要性に気づく

10：00

1．導入　体験から学ぶとは

◎　**研修のねらいとスケジュール**
◎　**導入：ラボラトリー方式の体験学習の考え方**
※小講義：「体験学習の循環過程＆コンテントとプロセス」

10：15

2．グループで共に仕事をするときに起こること―プロセス―に気づき，学ぶ

※実習「タワービルディング」
☆　ねらい
☆　実習実施
☆　結果の発表
☆　ふりかえり用紙記入とわかちあい
☆　インタビュー・コメント

11：40

3．研修を終えるにあたって

※小講義「チームワークで大切なことは」
※小講義「心の４つの窓―対人関係における気づきの図解式モデル―」
・再確認「プロセスから学ぶこと」「内省的実践家になること」

12：00

教員免許状更新講習

『学級内の人間関係づくりを体験から学ぶ』

担当：津村　俊充

■研修のねらい

○教育活動におけるプロセスを大切にした人間関係づくりの指導ができるために，教育者（ファシリテーター）としての基礎的な知識と実践力（スキル）を高める
○他者との関係の中で起こるプロセスの視点について体験を通して理解する
○相互成長のために効果的なフィードバックの必要性に気づく

■プログラムの流れ

9：20

◎　研修のねらいとスケジュール
※実習「ねらいづくり」
◎　導入：ラボラトリー方式の体験学習の復習
※小講義：「コンテントとプロセス」
※小講義：「体験学習の循環過程」

10：30

休　憩

10：40

◎　グループで共に仕事をするときに起こること—プロセス—に気づき，学ぶ
※問題解決実習「ハッピーファーマーズ」
☆　ねらい
☆　実習実施
☆　結果と正解の発表
☆　ふりかえり用紙記入とわかちあい
☆　インタビュー・コメント
※小講義「グループプロセスの視点」

12：35

昼　食

13：30

◎　人と直接かかわる体験をするということ
※小講義「人間関係とは」
※VTR「脳科学で防ぐ“キレる子”」

14：00

◎　コンセンサス（全員の合意）による集団決定の過程を通して，各自のものの考え方，価値観に気づきながら，お互いの理解を深める

☆　ねらい

☆　実習実施

☆　結果の発表

☆　ふりかえり用紙記入とわかちあい

☆　インタビュー・コメント

15：30

※小講義「心の４つの窓―対人関係における気づきの図解式モデル―」

※小講義「ラボラトリー方式の体験学習」を進めるための留意点

16：10

◎　学びの確認（履修認定試験）

16：45

【講習名】学級内の人間関係づくりを体験から学ぶ

【講習内容】

学級の中で，子どもたちがもっと心を開き，お互いにかかわりをもつことができれば，不安を軽減させることができるのですが，先生にとって，生徒同士の人間関係や心の中の不安は扱いにくい領域です。

この講座では，人が人間関係の中で成長する仕組みを理解し，教室内で子ども同士のコミュニケーションを促進する技法を体験的に学びます。

学級運営や教科の授業や特別活動にも役立つような実習を体験していただきたいと思います。

＜講座案内より＞

ファシリテーター・トレーニング

担当者：津村　俊充

ねらい：

○体験から学ぶことを促進するファシリテーターとしての基礎的な知識と実践力（スキル）を高める

○チームで仕事をするときに起こるプロセス（自分や他者の動き，コミュニケーション，意思決定，リーダーシップなど）に気づくとともに，お互いの成長のために効果的なフィードバックを行うことを実践し，チームや個人の成長に取り組む

スケジュール：

8：25

○　オリエンテーション

・研修のねらいとスケジュール

○　導入：人間関係におけるプロセスを理解する

※実習「同心円実習」

※小講義：かかわりに影響を与える視点　人間関係を観る視点

9：40

休　憩

9：50

○　体験から学ぶステップを理解する

※小講義：体験から学ぶ　体験学習とは

10：20

○　チームで仕事をするときに起こること―プロセス―に気づく

※実習「ナースをさがせ」体験とふりかえり

12：00

昼　食　休　憩

13：00

○　実践トレーニング1

ファシリテーター体験，メンバー体験，オブザーバー体験をしながら，グループ・ファシリテーターのスキルを学ぶ

○　実践トレーニング2

ファシリテーター役と観察者を交代して，再度繰り返す

17：00

○　実践に向けて

今日1日をふりかえる

17：20

終　了　アンケート記入

リーダーシップ・トレーニング

9：00～17：50

担当者：津村　俊充

ねらい

リーダーとして

・チームで仕事をする過程で起こるプロセス（自分や他者の動き，コミュニケーション，特に，リーダーシップのありよう，意思決定など）に気づき，プロセスに意識的に働きかける力を育てる。

・メンバーの成長のための効果的なフィードバックを相互に行うことを実践し，チームと個人の成長を考える

・日常現場から学ぶために，「体験から学ぶ」ことを理解する

9：00 ――――――――――

1．人間関係の2つの視点

・小講義『人間関係とは』，『コンテントとプロセス』

2．リーダーシップとは

・小講義『機能的リーダーシップ』

3．「チーム活動」（問題解決実習）から学ぶ（1）

・チームで実際に仕事をする過程で起こることに気づく

・自分のリーダーシップの働きに気づく

（1）導入

（2）実習「ハッピーファーマーズ」の実施

（3）結果の報告と正解発表

（4）ふりかえり用紙記入

（5）わかちあい

（6）インタビューとコメント

小講義「体験学習の循環過程」

12：10 ――――――――――

昼食＆休憩

13：00 ――――――――――

4．「チーム活動」（ブロックモデル）から学ぶ（2）

・チームで実際に仕事をする過程で起こることに気づく
・プロセスに気づき，そのプロセスに意識的に働きかける

（1）導入
（2）実習「ブロックモデル」の実施
（3）課題の審査
（4）ふりかえり用紙記入
（5）わかちあい
（6）インタビューとコメント

小講義「効果的なチーム活動の要素は」

15：00 ――――――――――

休　憩

15：10 ――――――――――

5．「チーム活動」（コンセンサス実習）から学ぶ（3）

・コンセンサスによる集団決定の過程を通して，メンバーの考え方や価値観に気づきながらお互いの理解を深める
・プロセスに気づき，そのプロセスに意識的に働きかける

（1）導入
（2）実習「ボランティア」の実施
（3）結果の発表
（4）ふりかえり用紙記入
（5）わかちあい
（6）インタビューとコメント

小講義「リーダーに求められるものは→『内省的実践家なれ！』」

17：50 ――――――――――

参考 WEB：日本体験学習研究所（JIEL）　http://www.jiel.jp/

引用文献

Cooper, C. L., & Harrison, K. (1976). *The 1976 Annual Handbook For Group Facilitators* (pp. 157–168). University Associates.

Simpson, D. T. (1983). A Model for Training Design : Selecting Appropriate Methods. *The 1983 Annual Handbook For Group Facilitators* (pp.223–230). University Associates.

津村俊充（2005）. ラボラトリートレーニングを実施するために　津村俊充・山口真人（編）人間関係トレーニング第２版――私を育てる教育への人間学的アプローチ（pp.162–166）ナカニシヤ出版

津村俊充（2010）. ファシリテータートレーニングの実際　津村俊充・石田裕久（編）ファシリテーター・トレーニング――自己実現を促す教育ファシリテーションへのアプローチ（pp. 147–151）　ナカニシヤ出版

Pfeiffer, J. W., & Jones, J. E. (1973). Design Considerations in Laboratory Education. *The 1973 Annual Handbook For Group Facilitators* (pp. 177–194). University Associates.

第14章

プロセス・エデュケーションのファシリテーション・ガイドライン

ラボラトリー方式の体験学習では，自らが実験者になり自らの体験を内省しながら，自らが成長していくプロセスを大切にしている。よって，教育プログラム実施者であるファシリテーター（教育者）も教育実践という体験を内省しながら，分析・仮説化し教育・研修の実践力を修得していくことが望ましい。

ラボラトリー方式の体験学習を実践するためにガイドラインを示すことは，ファシリテーターが教育プログラムの実践体験から学ぶことや“今ここ”で体験していることを大切にする学習には，型にはめてしまうことになり不適切かもしれない。しかし，これからファシリテーターを実践しようとする読者の方にファシリテーション・ガイドラインを作成し提示することは，実習を用いたラボラトリー方式の体験学習の流れを理解することに役立つと考えられる。また，実習を用いたラボラトリー方式の体験学習の教育に熱心に取り組まれている方々にとっては，日頃のファシリテーションのありようをふりかえる機会になれば幸いである。

ラボラトリー方式の体験学習の学びの体験として「実習」を用いた基本的なプログラム展開の一連の流れとその進め方を理解しておくことは，読者のラボラトリー方式の体験学習を用いた教育実践に役に立つと考えられる。以下に教育プログラムの一連の流れを追いながらファシリテーターの留意点を記述する。

いわゆる知識を教える教育とは異なり，体験から学ぶことを促進するファシリテーターとしての資質を育成するには，教育者自身がプロセスに気づき学ぶ姿勢が大切である。前述したが，このガイドラインを読み，決められた進め方だけでプログラムを進めることに終始すると，プロセスに気づくことを難しくするかもしれない。よって，ファシリテーション・ガイドライン作成の限界があることを知りながら以下に示すことにする。

以下の記述は，ラボラトリー方式の体験学習を用いた教育プログラムを設計するときや，教育プログラム実施後のふりかえりのときの視点として活用していただければ幸いである。

実際に，教育プログラムを実施する際には，１つ１つのフェイズをていねいに，そしてメリハリを付けて展開していくことが大切になる。以下の留意点は教育プログラム設計・実施に対する１つのガイドラインであり，本ガイドラインが柔軟に活用されることを願っている。

（1）アイスブレーキング

教育・研修に入っていくための心と体の準備（ウォーミングアップ）をする時間。

☆　あくまでも教育・研修への導入効果を発揮できるように，参加者の関心や気持ちを集中するように心がけましょう！　いつもアイスブレークを入れる必要はありません。

○　学習者の気持ちが集中できていますか？

ざわついたまま教育・研修のプログラムに入っていませんか？

○　今日の教育・研修への関心を向けることができていますか？　形式的にアイスブレークをやっているだけになっていませんか？

○　わくわくするような学習者にとって楽しい時間になっていますか？

(2) 導　入

学習者に今日のプログラムをなぜやるのかをわかってもらう大切な時間。そして，そのためにどのような手順でどんな課題をするのかを明確にする時間。

☆　今日の教育・研修の日常生活やこれまでの活動の中での位置づけを伝えましょう！

☆　今日の教育・研修のねらいをできるだけ簡潔に伝えましょう！

○　日ごろ，学習者が体験している出来事などを取り上げて説明していますか？

○　過去にあった日常生活における行事（活動）や，これから実施する行事（活動）などを取り上げて説明していますか？

○　ねらいの提示の仕方は明瞭ですか？

○　一連の手順（この研修で何をやるのか）の説明は学習者にとってわかりやすいですか？

○　やるべき課題が何であるかが明確に伝わっていますか？

○　ねらい・手順・課題などの提示は，模造紙の利用や黒板への板書など工夫をして学習者にとってわかりやすくなっていますか？

(3) 実習の実施

たっぷりと体験につかる時間。特に，興味・関心をもってグループ活動に取り組んでもらうためには，実習課題の目標と内容の明確化ができているかが大切になる。

☆　グループが一斉に集中して取り組める提示と工夫をしましょう！

☆　基本的には，この時間は学習者に活動を任せましょう！

○　実習の実施に入る区切りが明瞭にできていますか？

○　特に，課題のはじまり（スタート）が明瞭に指示できていますか？　たとえば，情報紙を渡し，メンバーが配布すること，情報紙の枚数を確認すること，そして同時に課題を始めることのように，複数の仕事をするような複雑な指示になっていませんか？

○　何をすることが課題か明瞭に伝わっているか確認していますか？

○　課題のスタートの前にもう一度ねらいを学習者に伝えて意識してもらっていますか？

○　課題の設定時間は適切ですか？

○　グループで１つの仕事を仕上げるために，A３やB５の用紙のように小さな紙ではなく，模造紙などグループ活動での話し合いが容易になるように適切な教材の準備ができていますか？

（4）結果の発表＆正解の発表

学習者が集中して取り組んだ結果を発表する時間で，自分たちの仕事の達成感や評価をする大事な時間。

☆　各グループが出した結果を尊重することとその課題の正解を学習者が聴く姿勢をもち，集中して発表してもらえるようにしましょう！

○　各グループの結果（成果）の発表を大切に扱っていますか？

○　正解の発表は明瞭に全体にわかりやすく説明していますか？　学習者に納得感がありますか？

○　成功や失敗の気持ちを学習者とともに味わっていますか？

○　うまくいかなくて悔しくて実習課題を終われないグループに対しててていねいに対応していますか？

（5）ふりかえり用紙の記入

熱く体験していた時間から少し自分や仲間，そしてグループを冷静に内省・観察する時間。気づきを拾い集める時間。

☆　ふりかえりは，自分のかかわり方や相手のこと・グループのことに光を当て，気づきを深めるといった体験から学ぶための大切なステップです。そのことを説明し，ふりかえり用紙に記入する，一人ひとりが記入するため

の場所と時間を確保しましょう！

○　実習課題からこのふりかえりの時間に学習者の気持ちを切り替えることができていますか？

○　ふりかえり用紙への記入の意味を説明していますか？

○　ふりかえり用紙の問いかけは質・量ともに適切ですか？

○　できる限り多くの気づきを拾い出せるように，１人になって静かに記入する時間と空間を確保していますか？

（6）わかちあい

自分一人の気づきだけでなく他の仲間の気づきをたくさん知る時間。仲間の気づきを知ることによって，気づきが広がり，さまざまな視点からグループの中で起こっていたプロセスを理解する時間。できる限りさまざまな違う意見が聞けることを学習者が楽しみにする時間になること。

☆　ふりかえり用紙に書いたことを話し合う手順をしっかり伝えましょう！

☆　一人ひとりが違うことのおもしろさを味わえることを大切にしましょう！

○　ふりかえり用紙に書いた内容を話し合うこ

とで相手や自分への気づきを広げるチャンスであることを伝えていますか？

○　どのように話し合いを進めていけばよいか明確な指示をしていますか？

○　どのように進められているかグループの様子を見ること（たとえば，机間巡視）は常に心がけていますか？

○　話が十分できていないように見えるグループに対してどんなサポートができていますか？

（7）インタビュー＆コメント

この時間は，学習者の学びを拾い出し，学びを概念化することによって，学びの確認と同時に次の新しい場面で学びを活用できるように支援する時間。また，グループ活動の気づきや学びを日常生活につなげる大切な時間。

☆　学習者の言葉を使って，具体的な気づきや学びから概念的な話（意味づけ・一般化）をしましょう！

○　発言した学習者の言葉を大事にしながら，もう一度皆に聞こえるように同じ言葉を繰り返すなどして全体で１人の意見をわかちあっていますか？

○　学習者の発言を板書するなどして，発言の内容をわかりやすくする工夫をしていますか？

○　多くのグループや学習者の意見を採り上げていますか？

○　学習者の発言に引き続き，その学習者とのやりとり（応答）ができていますか？

○　学習者の言葉を活用して，学びの一般化や次の場面で行動するための仮説化ができていますか？

全体インタビューの場面で，学習者に対してコメントできるようになるために，ファシリテーター自身が体験から学ぶことを実践していますか？

たとえば，その実践とは，自分自身の体験からの内省や実習場面を観察していて起こるプロセスデータを拾い出してみることです。「協力する」とは，体験の中からどんな行為が生まれることなのか？　「認め合う」とは，互いの関係において具体的にどんな行為が生まれていることなのか？　「リーダーシップを発揮する」とは，グループの中での一人ひとりの働きに具体的な行為としてどのようなことがあることなのか？　などについて体験のデータと一般化や概念化とつなげる工夫をすることです。

以上が，現時点で筆者が提案する「プロセス・エデュケーションを実施する際のファシリテーション・ガイドライン」として考えている。

参 考 文 献

津村俊充・山口真人（編）(2005). 人間関係トレーニング第２版　ナカニシヤ出版

津村俊充・石田裕久（編）(2004). ファシリテーター・トレーニング　ナカニシヤ出版

星野欣生・津村俊充（編著）(2003). クリエイティブ・スクール　プレスタイム

津村俊充 (2006). 体験学習実践研究　第６巻 (pp. 1－6）　体験学習実践研究会

第15章

実習教材の紹介

プロセス・エデュケーションの実践は，学習者に何らかの体験の場を提供し，その学習場面におけるプロセスとコンテントを識別しながら，特にプロセスへの焦点づけとそのプロセスから学ぶ体験学習の循環過程を意識した学びの場を学習者とファシリテーターとが共に創るのである。

ラボラトリー方式の体験学習とは，「特別に設計された人と人とがかかわる場において，“今ここ”での学習者の体験を素材（データ）として，人間や人間関係を学習者とファシリテーターとがともに探求する学習」と定義される。

その「特別に設計された人と人がかかわる場」の典型的なトレーニングの場が，Ｔグループ（Ｔはトレーニングの略）である。その体験の場は，グループで扱う話題や進め方などがあらかじめ決められていない非構成なグループ体験である。こうした非構成なグループ体験は，５泊６日などと，宿泊をともないながら，かなりの日数を要するトレーニングである。

そこで，日常の教育・研修の場面では，グループワークの体験（相互作用）が比較的容易に起こりやすく，プロセスに目を向けやすくするための実習教材を用いた体験学習の場づくりを行うことが多い。本章では，１．情報紙による問題解決実習，２．コンセンサスによる集団の意思決定実習，３．コミュニケーション＆活動的な実習の３つの領域に分けて紹介する。第14章のプロセス・エデュケーションのファシリテーション・ガイドラインなどを参考にしながらプロセス・エデュケーションの実践をお勧めする。

１．**情報紙による問題解決実習**：比較的，初期のグループ学習時に用いることができる実習でもある。一方，グループプロセスの理解が深まったときや，グループプロセスの理解を深めるためにグループ観察のための実習教材としても利用することができる。

２．**コンセンサスによる集団の意思決定実習**：合意形成の難しさとか楽しさを体験する実習として使用することができる。また，素材によっては，グループの各メンバーの価値観を理解したり，違いを超えて合意形成をする体験をしたりするためにも有効である。コンセンサスによる実習には，答えのあるコンセンサス実習と答えのないコンセンサス実習があり，プログラム設計におけるねらいによってどちらを用いるかを吟味する必要がある。答えのあるコンセンサス実習は，話し合った結果と正解との比較をすることによって合意をすることの意味やグループプロセスのありようを吟味することができる。答えのないコンセンサス実習は，価値観のような一人ひとりの考えをより大切に扱うねらいの場合に適切な教材となる。

３．**コミュニケーション＆活動的な実習**：ここでは，コミュニケーションのありようを示唆するような基本的な実習と，グループワークでも創造的な活動であったり，身体を動かしたりするような実習を紹介している。研修中のグループのプロセスを観ながら，また学習のねらいを達成することを考えながら，採用する教材を検討して欲しい。

（1）情報紙による問題解決実習

7種類の情報紙による問題解決実習を紹介する。情報紙を用いた問題解決実習は，研修のはじめ，新しいグループで仕事を始める際に，グループワークの課題として，比較的取り組みやすいと考えられる。その中でも，7つの問題解決実習は，以下のような特徴を備えているので，教育プログラムを設計する際に参考にされるとよいだろう。

①「トシ君のおつかい」

情報カードの枚数は，20枚である。実習対象者としては，小学生から成人に至るまで幅広く活用することができる。成人では，おおよそ10分から15分ぐらいの設定である。小学生は20分ほどはかかるであろう。

②「いろいろな人が住むマンション」

情報カードの枚数は，20枚である。実習対象者は，中学生および高校生を考えて作られた課題である。課題の内容は，将来の仕事を考える機会になるような話題で構成されている。所要時間としては，10分か15分ぐらいで課題達成ができる平易な課題である。

③「めざせワールドカップ2022」

情報カードの枚数は，25枚である。実習対象者は，中学生，高校生，大学生を考えて作成されたが，広く成人でも実施可能である。また，外国人を対象にしたり，外国人も混合のグループワークを行いたいときには，英語の情報文も掲載しているので，日本語と英語と併記したカードを用いて実習を行うことができる。特に，時代に合わせて選手名を変更することによって，その時代に合った問題解決実習として取り上げることができる。

④「なぞのマラソンランナー」

情報カードは，メンバーが1枚ずつもつように構成されている。特徴として，情報カードには絵が描かれているので，また文章による情報カードとは違ってグループ内のコミュニケーションを楽しむことができる。対象者は，小学生から成人までも活用することができる。そして，言語情報ではないので，異文化間の交流にも活用可能であろう。

⑤「東京観光」

情報カードは，20枚から構成されている。この課題は，中学生や高校生が東京への修学旅行の事前学習として活用できることを意図して作られたものである。ただし，実習そのものとしては，成人対象でも十分に活用することはできる。実習の目安時間は，30分ではあるが，場合によってはもう少しかかるかもしれない。「東京観光」マップの白地図を示すことで，活動時間を短くすることができる。

⑥「ハッピーファーマーズ」

情報カードは，30枚から構成されている。実習の対象としては，成人から，大学生，高校生でも使用可能である。情報が多い分，メンバー間のコミュニケーションが豊かに行われることが課題解決には必要となる。実習時間は，30分に設定されているが，正解に至る時間や正解に至るかどうかなどグループ間で差が生まれるかもしれないが，それが学びを豊かにすることにもなる。

⑦「ナースをさがせ」

情報カードは，30枚から構成されている。実習の対象は，看護師の研修を念頭に作成されており，対象は成人である。情報が少し長く，文章を読みとり，情報の整理を必要とするために，グループ内でのリーダーシップなどの気づきの学習にも適している。例として，リーダーシップの観点からのふりかえり用紙を掲載している。

問題解決実習の基本的な進め方としては以下のような手順が考えられる。

手順：

（1）導入：ねらいの説明

（2）実習の実施

（3）各グループの結果の発表と正解発表

（4）実習のふりかえり―ふりかえり用紙記入とわかちあい―

（5）インタビューとコメント

準備するもの：

a．プログラムのねらい＆手順書（各学習者1枚）

・実習「めざせワールドカップ2022」（p.172）のように，プリントを作ることもできる

b．実習の指示書（各学習者1枚）

・実習「トシ君のおつかい」（p.163）にあるように，a. のねらいと手順書を併せて示すこともできる

c．ふりかえり用紙（各学習者1枚）

・例として掲載しているように，プログラムのねらいと関連させたふりかえり用紙を作成する

d．模造紙（各グループ1枚）

・情報を共有しながら，グループで話し合いをする補助教材として模造紙を準備する

e．ブロッキー（各グループ1セット：10色ぐらい）

・模造紙に，グループメンバーが相互に書きながら話し合いができるために準備する

f．その他：課題解決のために必要な補助シート，後で見せる正解図など

その他に，「めざせワールドカップ2022」の守備位置シートや正解を学習者に提示するための大きめに描いた正解図などを準備する

①　問題解決実習「トシ君のおつかい」

実習「トシ君のおつかい」

ねらい：

・ラボラトリー方式の体験学習を体験する
・グループのなかで起こるプロセス（自分や他者の動き，コミュニケーション，意思決定，リーダーシップなど）に気づく

手　順：

1．導入―ねらいと手順の説明―
2．実習の実施
3．各グループの結果と正解の発表
4．実習のふりかえり―ふりかえり用紙の記入とわかちあい―
5．インタビューとコメント

課　題：

トシ君は学校に忘れ物をしたことを思い出しました。学校に取りに行こうとしていたとき，ちょうどお母さんからおつかいを頼まれました。家から学校までは一本道でつながっていて，その道をはさんで両側には数件の建物が並んでいます。

あなた方の課題は，グループで問題を解決することです。そのために必要なトシ君のおつかいの様子とすべての建物について書かれた情報は，情報カードに書かれています。各情報カードには，部分的な情報しか書かれていませんが，全員の情報を集めると課題を解決することができます。

ルール：

・各自がもっている情報は，声に出して伝えてください。
・他のメンバーの情報カードを見たり，自分の情報カードを他のメンバーに見せたり，渡したりすることはしないでください。
・情報カードの情報をそのまま模造紙に書き写すことはしないでください。
・模造紙に絵や単語をメモしたり，図示したりするのはかまいません。模造紙を課題の解決に有効に使ってください。

出典：林　芳孝（2009）実習「トシ君のおつかい」簡易版の紹介，体験学習実践研究，9，55-59.

「トシ君のおつかい」ふりかえり用紙

1　今の実習の中で，あなたはどのくらい自分の意見や考え，気持ちを言うことができましたか。

（どのような点で：具体的に）

1　2　3　4　5　6

できなかった　充分できた

2　今の実習の中で，あなたはどのくらい他のメンバーの意見や考えをきくことができましたか。

（どのような点で：具体的に）

1　2　3　4　5　6

できなかった　充分できた

3　今の実習の中で，あなたはグループの活動にどのくらい参加している実感がありましたか。

（どのような点で：具体的に）

1　2　3　4　5　6

なかった　充分あった

4　グループの活動が進む中で，あなたにどのような気持ちや感情が起こってきましたか。また，そのことから気づいたこと，感じたことにはどのようなことがありますか。

5　グループの活動の中で，あなたや他のメンバーの言動で，あなた，その人以外のメンバー，グループに影響を与えたと思うのは，だれの，どのような言動で，どのような影響ですか。

（だれの）　（どのような言動？）　（どのような影響？）

（自　分）

____

____

____

____

____

6　その他，感じたこと，気づいたことなどを書いてください。

「トシ君のおつかい」情報カード

学校には，寄り道をせずに，忘れ物を取りに行きました。	はじめにおつかいをしたのは，「くすりや」です。
「くすりや」では目薬を買いました。	「くすりや」の次に「やおや」に向かいました。
「やおや」ではトマトを買いました。	「やおや」の向かいのお店でリンゴを買いました。
「くだものや」を出た後，とうふを買い忘れたのに気がつきました。	「とうふや」へ向かう途中，財布を拾ったので，「交番」に届けることにしました。
「とうふや」は，トシ君が学校を出てから何番目に入った建物ですか？	「交番」に行く前に，「とうふや」でとうふを買いました。
家から学校のほうに向かうと，一番初めに「やおや」が右側に見えてきます。	「交番」と「やおや」は同じ並びにあります。
「学校」に一番近い建物は，「交番」と「くすりや」です。	「とうふや」は「クリーニングや」のななめ向かいにあります。
「でんきや」のとなりは「くだものや」です。	「かなものや」は「クリーニングや」と「でんきや」の間にあります。
「かなものや」の向かいには，３軒の飲食店が並んでいて，そのうちの一軒は「そばや」です。	「ラーメンや」と「でんきや」は，向かい合っています。
「すしや」は，飲食店の中でも真ん中にあります。	学校から家のほうに向かって歩いたとき，左側の５軒目にあるのは何の建物ですか？

「トシ君のおつかい」正解：

・学校から家に向かって歩いたとき，左側の５軒目にあるのは？
　……………………………………………………………………………ラーメンや

・「とうふや」はトシ君が何番目に買い物をしたお店？
　…………………………………………………………………………………４番目

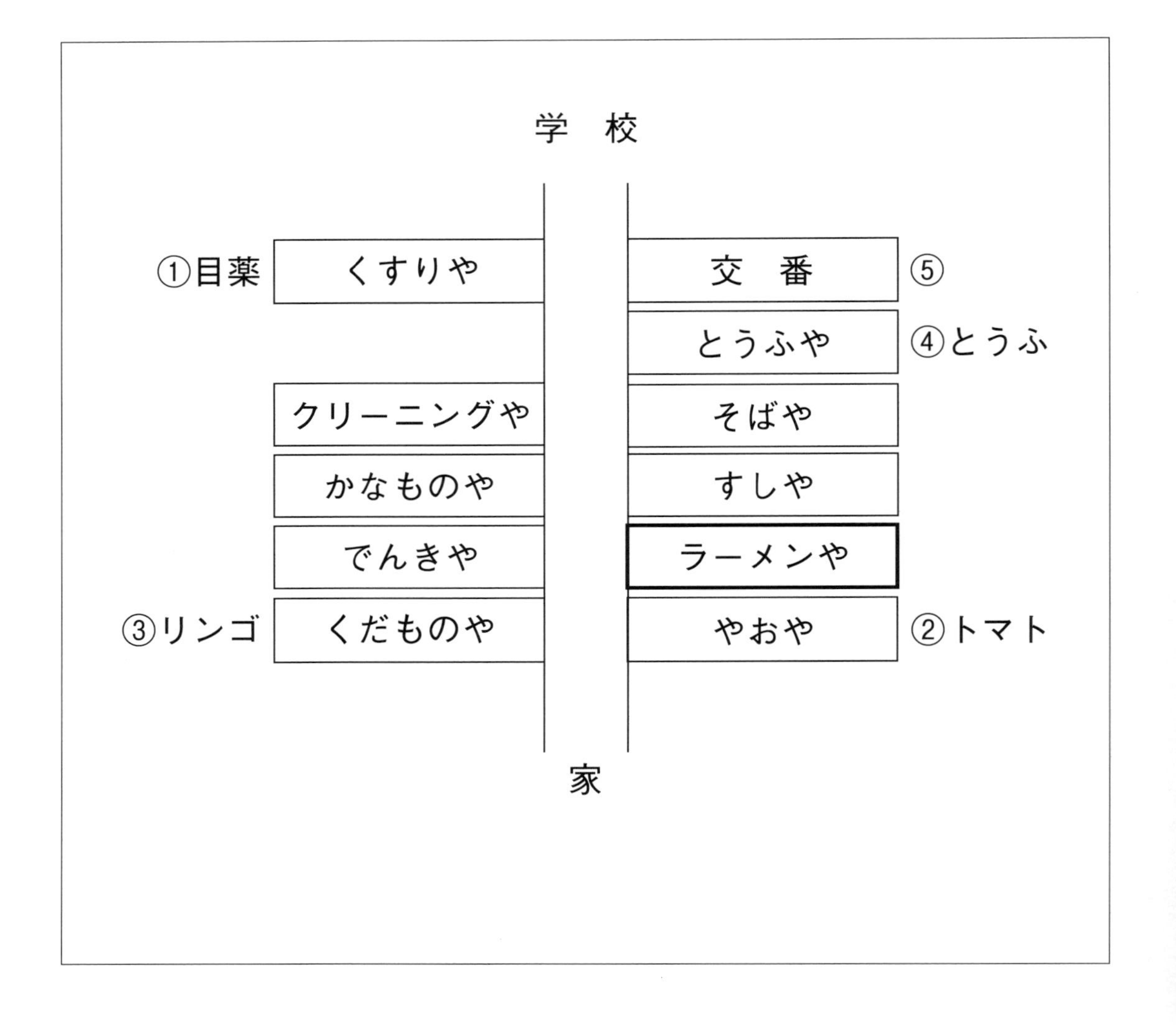

②　問題解決実習「いろいろな人が住むマンション」

実習「いろいろな人が住むマンション」

ねらい：

・グループのなかで起こるプロセス（自分や他者の動き，コミュニケーション，意思決定，リーダーシップなど）に気づく
・職業について考えてみる

手　順：

1．導入―ねらいと手順の説明―
2．実習の実施
3．各グループの結果と正解の発表
4．実習のふりかえり―ふりかえり用紙の記入とわかちあい―
5．インタビューとコメント

課　題：

A町に新しくマンションが建ちました。そのマンションの各階にいろいろな職業の人が住み始めました。

そのマンションのある町の町内会では，マンションに住んでいる人たちの名前と仕事を調べるために手分けして住んでいる人の情報を集めることになりました。

町内会の人たちはそれぞれの情報を持って集まりました。

あなた方の今回の仕事は，このマンションに住んでいる鵜飼さんと石黒さんの職業と住んでいる階を突き止めることです。

ルール：

◇各自が持っている情報は，声に出して言葉で伝えてください。
◇他の人の情報紙をのぞきこんで見たり，自分の情報紙を他の人に渡したり，見せたりすることはしないでください。
◇また，情報をそのまま書き写して一覧表にするようなことはしないでください。
◇各グループに配られている模造紙には，それぞれが出し合う情報を絵や単語などを書いて，グループの問題解決のために有効に使ってください。

スタートの合図から10分で，作業は終了します。

出典：鵜飼浩美・村上敏之・立松容子（2004）オリジナル実習「いろいろな人が住むマンション」の制作について，体験学習実践研究，4，14-22.

「いろいろな人が住むマンション」ふりかえり用紙　その1

◆このグループ活動をしていて……

1　今回の実習であなたは，

イ）　どの程度楽しめましたか？

<理由>

1	2	3	4
楽しめた	まあまあ楽しめた	あまり楽しめなかった	楽しめなかった

ロ）　どの程度自分の情報を，他のメンバーに伝えることができましたか？

<理由>

1	2	3	4
伝えることができた	まあまあ伝えられた	あまり伝えられなかった	伝えることができなかった

ハ）　どの程度他のメンバーの意見を聞くことができましたか？

<理由>

1	2	3	4
聞くことができた	まあまあ聞けた	あまり聞けなかった	聞くことができなかった

2　今回の実習で，他のメンバーについて気がついたことは何ですか？

メンバー名	気がついたこと

3　今回の実習に登場した職業に関して，気がついたこと・考えたことは何ですか？

職業名	気がついたこと・考えたこと

4　今回の実習をやってみて，職業についてどんなことを調べてみたいと思いますか？
自由に書いてください。(例　美容師になるために必要な資格について　など)

5　今回の実習で，あなたが気がついたこと・感じたことは何ですか？

「いろいろな人が住むマンション」ふりかえり用紙　その2

◆このグループ活動をしていて……

1　今回の実習であなたは，

ア）どの程度楽しめましたか？

＜理由＞

1	2	3	4
楽しめた	まあまあ楽しめた	あまり楽しめなかった	楽しめなかった

イ）どの程度自分の情報を，他のメンバーに伝えることができましたか？

＜理由＞

1	2	3	4
伝えることができた	まあまあ伝えられた	あまり伝えられなかった	伝えることができなかった

ウ）どの程度他のメンバーの意見を聞くことができましたか？

＜理由＞

1	2	3	4
聞くことができた	まあまあ聞けた	あまり聞けなかった	聞くことができなかった

2　今回の実習で，他のメンバーは，どんな役割を果たしたと思いましたか？　あてはまるものに○をつけてください。

メンバー名	口火を切る	場を和ます	タイムキーパーをする	意見を出す	意見を求める	意見をとりまとめる	記録をとる

3　今回の実習に登場した職業に関して，気がついたこと・考えたことは何ですか？

職業名	気がついたこと・考えたこと

4　今回の実習をやってみて，職業についてどんなことを調べてみたいと思いますか？
自由に書いてください。(例　美容師になるために必要な資格について　など)

5　今回の実習で，あなたが気がついたこと・感じたことは何ですか？

「いろいろな人が住むマンション」情報カード

3階に住んでいる人の仕事は，天候に左右されるが，最近の健康ブームに乗って，ネット販売に力を入れている。

このマンションの住人の一人は，フリーターである。

鵜飼さんは，組合で月曜休みが決まっている。

村上さんは，「このマンションには中学時代お世話になった先生がいる。」と話していた。

このマンションは6階建てで，各階の住人は一人ずつである。

船橋さんは，3階に住んでいる。

津村さんの2階上の住人は，有機栽培農家である。

鵜飼さんの仕事の喜びは，お客さんがきれいになって喜ぶ姿を見ることである。

4階に住んでいる人の職業は，コンピュータ・プログラマーである。

津村さんは，機械に詳しいだけでなく，誰にでもていねいな対応を心がけているので，営業所でトップの販売台数を上げている。

船橋さんの2階上に住む人は，好きになった人にプロポーズしたいが，自分の将来がどうなるかわからないので，なかなか言い出せないでいる。

立松さんと石黒さんは，風邪をひいて医者に行った。同じ薬をもらったのに，立松さんは1万5千円，石黒さんは3千円払った。

最上階に住んでいる鵜飼さんは，立ち仕事で疲れるので，必ずエレベーターを使う。

鵜飼さんは，専門学校で一生懸命勉強して，国家試験に合格した。

村上さんは，自分の作った会計処理のプログラムが，ある会社でとても役に立っていると言われて，うれしかった。

鵜飼さんの下の階の住人は，自由な時間があるので，平日にディズニーランドへ行った。

船橋さんの一階下の住人は，教え子の結婚式に招待されて，お祝いのスピーチをすることになった。

船橋さんは，お客さんから，「おたくのおいしい野菜のおかげで，うちの子の野菜ぎらいがなおりました」という手紙をもらった。

石黒さんは，大学でこの職業に必要な免許を取得した。

コンピュータ・プログラマーの3階下に住んでいる人は，決まった収入のほかに，自分のがんばりによって，たくさんもらえることがある。

「いろいろな人が住むマンション」正解

階	住人の名前	職業
6階	鵜飼さん	美（理）容師
5階	立松さん	フリーター
4階	村上さん	コンピュータ・プログラマー
3階	船橋さん	有機栽培農家
2階	石黒さん	教員
1階	津村さん	セールスマン

③　問題解決実習「めざせワールドカップ　2022」

めざせワールドカップ　2022
Toward World Cup 2022

ねらい：
・体験学習を体験してみる
・グループで課題を達成する過程で起こるさまざまなこと（自分や他者の参加の仕方，コミュニケーションのありよう，リーダーシップのありよう，課題の進め方など）に気づく

Objectives：
To undergo hands-on training of experiential learning
To become aware of the team process of achieving an assignment（the learner's own and other participant's behaviors, how communication and leadership should take place, the way work should be done, etc.）

手順：
Procedure：

1．導入―ねらいと手順の説明―
Introduction：Objectives & Procedure
2．実習の実施
Implementation of the Exercise
3．各グループの結果と正解の発表
To announce the results of the discussions & the correct answer of the exercise
4．実習のふりかえり　―ふりかえり用紙の記入とわかちあい―
Reflection
Fill in the reflection sheet
Exchange opinions（including feedback）with other participants based on the completed reflection sheet
5．インタビューとコメント
Interview & Comments

出典：津村俊充・楠本和彦・山下洋史（2006）問題解決実習「めざせワールドカップ2006」（英語&日本語バージョン）の創作―さまざまな学習者との交流と学びを深めるために―，体験学習実践研究，6，56-68．をもとに作成．

めざせワールドカップ　2022
Toward World Cup 2022

【ねらい】
グループで課題を解決する過程で起こるさまざまな事柄（個々のメンバーの動きやコミュニケーションの仕方，意思決定の仕方，リーダーシップなど）に気づく。

【課　題】
2022年にカタールでワールドカップが開催されます。アジア予選の結果，日本はワールドカップに出場することができるようになりました。
あなた方は，カタールのスポーツ記者です。日本チームの出場選手名簿を，できるだけ早く見つけ出す必要があります。集められた情報が今，みなさんの手もとにあります。
あなた方の課題は，20分の制限時間の中で集められたすべての情報を有効に活用して，日本の出場選手の名簿を見つけ出すことです。

Group Task：
The World Cup will be held in Qatar in 2022.As the result of the Asia tournament, Japan got a position to play in the coming World Cup.
You are sportswriters of Qatar. And you need to obtain the starting lineup list of the Japanese team as soon as possible. Now you have the information gathered by them on hand.
You are expected to make effective use of the information in order to determine the starting lineup of the Japanese team within the 20-minute time limit.

【ルール】
・情報は口頭で伝えてください。情報紙を他のメンバーに見せたり，渡したりしないでください。
・模造紙には，口頭で話しながら，絵や単語などメモを書き出して，グループの活動に有効に利用してください。情報紙に書かれていることをそのまま模造紙に書き写さないでください。

Rules：
・Information should be conveyed orally. Do not show or give any other member the information paper.
・Make effective use of the large-sized paper for writing down figures or words while discussing in the group. Do not copy totally what is written in the information paper onto the large-sized paper.

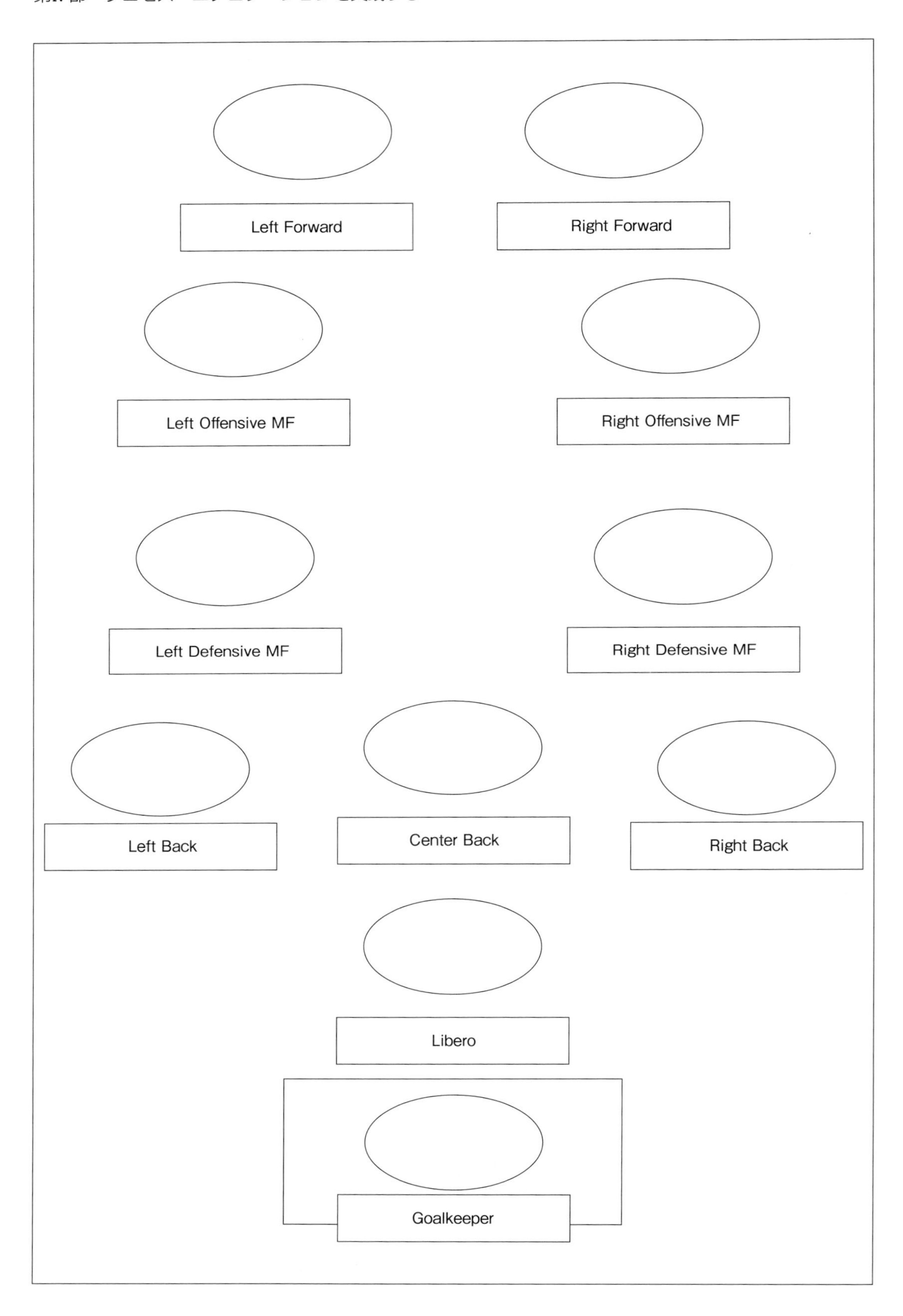
Left Forward
Right Forward
Left Offensive MF
Right Offensive MF
Left Defensive MF
Right Defensive MF
Left Back
Center Back
Right Back
Libero
Goalkeeper

めざせワールドカップ　2022
ふりかえり用紙（Reflection Sheet）

1．今のグループ活動にどの程度満足していますか？
How satisfied are you with your current group activity?

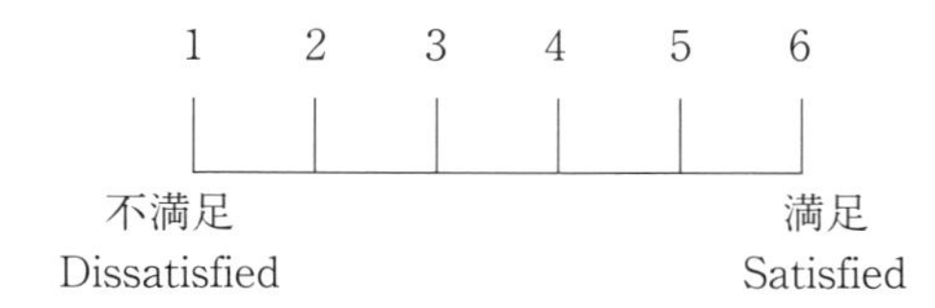

2．あなたは自分の意見や気持ちをどの程度話すことができましたか？
How well did you speak your opinion and feelings?

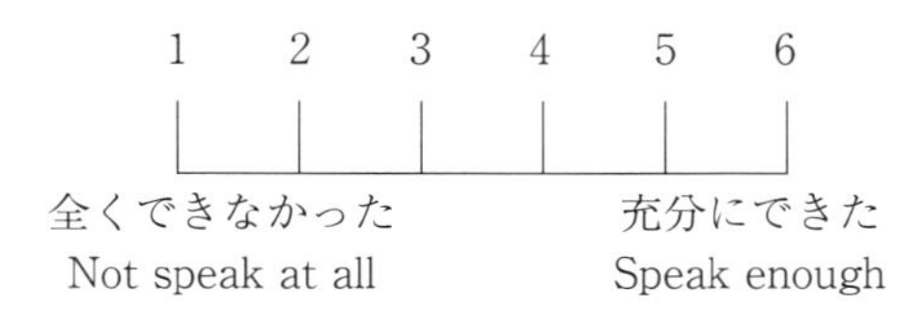

3．グループのメンバーはお互いにどの程度聴き合っていましたか？
How well did the group members listen to each other?

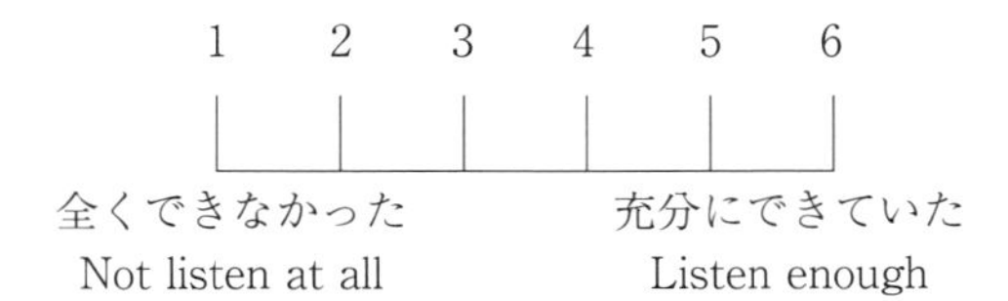

4．今のグループで問題解決をする過程で気がついたグループプロセスは？
What group processes have you noticed in the process of solving problems in group activity?
（たとえば，コミュニケーションの仕方，意思決定の仕方，リーダーシップ：課題達成への行動，メンバー配慮への行動など。For example；Communication, Decision Making Procedures, Task oriented Behavior or Maintenance oriented Behavior）

「めざせワールドカップ　2022」情報紙

・Kubo has a back ache and cannot do his favorite training.(「久保」は腰の具合が少し悪く，好きなトレーニングを我慢している。)	・The Right Forward drives a sports car.(右フォワードは，スポーツカーに乗っている。)
・The Left Back is the slowest runner on the team.(一番足の遅いのは，左バックである。)	・The Offensive MF is the most lightweight on the team.(一番体重が軽いのは，攻撃的 MF である。)
・All of the defenders are in their 20s. (ディフェンダーは，全員年齢が20歳代である。)	・The only left−handed player on the team is the Left Defensive MF.(左利きは，チームで一人だけで，左の守備的 MF である。)
・Tomiyasu,Nakashima,and Minamino get more than 100 million yen a year. (年俸を１億円以上もらっているのは，「冨安」「中島」「南野」である。)	・The Right Offensive MF, the Left Offensive MF, and Endo are more than 185 cm tall.(身長が185cm 以上の者は，右の攻撃的 MF，左の攻撃的 MF，「遠藤」である。)
・The player with the lowest assist rate is Osako and the player with the highest assist rate is Minamino. They both play as MFs.(アシスト率の一番低いのは「大迫」で，アシスト率の一番高いのは「南野」で，ともに MF である。)	・Only Tomiyasu and Haraguchi have sports cars.(スポーツカー乗っているのは，「冨安」と「原口」だけである。)
・Sugimoto is not a defender. (「杉本」は，ディフェンダーではない。)	・The Right Defensive MF gets the most money, followed by the Right Offensive MF and then the Right Forward.(チーム内で，右の守備的 MF，右の攻撃的 MF，右フォワードの順で，年俸が高い。)

・Ito has a driver license but no car.（「伊東」は，車の免許を持っているが，車は持っていない。）	・All of the MF players weigh less than 80 kg except for the Right Defensive MF and the Right Offensive MF.（MF は，右の守備的 MF，右の攻撃的 MF を除くと，体重80kg 以下の選手でしめられている。）
・The most excitable players are the Left Offensive MF and Libero and Endo.（試合中興奮しやすい選手は，左の攻撃的 MF，リベロ，および「遠藤」である。）	・The Right Back player is younger than the Left Back player.（左バックよりも右バックの選手の方が，年齢が若い。）
・Doan is neither the Right Defensive MF nor the Keeper. He is the most lightweight player on the team.（「堂安」は，右の守備的 MF でも，キーパーでもなく，体重はチームで一番軽い。）	・Minamino is shorter than the Right Offensive MF.（「南野」は右の攻撃的 MF よりも背が低い。）
・The fastest runner is Shiotani.（一番足の速いのは，「塩谷」である。）	・Osako is left−handed.（「大迫」は，左利きである。）
・The only defender who enjoys training is the Center Back.（ディフェンダーで，トレーニング好きなのは，センターバックだけである。）	・The Left Back Player gets excited very often and has received yellow cards on many occasions.（左バックは，カッカしやすいので，ときどきイエローカードをもらう。）
・The heaviest player is Nakashima.（体重が一番重いのは，「中島」である。）	・The Libero is the fastest runner on the team.（リベロは，チームで一番足が速い。）
・Haraguchi is the Goalkeeper.（「原口」は，ゴールキーパーである。）	・The defenders refer to three back players.（ディフェンダーとは，3人のバックのプレイヤーを指している。）

「めざせワールドカップ　2022」正解

Answer

Right Forward : Tomiyasu

Left Forward : Sugimoto

Right Offensive MF : Nakashima

Left Offensive MF : Doan

Right Defensive MF : Minamino

Left Defensive MF : Osako

Right Back : Ito

Center Back : Kubo

Left Back : Endo

Libero : Shiotani

Goalkeeper : Haraguchi

正　　解

左フォワード　杉本	右フォワード　：冨安
左の攻撃的ＭＦ：堂安	右の攻撃的ＭＦ：中島
左の守備的ＭＦ：大迫	右の守備的ＭＦ：南野
左のバック　　：遠藤	右のバック　　：伊東
センターバック：久保	リベロ　　　　：塩谷
ゴールキーパー：原口	

④　問題解決実習「なぞのマラソンランナー」

実習「なぞのマラソンランナー」

ねらい：

・体験学習を体験してみる
・１つの課題を達成するときに起こる人間関係（影響関係など）に気づく
・自分のグループの中での働きを考えてみる

手　順：

1．導入―ねらいと手順の説明―
2．実習の実施
3．各グループの結果と正解の発表
4．実習のふりかえり―ふりかえり用紙の記入とわかちあい―
5．インタビューとコメント

課　題：

渡された情報カードには，マラソンをしている人の絵が描いてあります。それぞれのランナーはゼッケンを付けています。
あなた方の課題は，マラソンをしている人の中で，先頭から数えて４番目に走っている人のゼッケンの番号を見つけ出すことです。

答えがわかったら，グループのみんなで『バンザイ！』と言ってください。

ルール：

情報は，口頭で伝えてください。
渡された情報カードは，他のメンバーに見せたり，渡してしまったりしないでください。
また，他のメンバーの情報紙を見たりしないでください。

話し合う時間は，25分間です。

実習「なぞのマラソンランナー」 ふりかえり用紙

1．この実習の中で，あなたは……
どれ程，自分の意見や考え，アイディアを言うことができましたか。（どのような点で）

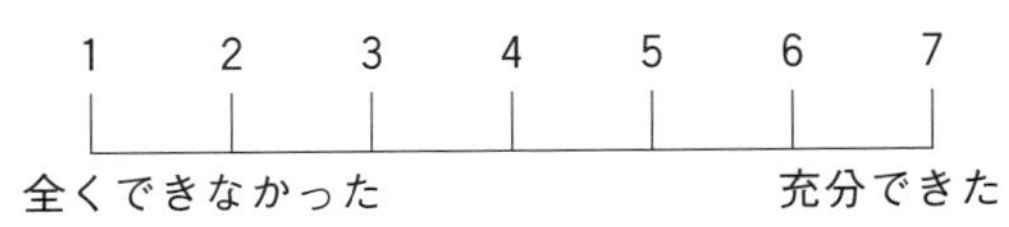

2．この実習の中で，あなたは……
どれ程，他のメンバーの意見や考えを聴くことができましたか。（どのような点で）

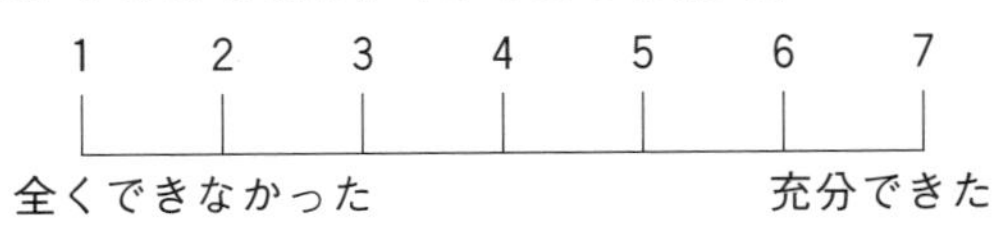

3．課題に取り組んでいる間のグループ全体の様子（＝グループプロセス；たとえば，コミュニケーションの様子，リーダーシップや影響関係，ノームや決まりごと，意思決定のされ方，進め方や手順，全体の雰囲気やその変化，など）について，感じたことや気づいたことを記入してみてください。

4．グループのメンバー（あなたも含めて）の動きについて印象に残っていることや感じたこと，グループで課題に取り組んでいる際に，グループ全体やあなたへ与えた影響，などを記入してみてください。

＜誰の＞　　　　＜どのような言動が　どのような影響を＞

＿＿＿＿＿＿：

＿＿＿＿＿＿：

＿＿＿＿＿＿：

＿＿＿＿＿＿：

＿＿＿＿＿＿：

わたし　：

5．その他，気づいたことや感じたこと，今回のグループワークから学んだことは？

情報カード

［なぞのマラソンランナー］

・グループの人数によって，カードの枚数を調整してつかってください。
・1グループ7人まで可能です。
・6人の場合は，最後のカード，ゼッケン3番を除きます。

出典：坂野公信（監修）日本学校GWT研究会著（1994）協力すれば何かが変わる≪続・学校グループワーク・トレーニング≫，遊戯社．p.43．より

⑤　問題解決実習「東京観光」

実習「東京観光」

ねらい

・グループの中での自分や他者の動きに気づき，その影響関係をとらえる

課　題

あなた方の課題は，チームとしてある課題を解決することです。

そのために必要な情報は，すべて情報カードの中にあります。各情報紙には，部分的な情報しか書かれていませんが，全員の情報を集めると，課題を解決することができます。

グループの答えは，模造紙に書いてください。

ルール

・各自がもっている情報は，口頭で伝えて下さい。
・他の人がもっている情報カードを見たり，自分の情報カードを他の人に渡したり，見せたりすることはしないでください。
・情報を皆が見えるように模造紙にそのまま書き写すことはしないでください。ただし，課題を解決するために，ポイントとなる言葉，図や絵などを書くことはできます。

スタートの合図から30分で作業を打ち切ります。

出典：大塚弥生・羽佐田紘大・近藤友紀・山下優理（2010）オリジナル実習「東京観光」，体験学習実践研究，10，44-54.

「東京観光」マップ

上野

東京ドーム

浅草

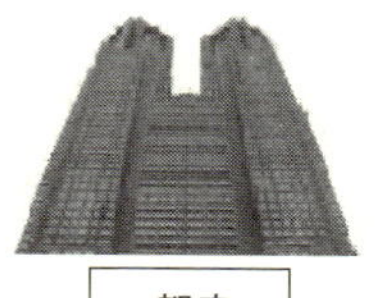

都庁

東京駅

築地

六本木ヒルズ

東京ミッドタウン

東京タワー

お台場

「東京観光」　ふりかえり用紙

学生番号＿＿＿＿＿＿　名前＿＿＿＿＿＿＿　グループ＿＿＿＿

1．あなたは，今日のグループ活動にどの程度参加できましたか。

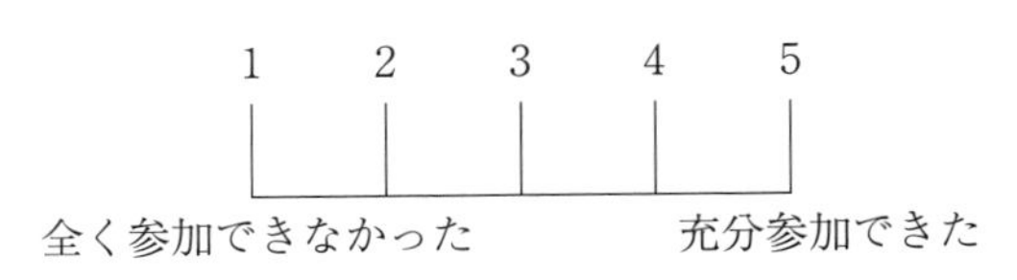

その理由は

2．グループのコミュニケーションは，どれほど充実していたと思いますか。

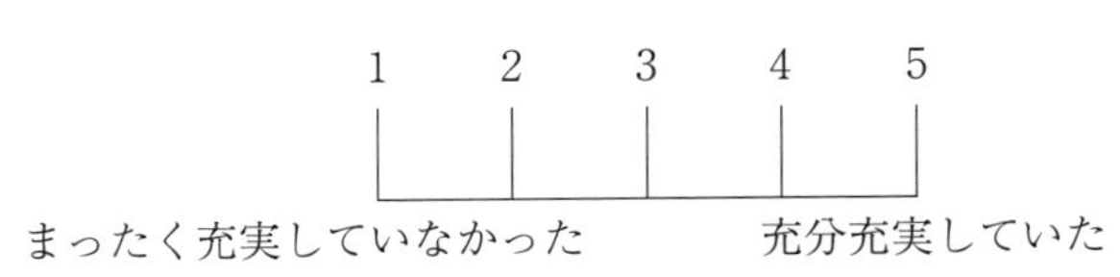

その理由は

3．メンバーの言動について，あなたが気づいたことや感じたこと。（具体的に）

4．感想

実習「東京観光」情報カード

あなた方の課題は，集合時間までにすべての場所を回るルートを見つけることです。	班行動は，９：00に東京駅からスタートします。
15：30までに，お台場に集合してください。	東京駅とお台場以外の観光は，各場所で30分かかります。
東京ドームで昼食をとってください。	東京ドームから上野までは，10分かかります。
東京駅から上野までは，15分かかります。	東京ドームから東京ミッドタウンまでは，30分かかります。
築地からお台場までは，船で30分です。	移動はほとんど，電車を使います。
都庁から六本木ヒルズまでは，20分かかります。	都庁から東京ドームまでは，20分かかります。
都庁からお台場までは，25分かかります。	築地からお台場までは，電車で40分かかります。
上野から浅草までは，５分です。	浅草から築地までは，15分かかります。
東京駅から東京ドームまでは，10分かかります。	東京ミッドタウンから六本木ヒルズまでは，徒歩で10分です。
東京ミッドタウンから東京タワーまでは，25分かかります。	東京駅から東京タワーまでは，20分かかります。
東京駅から築地までは，10分かかります。	レインボーブリッジ，閉鎖できません。

「東京観光」正解図

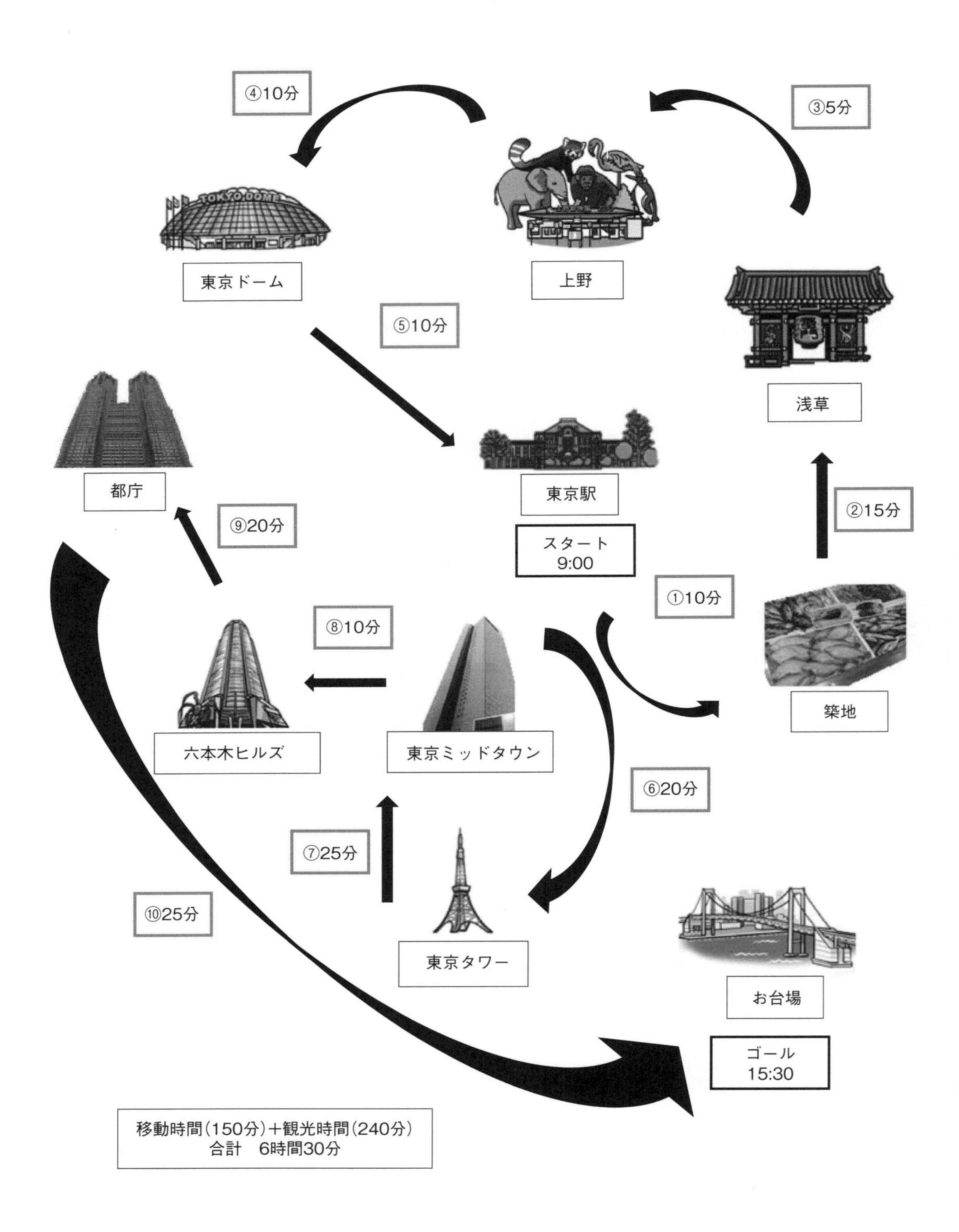

④10分
③5分
TOKYO DOME
東京ドーム
上野
浅草
⑤10分
都庁
東京駅
スタート
9:00
②15分
⑨20分
①10分
⑧10分
築地
六本木ヒルズ
東京ミッドタウン
⑥20分
⑦25分
⑩25分
東京タワー
お台場
ゴール
15:30
移動時間（150分）＋観光時間（240分）
合計　6時間30分

⑥　問題解決実習「ハッピーファーマーズ」

実習「ハッピーファーマーズ」

ねらい

・グループの中で起こっていることをとらえる
　グループで問題解決の実習をする過程で起こるさまざまなことがら，
　▷たとえば，メンバーの参加の仕方，コミュニケーション，リーダーシップ，情報の扱い方などに気づく

・グループの中での自分のあり方に気づく

手　順

1．導入―ねらいと手順の説明―
2．実習の実施
3．各グループの結果と正解の発表
4．実習のふりかえり―ふりかえり用紙記入とわかちあい―
5．インタビュー＆コメント

課　題

あなた方の課題は，チームとしてある課題を解決することです。
そのために必要な情報は，すべて情報カードの中にあります。各情報カードには，部分的な情報しか書かれていませんが，全員の情報を集めると，課題を解決することができます。

ルール

・各自がもっている情報は，口頭で伝えてください。
・他の人がもっている情報カードを見たり，自分の情報カードを他の人に渡したり，見せたりすることはしないでください。
・情報を皆が見えるように模造紙にそのまま書き写すことはしないでください。ただし，模造紙は，絵や単語をメモしたり図示したりして，グループ活動に有効に利用してください。

スタートの合図から30分で作業を打ち切ります。

出典：津村俊充（2011）問題解決実習「ハッピーファーマーズ」，体験学習実践研究，11，53–56.

実習「ハッピーファーマーズ」 ふりかえり

1．この実習の中で，あなたはどれほど，自分の意見や考え，アイディアを言うことができましたか。（どのような点で）

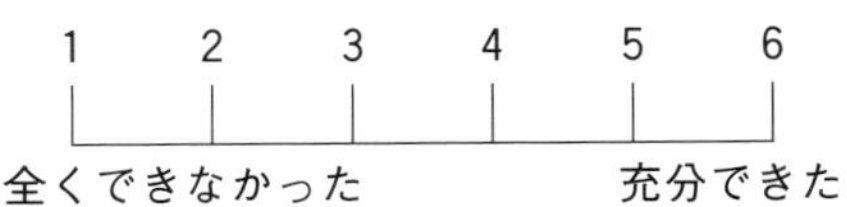

2．この実習の中で，あなたはどれほど，他のメンバーの意見や考えを聴くことができましたか。（どのような点で）

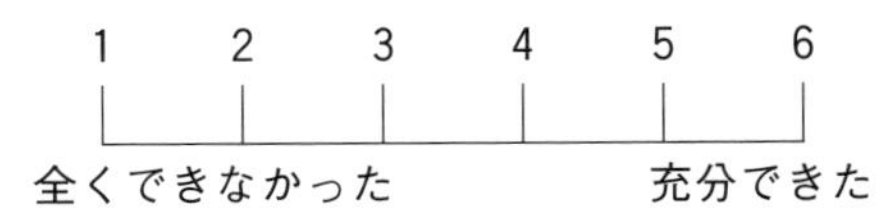

3．課題に取り組んでいる間のグループの様子は？（＝グループプロセス；たとえば，コミュニケーションの様子，リーダーシップや影響関係，ノーム，意思決定のされ方，進め方や手順，全体の雰囲気やその変化，など）感じたことや気づいたことを記入してみてください。

4．グループのメンバー（あなたも含めて）の動きについて印象に残っていることや感じたこと，グループで課題に取り組んでいる際の，グループ全体やあなたへ与えた影響，などを記入してみてください。

＜誰の＞　　　　＜どのような言動が　どのような影響を＞

＿＿＿＿＿：

＿＿＿＿＿：

＿＿＿＿＿：

＿＿＿＿＿：

＿＿＿＿＿：

わたし　：

5．その他，気づいたことや感じたこと，今回のグループワークから学んだことは？

「ハッピーファーマーズ」情報カード

犬の飼い主は，モモ果樹園の農家の隣に住んでいます。	山田さんは，ウサギを育てています。
木造平屋づくりの家に住んでいる農家は鳩を飼育しています。	村にある一軒の家は，東の端に建っています。
星野さんの隣に住んでいる農家はステーションワゴンに乗っています。	星野さんの隣の人は，猿を飼っています。
犬を飼っている農家はサクランボも栽培しています。	鈴木さんは赤レンガの家の隣に住んでいます。
グループの課題の１つは，誰がトラックを運転しているのかを決めることです。	村にある家は，互いに隣り合って，半円形に建っています。
清水さんはオレンジを栽培しています。	コンクリートづくりの家の車庫にジープがあります。
それぞれの農家は異なる種類の動物を飼っています。	森本さんは，鈴木さんの隣に住んでいます。
オートバイは，丸太小屋の家の裏庭に置いてあります。	猫を飼っている人は，ブドウを栽培している東隣に住んでいます。
この村は，北西の風がよく吹きます。	丸太小屋の家の門には大きな犬小屋があります。
あなたのグループの課題の１つは，この村の北東に住んでいる人が誰であるかを決めることです。	５軒の農家それぞれは異なる種類の乗り物に乗っています。
丸太小屋の家は，この村の最も北にあります。	各農家は，異なる種類の果物を栽培しています。

コンクリートづくりの家は，山小屋風の家の隣に建っています。	森本さんは，スポーツカーに乗っています。
鈴木さんは，鳩を飼育しています。	鈴木さんは村の西の端に住んでいます。
コンクリートづくりの家の庭にウサギがいます。	グループの課題の１つは，誰がリンゴを栽培しているかを決めることです。
星野さんは，丸太小屋の家に住んでいます。	それぞれの農家は異なるタイプの家に住んでいます。

「ハッピーファーマーズ」正解

農家	鈴木	森本	星野	清水	山田
位置	西	北西	北	北東	東
動物	鳩	猫	犬	猿	ウサギ
果樹	ブドウ	モモ	サクランボ	オレンジ	リンゴ
家	木造平屋	赤レンガ	丸太小屋	山小屋	コンクリートづくり
乗り物	トラック	スポーツカー	オートバイ	ステーションワゴン	ジープ

⑦　問題解決実習「ナースをさがせ」

問題解決実習「ナースをさがせ」

ねらい

・グループの中で起こっていることをとらえる
グループで問題解決の実習をする過程で起こるさまざまなことがら，
▷たとえば，メンバーの参加の仕方，コミュニケーション，リーダーシップ，情報の扱い方などに気づく

・グループの中での自分のあり方に気づく

手　順

1．導入―ねらいと手順の説明―
2．実習の実施
3．各グループの結果と正解の発表
4．実習のふりかえり―ふりかえり用紙記入とわかちあい―
5．インタビュー＆コメント

課　題

あなた方の課題は，チームとしてある課題を解決することです。
そのために必要な情報は，すべて情報カードの中にあります。各情報カードには，部分的な情報しか書かれていませんが，全員の情報を集めると，課題を解決することができます。

ルール

・各自がもっている情報は，口頭で伝えてください。
・他の人がもっている情報カードを見たり，自分の情報カードを他の人に渡したり，見せたりすることはしないでください。
・情報を皆が見えるように模造紙にそのまま書き写すことはしないでください。ただし，模造紙は，絵や単語をメモしたり図示したりして，グループ活動に有効に利用してください。

スタートの合図から30分で作業を終了します。

出典：津村俊充（2010）問題解決実習を用いたラボラトリー方式の体験学習による学びの可能性を考える―看護医療領域における教育のための素材づくりより―，体験学習実践研究，10，1-20.

実習「ナースをさがせ」　ふりかえり用紙　その1

1．この実習の中で，あなたは……
どれ程，自分の意見や考え，アイディアを話すことができましたか。（どのような点で）

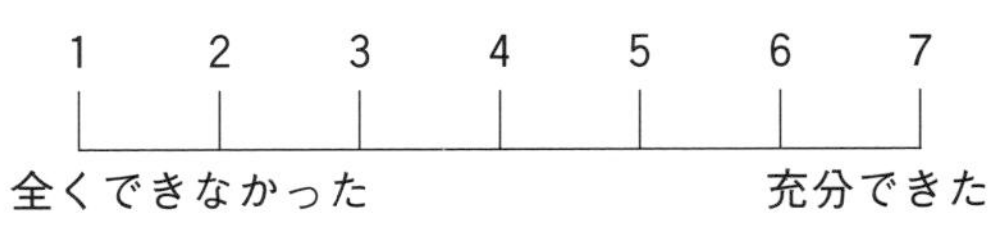

2．この実習の中で，あなたは……
どれ程，他のメンバーの意見や考えを聴くことができましたか。（どのような点で）

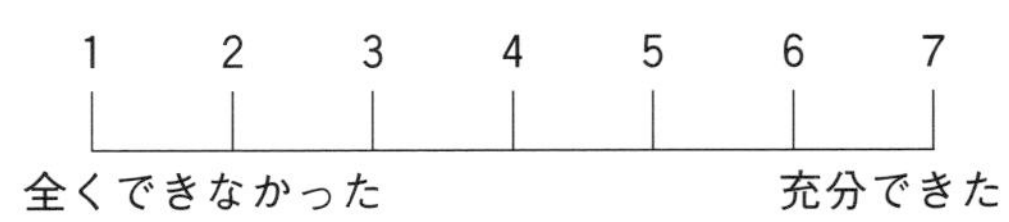

3．課題に取り組んでいる間のグループ全体の様子（＝グループ・プロセス；たとえば，コミュニケーションの様子，リーダーシップや影響関係，ノームや決まりごと，意思決定のされ方，進め方や手順，全体の雰囲気やその変化，など）について，感じたことや気づいたことを記入してみてください。

4．グループのメンバー（あなたも含めて）の動きについて，印象に残っていることや感じたこと，グループで課題に取り組んでいる際に，グループ全体やあなたへ与えた影響，などを記入してみてください。
＜誰の＞　　　＜どのような言動が　どのような影響を＞

私　：

　：

　：

　：

　：

　：

5．今回の実習体験から学んだことは？

「ナースをさがせ」ふりかえり用紙　その2

1．今の実習の中で，あなたは

1）どの程度，自分の気持ちや意見を述べることができましたか？
（どのような点から？）

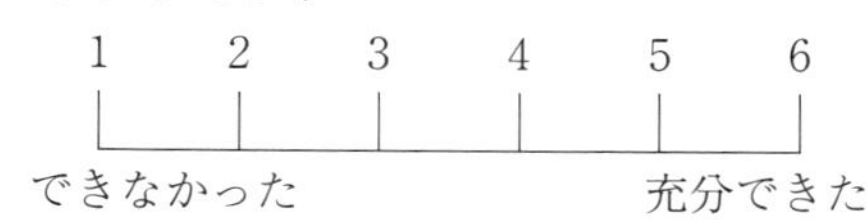

2）どの程度，他者の気持ちや意見を聴くことができましたか？
（どのような点から？）

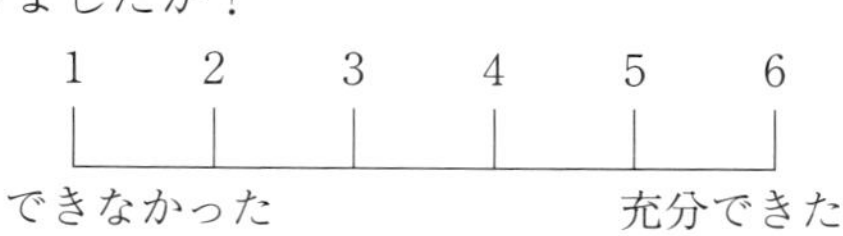

2．グループ活動の中で，自分も含めて，メンバーはどのような動きや働きをしていましたか？　気づいたことを列挙してください。

課題達成の役割・機能（Performance 機能） ―コンテントに働きかける力―	集団維持の役割・機能（Maintenance 機能） ―プロセスに働きかける力―
P−1：あらたに始める・発議する・口火を切る（中間でも） P−2：情報・意見・アイディアなどの提供を求める P−3：情報・意見・アイディアなどを提供する P−4：明確化・吟味・解釈・判断などをする P−5：関連付け・まとめや締めくくりをする（中間でも，終りでも） P−6：合意をとりつけたり，意見一致かどうかを確認する P−7：記録したり，座席を変えたりなど技術的に貢献する P−8：その他，課題達成を促進する働きかけ	M−1：あたたかく励ましたり，支えたりする M−2：雰囲気を作ったり感情を表したり確かめたり共有する M−3：緊張を緩和させたり調和をはかったり，仲をとりもつ M−4：譲歩する。グループの線に沿って妥協する M−5：課題を達成するための標準を示す。規範を作る M−6：整理役・進行役を勤め，コミュニケーションを促進させる M−7：観察して，フィードバックする M−8：その他：集団維持を促進する働きかけ

（誰の）　　　　　　　　　　　　（どのような言動や働き）

働きの記号｛　　　　　　　　｝
＿＿＿＿＿＿＿＿＿＿＿＿＿＿

働きの記号｛　　　　　　　　｝
＿＿＿＿＿＿＿＿＿＿＿＿＿＿

働きの記号｛　　　　　　　　｝
＿＿＿＿＿＿＿＿＿＿＿＿＿＿

働きの記号｛　　　　　　　　｝
＿＿＿＿＿＿＿＿＿＿＿＿＿＿

働きの記号｛　　　　　　　　｝
＿＿＿＿＿＿＿＿＿＿＿＿＿＿

働きの記号｛　　　　　　　　｝
私
＿＿＿＿＿＿＿＿＿＿＿＿＿＿

3．今後チームで仕事をするときに，自分が課題としたいことにはどのようなことがありますか？

4．その他

「ナースをさがせ」情報カード

グリーンのナース服の人は，人の話を聴く『傾聴力』が優れているナースの隣の科で勤務しています。	クリーム色のナース服を着ている人は，緊急時でもすばらしい『判断力』をもつナースの東隣の棟で勤務しています。
河合さんは，白のナース服を着用しています。	あなたがたのグループの課題の１つは，この病院の北東の棟で勤務している人が誰であるかを探すことです。
水色のナース服を着ている人は，産婦人科の棟で勤務しています。	内科勤務のナースは，グリーンのナース服を着ています。
写真撮影を趣味にしている人は，ピンクのナース服を着ています。	この病院は，設備がよくて，ナースのホスピタリティあふれる看護が評判になっています。
後藤さんの隣の棟で働いてる人は，休日には自慢のカメラをもって撮影に出かけることが趣味です。	５人のナースは，それぞれ異なる趣味をもっています。
後藤さんの勤務する科の隣の棟で働くナースは，ピンクのナース服を着ています。	内科のある棟は，この病院内では真北に位置しています。
グリーンのナース服を着ている人は，最新の医療や看護に関する『情報収集力』が優れています。	ナースは，それぞれ異なった特長のある能力をもっています。
あなたがたのグループの課題の１つは，テニスを趣味にしているナースが誰であるかを探すことです。	鈴木さんは，一日の出来事をブログに書くことが趣味です。

この病院の５つの病棟は，東西に長いひょうたん池を囲むように，互いに隣りあっていて，半円形に並んで建っています。	明石さんは，水色のナース服を着ています。
中澤さんは，20名あまりのナースをまとめる『統率力』をもっています。	明石さんは，この病院の西の端に建っている科で勤務しています。
精神科で勤務するナースは，趣味はエアロビクスで，休みの日になるとジムに通って２時間ほど汗を流しています。	精神科のナースの服の色は白です。
鈴木さんは，明石さんが勤務する科の隣の棟で働いています。	後藤さんは，内科で勤務しています。
各科の棟では，それぞれ異なる色のナース服を着ています。	あなたがたのグループの課題の１つは，部下のキャリア向上に熱心な『教育力』のあるナースは誰であるかを探すことです。
明石さんは，小児科のある棟の隣の科で働いています。	精神科のある棟は，外科の棟の隣に建っています。
音楽鑑賞が趣味のナースは，内科で勤務をしています。	それぞれのナースは，異なる科で勤務しています。

「ナースをさがせ」正解

名前	ナース服	趣味	特技	勤務科	方角
明石	水色	テニス	判断力	産婦人科	西の隣
鈴木	クリーム色	ブログ	傾聴力	小児科	北西
後藤	グリーン	音楽鑑賞	情報収集力	内科	北
中澤	ピンク	写真	統率力	外科	北東
河合	白	エアロビクス	教育力	精神科	東の端

(2) コンセンサスによる集団の意思決定実習

8種類のコンセンサスによる集団の意思決定のための実習を紹介する。コンセンサスによる集団の意思決定を行うためには，グループメンバーが少し知り合っている関係であったり，または体験から学ぶ姿勢を共有できているようなレディネスのあるグループでの実施が望ましいだろう。また，内容によっては，各メンバーの価値観が明確になるような実習もあり，課題によってはグループのプロセスへの気づきだけでなく，メンバーが相互に理解し合う体験になることを意図した実習としても適しているだろう。正解のあるコンセンサスの場合には，コンセンサス（合意形成）を行うことの意味を正解との比較で，知ることができたり，メンバーの強い主張の結果がどのように結果に影響を与えるかを知る素材にもなる。

一方，正解のあるコンセンサスは，正解について参加者に納得感がない場合は，課題に対する抵抗が残る可能性があるので，進め方において，正解の扱い方はていねいにする必要がある。

下記の8つのコンセンサス実習は，それぞれの特徴を備えているので，教育プログラムを設計する際に参考にされるとよいだろう。

正解のないコンセンサス実習

①「ぼくらのリーダー」

この課題は，小学校中・高学年を対象に創作された実習であるが，学校の先生はじめ成人の人々に対してもコンセンサス実習として用いることができる。小学生などの場合には，比較的人数が少なめ，たとえば，4名ぐらいのグループで，成人の場合には，6名ぐらいのメンバーで話し合うと多様な意見が聞ける可能性が大きくなるだろう。討議の時間としては，20～30分の設定で実施可能である。

②「新説・桃太郎」

中学・高校生でも実施可能であるが，大学生や成人に行うことも可能である。課題は，昔聞かされた桃太郎のお話を読み，「もしあなたが桃太郎であるなら……，山に鬼がいて，村人たちを困らせているという話を聞いたらどうするか？」という5つの選択肢に順位を付ける個人決定から実習はスタートする。グループで1つの順位を付ける課題を通して，それぞれに学習者の問題に対峙するありようが見えてくることもあり，熱心に取り組まれる課題である。討議の時間としては，およそ30分ぐらいが1つの目安である。

③「5人のツアーガイド」

課題は，「御岳高原に来て，5人のツアーガイドさんの中から，1人のツアーガイドを選ぶ」という討議課題である。まず，個人で意思決定し，コンセンサスによる話し合いを目安30分ぐらい行い，1人のツアーガイドを選ぶのである。学習者がどのようなサービスを受けたいと考えるか，学習者のニーズやガイドというサービスに対する考え方などが話し合いの過程で見えることがある。

④「ボランティア」

課題は，ある老人ホームでボランティアに応募してきたさまざまな職種，年齢の6名の中から1年間のボランティアとして迎え入れる2名を決定するという討議内容である。ボランティアに対する考え方や討議をするメンバーの人間観や人生観などが話し合いの過程で議論になる。その話し合いの過程でお互いの価値観やかかわり方などに気づくことができる課題である。話し合いの目安の時間として30分ぐらいであるが，30分では少し短いかもしれない。

⑤「ある日の幼稚園」

課題は，保育所や幼稚園で勤務する先生や職員の方々を対象にした研修プログラムの実習に適している。課題は，幼稚園である日に起こった園児２人の出来事を巡って，担当の先生，園長先生，保護者の方とのやりとりに関して，５つの対応の可能性が示され，その中で適切だと考えられる２つの対応を討議によって決定することである。

⑥ 「これからの時代を生きていくために」

この実習は，Scheinのキャリア・アンカーの考え方から６つの働く者がもつべき大切な力が提示され，これから育てていきたい２つの力を選択する課題である。

まず，個人決定をしてから，グループで２つの力をコンセンサスによる決定をする。なかなか難しい課題であるが，大学生のキャリア教育などの領域で実施すると，学習者にとっては学び多い体験となるだろう。討議時間としては，30～40分ほどが目安である。

正解のあるコンセンサス実習

⑦ 「安全管理のポイント」

この課題は，野外生活を行う際にどのようなことが安全管理として大切であるかを三択の中から選び，グループのメンバーで話し合い１つの答えを決定していく。問いは，９問準備されているが，学習者の関心や状況によって，実習として９問すべてを用いる必要はなく，プログラム実施時間などとも関連させながら問いの数を厳選するとよいだろう。その問いの数によって，話し合いの所要時間は異なるだろう。少なくとも，１つの問いに対して３～５分ぐらいが目安になる。

⑧ 「どのような仕事が理想的？」

この課題は，2017年に内閣府が20歳以上の男女対象に行った質問紙調査のうち，「どのような仕事が理想的だと思うか？」という問いに対して，もっとも多くの人が答えた選択肢から順位を付けることである。掲載の課題では，６つの選択肢を準備しているが，25～30分ぐらいの話し合いでは，５問ぐらいに厳選するのもよいだろう。課題としては，将来の仕事などを考える課題であるので，高校生や大学生などが学習対象者の場合には適切であるだろう。

コンセンサス実習の基本的な進め方としては以下ような手順が考えられる。

ねらいの例（１）：
- グループでコンセンサスによる意思決定を体験してみる
- グループの中に起こっているプロセス（コミュニケーションや意思決定，リーダーシップなど）に気づき，働きかける

ねらいの例（２）：
- 話し合いをする中で，自分の思いを伝えることとともに相手の思いを知り，受けとめる体験をする
- それぞれメンバーの特徴を活かしたかかわりを試みる

ねらいの例（３）：
- グループでの話し合いを通してさまざまな意見や考えがあることを知る
- グループの中で起こっていることに気づき，働きかける
- 将来の仕事について考えるきっかけを得る

手順：

（１）導入：ねらいの説明
（２）個人決定
（３）コンセンサスの留意点の説明
（４）グループ討議実施
（５）各グループの結果の発表＋正解の発表（正解がある場合）
（６）実習のふりかえり―ふりかえり用紙記入とわかちあい―
（７）インタビューとコメント

準備するもの：

a．プログラムのねらい＆手順書（各学習者1枚）
- 実習「ぼくらのリーダー」（p.200）のように，プリントを作ることもできる

b．実習の指示書（各学習者1枚）
- 実習「ぼくらのリーダー」課題シート（p.201）

c．グループ討議のための集計用紙
- 実習「新説・桃太郎」（p.207）のようなメンバーの決定を記入する用紙

d．コンセンサスの留意点
- 実習「ぼくらのリーダー」（p.202）に掲載しているコンセンサスの留意点
- これは，いずれのコンセンサス実習にも使用可能である。

e．ふりかえり用紙（各学習者1枚）
- プログラムのねらいと関連させたふりかえり用紙を作成する

f．模造紙（各グループ1枚）
- コンセンサス実習の多くの場合には，模造紙を必要としないが，話し合いをできる限り活発化させたり，情報の共有を促進することを求めたりする場合には，グループで話し合いをする補助教材として模造紙を準備する

g．ブロッキー（各グループ1セット：10色ぐらい）
- 模造紙を準備した場合に，グループメンバーが相互に書きながら話し合いができるように準備する

①　正解のないコンセンサス実習「ぼくらのリーダー」

実習「ぼくらのリーダー」

ねらい：

1．グループで何かを決める方法としてのコンセンサス（全員の合意）とは何かを知るとともに，その話し合いの中での一人ひとりの働きについて気づく

2．お互いに望ましいリーダー像を伝えあうことによって，今自分たちが必要とするリーダーのあり方を見つける。

手　順：

1．導入

2．個人決定

3．コンセンサスの留意点の説明

4．グループ討議実施

5．結果の発表

6．ふりかえり用紙記入

7．わかちあい

8．インタビューとコメント

「ぼくらのリーダー」課題シート

あなたのチームのリーダーとして，“望ましい人柄ベスト８”を決めたいと思います。ベスト５はすでにあがっていますので，残りの３つをa~gの中から選んでください。

リーダーとして望ましい人柄

1．責任感がある。
2．積極的である。
3．公平である。
4．明るい。
5．思いやりがある。
6．＿＿＿＿＿＿＿
7．＿＿＿＿＿＿＿
8．＿＿＿＿＿＿＿

a．判断力がある。

b．実践力がある。

c．頼りになる。

d．全体のことに気を配れる。

e．やる気，情熱がある。

f．意見をまとめるのがうまい。

g．自分の考えをしっかりもっている。

【個人決定】

6	7	8

【グループ討議】

氏　名	個人で選んだ項目		
1．自　分	6	7	8
2．	6	7	8
3．	6	7	8
4．	6	7	8
5．	6	7	8
6．	6	7	8

【グループ決定】

6	7	8

出典：横浜市学校GWT研究会著　坂野公信（監修）（1989）学校グループワーク・トレーニング，遊戯社，p.91．より

コンセンサスによる集団決定をする際の留意点

今の時点での個人決定は，あなたの決定です。その決定はあなた自身のものであり，納得できない限り，変えないでください。

これから，コンセンサス（全員の合意）による集団決定をしますが，１つ１つについてグループの各メンバーが合意して，はじめてグループの決定となるわけです。コンセンサスはもちろん容易ではありません。したがって，すべての決定が，各人の完全な合意を得ることはできないかもしれませんが，少なくともある程度の合意を示し得る決定をつくり上げるように努力してください。

1．充分，納得できるまで話し合ってください。自分の意見を変える場合は，自分にも他のメンバーにもその理由が明らかであることが必要です。

2．自分の判断に固執し，他に勝つための論争（あげつらい）は避けてください。

3．決定するのに，多数決とか，平均値を出してみるとか，または取り引きをするといったような「葛藤をなくす方法」は避けてください。また，結論を急ぐあまり，あるいは葛藤を避けるために安易な妥協はしないでください。

4．少数意見は，集団決定の妨げとみなすより，考え方の幅を広げてくれるものとして尊重することは大切です。

5．論理的に考えることは大切ですが，それぞれのメンバーの感情やグループの動きにも，充分配慮してください。

「ぼくらのリーダー」 ふりかえり用紙

■この実習を通して……

1．あなたは，話し合いの中で，どう感じましたか？

	1	2	3	4	
1）自分の言いたいことが言えた	1	2	3	4	全く言えなかった
2）言ったことを充分聞いてもらえた	1	2	3	4	全く聞いてもらえなかった
3）人の話を充分聞くことができた	1	2	3	4	全く聞けなかった

2．誰（だれ）の（自分も含め），どのような言葉や行動がグループの協力の助けになりましたか。

だれの		してよかったこと
	が	
	が	
	が	
	が	
	が	
	が	

3．この話し合いを通して学んだことや気づいたことは，どんなことですか？

②　正解のないコンセンサス実習「新説・桃太郎」

実習「新説・桃太郎」

ねらい：

1．グループの中に起こっているプロセスに気づき，とらえる

2．グループの成長に向けて，グループの課題や自分の課題に取り組む

手　順：

1．導入

2．個人決定

3．コンセンサスの留意点の説明

4．グループ討議実施

5．結果の発表

6．ふりかえり用紙記入

7．わかちあい

8．インタビューとコメント

出典：杉山郁子・古田典子（いずれもグループファシリテータズ・シーズの会）が作成した実習（津村が一部変更を加えた）

「昔話・桃　太　郎」

昔々あるところに子どものいない老夫婦が住んでいました。あるとき，おじいさんは山へ芝刈りに，おばあさんは川へ洗濯に行きました。おばあさんが洗濯をしていると，どんぶらこどんぶらこっこと川上からたくさんの桃が流れてきました。そのうちの１つを拾って家へ持ち帰りました。晩になっておじいさんが薪を背負って戻ってきたので，桃をまな板の上にのせて切ろうとしました。すると，桃が割れて中からかわいい男の子が生まれたので驚いてしまいました。２人は桃から生まれた子なので「桃太郎」と名付けました。１杯食べれば１杯，２杯食べれば２杯分，粥や魚をたくさん食べて桃太郎は大きく育ちました。また，１つ覚えたら10覚えるほど賢くなり，また大変な力持ちにもなりました。

あるとき，山に鬼がいて，村人たちを困らせていることを聞いた桃太郎はおじいさんおばあさんの前で両手をつき，鬼が島へ鬼退治に行きたいと言いました。２人はまだ若いから鬼を退治することは無理だと言いましたが，「勝てる」と言って，まったく聞きません。仕方なくそれを許すことにしました。

鬼退治に出かける日，おばあさんは桃太郎に新しい着物を着せ，袴をはかせて，頭にはちまきをまかせ，日本一と書いた旗を持たせました。そして，吉備団子をたくさん作って腰にぶら下げてやりました。

村はずれで犬と出会いました。犬が桃太郎にどこに行くのかと尋ねるので，鬼退治に行くと答えると，腰につけている吉備団子を１つくれたら，家来になってついて行くと言いました。そこで，１つ与えて家来にしました。山のほうへ行くとキジがやってきたので，吉備団子を１つやって，家来にしました。２人の家来を伴ってさらに奥へ進んでいくと，今度はサルがキャッキャッと叫びながらやってきたのでまた吉備団子を１つやって，家来にしました。そして，犬に日本一の旗を持たせて鬼が島へ向かいました。

鬼が島に着くと，中から鬼が出てきて何の用かと聞くので，桃太郎が「俺は日本一の桃太郎だ。鬼退治に来たから覚悟しろ」と言って中に入って行きました。鬼たちは宴会の最中で，桃太郎たちが来ても馬鹿にしていました。しかし，日本一の吉備団子を食べた桃太郎と家来たちですから，力は何十人力にもなっていました。瞬く間に鬼たちをやっつけてしまいました。大きな鬼が目から涙を流しながら，「命ばかりは助けてくれ，もう悪いことはしません」と言うので，命を助けてやりました。

そして，宝物はみんなやると言うので，車にのせて持ち帰ることにしました。

村に帰るとおじいさんとおばあさんが大喜びで出迎えました。そして，この後みんなが幸せに暮らしました。

（出典：古代史の扉　桃太郎伝説より）

（参考 WEB）http ://www.asukanet.gr.jp/tobira/momotaro/momotaro.html

実習　「新説・桃太郎」

【課　題】

1．「昔話・桃太郎」を読んで，もし，あなたが桃太郎であるなら，「山に鬼がいて，村人たちを困らせている」という話を聞いたらどうするかを考えてください。下記の５つの行動のうち，あなたの考えに最も近いものを１とし，以下順に２．３．……と，順位を付けてください。ただしその際，同じ順位はつけないでください。理由の欄にはその順位づけの簡単な理由を書いてください。

順位	わたしだったらどうするか	理　由
	鬼が島に行き，鬼と話し合う	
	誰か助けてくれる人に訴えてまかせる	
	村人に呼びかけて，いっしょに鬼退治に行く	
	おじいさんおばあさんを守って，今のまま村で暮らす	
	桃太郎と同じように鬼退治に行く	

2．次にグループとしての順位づけをしてください。メンバー欄に全員の名前を記入し，各自の順位を聞き合って枠内に記入してください。その後，特定の司会者は決めず，多数決や平均値などではなく，全員が討議に参加できるような仕方で，全員の賛同が得られるよう話し合いで順位の決定をしてください。
　話し合いの時間は，30分とします。

メンバー名 / 内容								グループの決定
鬼が島に行き，鬼と話し合う								
誰か助けてくれる人に訴えてまかせる								
村人に呼びかけて，いっしょに鬼退治に行く								
おじいさんおばあさんを守って，今のまま村で暮らす								
桃太郎と同じように鬼退治に行く								

杉山郁子さん＆古田典子さんが作成した実習（津村が一部変更，2010）

実習「新説・桃太郎」 ふりかえり用紙

1．今の実習の中で，あなたは

1）どの程度，グループに参加している実感がありましたか？
（どのような点から？）

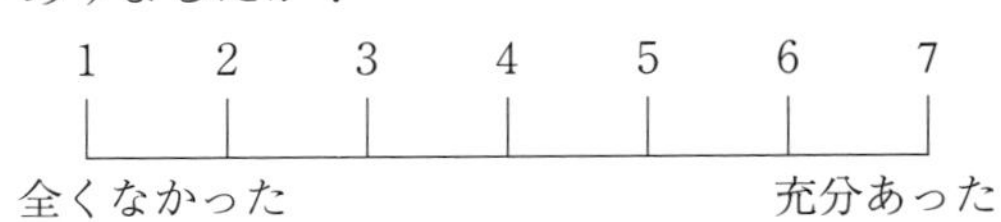

2）どの程度，グループはコンセンサスができたと思いますか？
（どのような点から？）

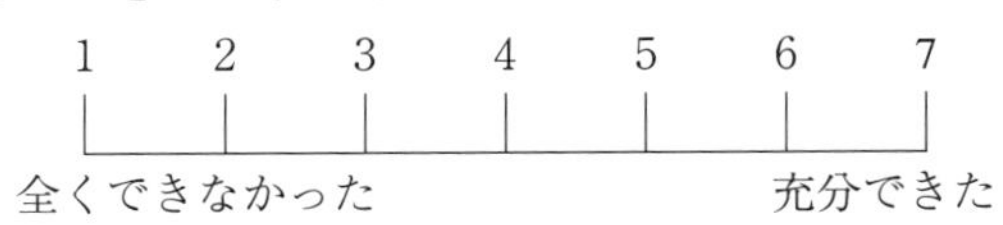

2．討議の際のプロセスで気づいたことや，あなたが意識的に働きかけたことは？

3．グループ討議の中で，他のメンバーの言動で気づいたことは？　また，それらがグループやあなたにどのような影響を与えましたか？　気づいたことを列挙してください。

＜誰の＞　＜どのような言動が，どのような影響を＞

＿＿＿＿＿：

＿＿＿＿＿：

＿＿＿＿＿：

＿＿＿＿＿：

＿＿＿＿＿：

4．この実習を通して気づいたり，学んだりしたことは……

③　正解のないコンセンサス実習「５人のツアーガイド」

実習「５人のツアーガイド」
～御岳を楽しむぞ～

ねらい

・グループでの話し合いを通してさまざまな意見や考えがあることを知る
・意見や考えをまとめる上でグループ内で起こるプロセスに気づき，コミュニケーションや意思決定のあり方について考える

手　順

1．導入

2．個人決定

3．コンセンサスの留意点の説明

4．グループ討議実施

5．結果の発表

6．ふりかえり用紙記入

7．わかちあい

8．インタビューとコメント

出典：間宮基文・林芳孝（2007）オリジナルの問題解決実習「５人のツアーガイド」の設計について～作成過程を含めた実習プログラムの紹介～，体験学習実践研究，７，53-64.

「５人のツアーガイド」課　題

あなたは御岳高原に初めてやってきました。

ここではボランティアでツアーガイドがついていろいろな説明や案内をしてくれると聞きました。そこで早速どんなガイドさんがいるか確かめようと思い，次のような情報を得ることができました。

鶴田さん　・山や植物・動物などについての知識を十分もっている。
　　　　　・自分の考えに自信があるのでおしつけがましい。

亀山さん　・親しみやすさがあるので仲良くなりやすい。
　　　　　・自分の経験や自慢話，精神論などをくどくど話す。

松原さん　・生真面目で，与えられた仕事はきっちりとこなす。
　　　　　・融通が利かず，相手の話を聞き入れようとしない。

竹井さん　・熱心で自分の役割に集中する。
　　　　　・自分の世界に入ってしまってまわりの空気が読めないことが多い。

梅垣さん　・愛想がよく，気配りができる。
　　　　　・自分の評価が上がることに一番の関心があり，いつでも人を利用しようとする態度が見える。

あなたはこの５人の中から１人のボランティア・ツアーガイドを選んでガイドをしてもらうことになりました。あなたは誰を選びますか。優先順位をつけてください。

	優先順位	理　由
1	＿＿＿＿	＿＿＿＿＿＿＿＿＿＿＿＿＿＿＿＿＿＿＿＿
2	＿＿＿＿	＿＿＿＿＿＿＿＿＿＿＿＿＿＿＿＿＿＿＿＿
3	＿＿＿＿	＿＿＿＿＿＿＿＿＿＿＿＿＿＿＿＿＿＿＿＿
4	＿＿＿＿	＿＿＿＿＿＿＿＿＿＿＿＿＿＿＿＿＿＿＿＿
5	＿＿＿＿	＿＿＿＿＿＿＿＿＿＿＿＿＿＿＿＿＿＿＿＿

「５人のツアーガイド」グループ討議

グループで話し合って，優先順位を決定してください。ただし，その際にはコンセンサスのルールを守って決めてください。

名前 ＼ ガイド							グループ決定
鶴田さん							
亀山さん							
松原さん							
竹井さん							
梅垣さん							

「5人のツアーガイド」ふりかえり用紙

1．あなたは自分の意見をどの程度言えましたか？
（どの点で，どのように）

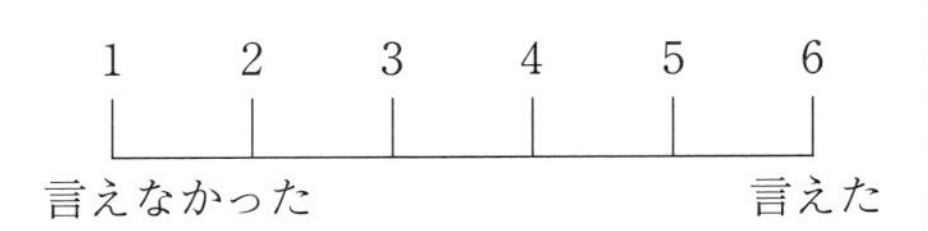

2．あなたはメンバーの発言をどの程度聴けましたか？
（どの点で，どのように）

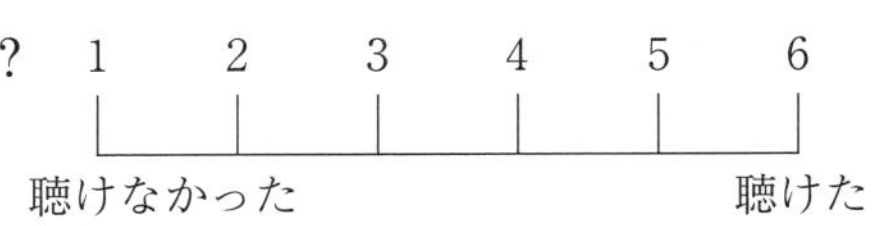

3．コンセンサスはどの程度できたと思いますか？
（どの点で，どのように）

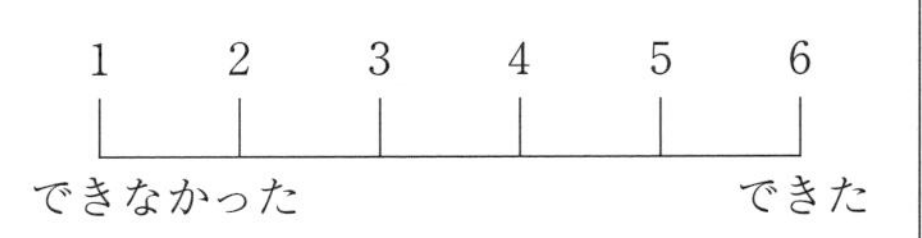

4．この実習を通してあなたのコミュニケーションのあり方やくせ，特徴について印象に残ったこと，感じたことなどを書いてください。

5．グループの他のメンバーの動きで気づいたことを列挙してください。それはグループでの意思決定にどのような影響を与えたと思いますか。
（誰が）　（とった行動や役割）　（どのような影響；具体的に）

6．よりよいコミュニケーションやグループでの意思決定をするために大切なこと，気をつけたいことはなんだと思いますか。

7．その他，気づいたこと，感じたことなどを書いてください。

④　正解のないコンセンサス実習「ボランティア」

コンセンサス実習「ボランティア」

【ねらい】

・コンセンサス（全員の合意）による集団決定の過程を通して，各自のものの考え方，価値観に気づきながら，お互いの理解を深める
・コンセンサスに取り組む際に起こるグループ・プロセスに気づき，意識的に働きかける

【手　順】

1．導入（ねらいの提示，手順の説明）

2．個人決定

3．「コンセンサスの留意点」の説明

4．グループ討議

5．結果の発表

6．ふりかえり（ふりかえり用紙記入とわかちあい）

7．インタビューとコメント

コンセンサス実習「ボランティア」
―個人決定シート―

ここは都市郊外にある「老人ホーム」です。このホームでは毎年２人の長期ボランティア（１年間）を受け入れています。今年は以下の６人の人たちが応募してきました。６人の中からボランティアとして受け入れる２人を選んでください。施設側の事情などは一切考慮せず，あなた自身の判断で決めてください。まずは，個人的によいと思う人について［　　］内に○を付けてください。

［　　　　］**◆大学生（21歳，男性）◆**
僕はボランティアなんて向いていないと思うんです。福祉に従事している人たちを偉いと思います。でも，たぶん僕には無理だと思います。だって，僕は障害をもっている人や老人を見下す気持ちが強いんです。だから僕にはやれないってことを確認してみたいんです。

［　　　　］**◆主婦（48歳，女性）◆**
私は昔からお年寄りが好きなんです。だから身寄りのないお年よりはかわいそうに思います。少しでも手助けがしたいんです。お年よりは笑顔が一番ですよね。少しでも喜んでもらうために役に立てばうれしいんです。私ですか？おばあちゃん子で育ったから余計にそう思うのかもしれません。

［　　　　］**◆OL（26歳，女性）◆**
私は老人ホームは暗いと思うんです。それは社会から隔離されているからだと思います。もっと社会全体の意識が高まらなければいけないと思います。誰でも年をとるし，すぐにも高齢化社会がくるんです。私はそう思いあたってまず自分からやらなければいけないと考え始めたんです。私には何ができるかわかりませんけど，自分のためにも，社会のためにもやってみたいんです。

［　　　　］**◆老人（70歳，男性）◆**
私は仕事一筋でやってきました。今は少々の貯えもあるし，時間もあるんです。ちょっと前に知的障害施設でボランティアをやっていたこともあります。私はね，ここではここにいる人の話を聞きたいと思います。どこでも施設にいる人たちはやってもらうばかりで受身にさせられているんです。それはおかしいと思っているんですよ。だから話をしてもらって，それを聞かせてもらいたいと思っています。私も年寄りですからきっとわかりあえるところがたくさんあると思います。

［　　　　］**◆高校生（17歳，女性）◆**
今，何か言うと「受験，受験」でいやになります。本当に大切なことを忘れていると思います。それは人と人が触れ合うことです。両親はそんなことばっかりしていないで勉強しろって言いますけれど，私はやりたいんです。私は逃げていますでしょうか？できたら福祉関係の仕事につきたいと思っています。今までいろいろなところに行ってきました。知的障害施設，母子寮，ハンセン氏病の施設，情緒障害児の施設，身体障害者の施設などです。

［　　　　］**◆公務員（30歳，男性）◆**
私は長いこと趣味で写真をやっています。ある時，老人施設の写真集を見たんです。本当に心を打たれました。ここにこそ人生の真実があると思いました。できたら私は今の仕事をやめて写真家になりたいと考えています。それもこういう施設などの写真に打ち込みたいんです。写真では何回かちゃんとした賞もとっているんですよ。身体には自信がありますからどんどんこきつかってください。

出典：福山清蔵（1998）カウンセリング学習のためのグループワーク（p. 55）日本・精神技術研究所より作成

実習「ボランティア」グループ集計表

メンバー名 ／ ボランティア応募者							グループの決定
大学生（21歳，男性）							
主婦（48歳，女性）							
OL（26歳，女性）							
老人（70歳，男性）							
高校生（17歳，女性）							
公務員（30歳，男性）							

※メンバー名と各自の決定を記入してください。
※コンセンサスの留意点に従い，話し合ってグループの決定を作り上げてください。

コンセンサスの留意点

1．充分，納得できるまで話し合ってください。自分の意見を変える場合は，自分にも他のメンバーにもその理由を明らかにすることが必要です。
2．自分の判断に固執し，他に勝つための論争（あげつらい）は避けてください。
3．決定するのに，多数決とか，平均値を出してみるとか，または取り引きをするといったような「葛藤をなくす方法」は避けてください。
4．少数意見は，集団決定の妨げとみなすより，考え方の幅を広げてくれるものとして尊重することは大切です。
5．論理的に考えることは大切ですが，それぞれのメンバーの感情やグループの動きにも，充分配慮してください。

実習「ボランティア」ふりかえり用紙

1．今の実習の中で，あなたは

1）あなたは，どの程度，自分の意見や考え，アイデアを言うことができましたか？
（どのような点から？）

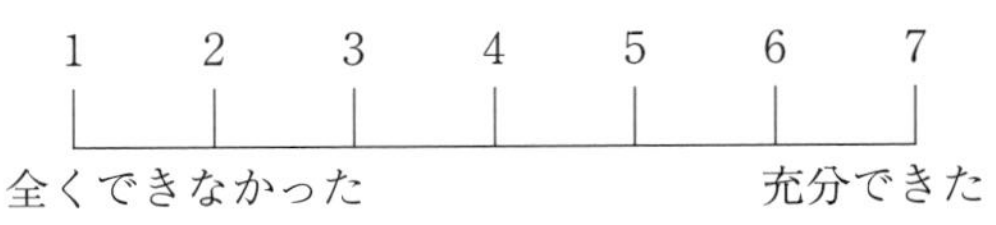

2）あなたは，どの程度，他のメンバーの意見や考え，思いを聴くことができましたか？
（どのような点から？）

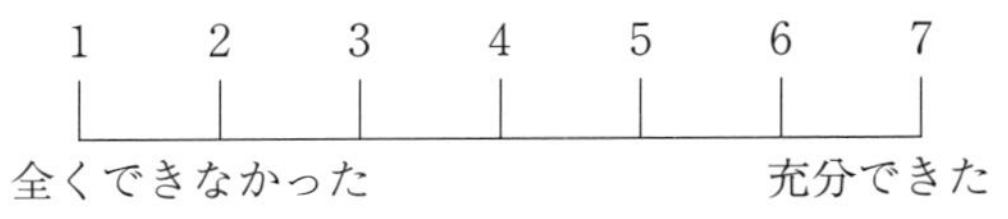

2．討議の際のプロセスで気づいたことや，あなたが意識的に働きかけたことや行ったことは？

3．グループ討議の中で，他のメンバーの言動で気づいたことは？　また，それらがグループやあなたにどのような影響を与えましたか？　気づいたことを列挙してください。

＜誰の＞　　　　＜どのような言動が，どのような影響を＞

＿＿＿＿＿＿＿＿　：

＿＿＿＿＿＿＿＿　：

＿＿＿＿＿＿＿＿　：

＿＿＿＿＿＿＿＿　：

＿＿＿＿＿＿＿＿　：

4．この実習を通して気づいたり，学んだりしたことは……

⑤　正解のないコンセンサス実習「ある日の幼稚園」

コンセンサス実習「ある日の幼稚園」

【ねらい】

・コンセンサス（全員の合意）による集団決定の過程を通して，各自のものの考え方，価値観に気づきながら，お互いの理解を深める
・コンセンサスに取り組む際に起こるグループ・プロセスに気づき，意識的に働きかける

【手　順】

1．導入（ねらいの提示，手順の説明）

2．個人決定

3．「コンセンサスの留意点」の説明

4．グループ討議

5．結果の発表

6．ふりかえり（ふりかえり用紙記入とわかちあい）

7．インタビューとコメント

実習「ある日の幼稚園」

◎状況

年長クラスのＡ子さんは，両親と４歳年下の弟と生活をしています。Ａ子さんは同じクラスのＢ子さんと遊びたい気持ちが強く，お互いに喜んで遊ぶことが多い。Ａ子さんは怒るとすぐに，Ｂ子さんの顔をひっかいてしまうことがあり，その後，素直に謝り２人で遊ぶことが多々あります。この傾向も，年少クラスのときに比べて減ってきています。

ある日の午後，園庭での自由遊びのとき，ままごと遊びをしていて，思いが食い違うと譲ることができず，Ａ子さんはＢ子さんの顔をひっかいてしまいました。保育者は，子どものお互いの気持ちを聴き，話し伝えること，仲良く遊ぶと楽しいことを繰り返し伝えました。

ところが，Ｂ子さんの母親は，顔に傷をつけたことでＡ子さんの母親にかなり厳しい口調でメールを数回送ったことがわかりました。

◎課題

上記の状況で，あなたはどのような働きかけが必要だと考えますか？　２つを選んでください。

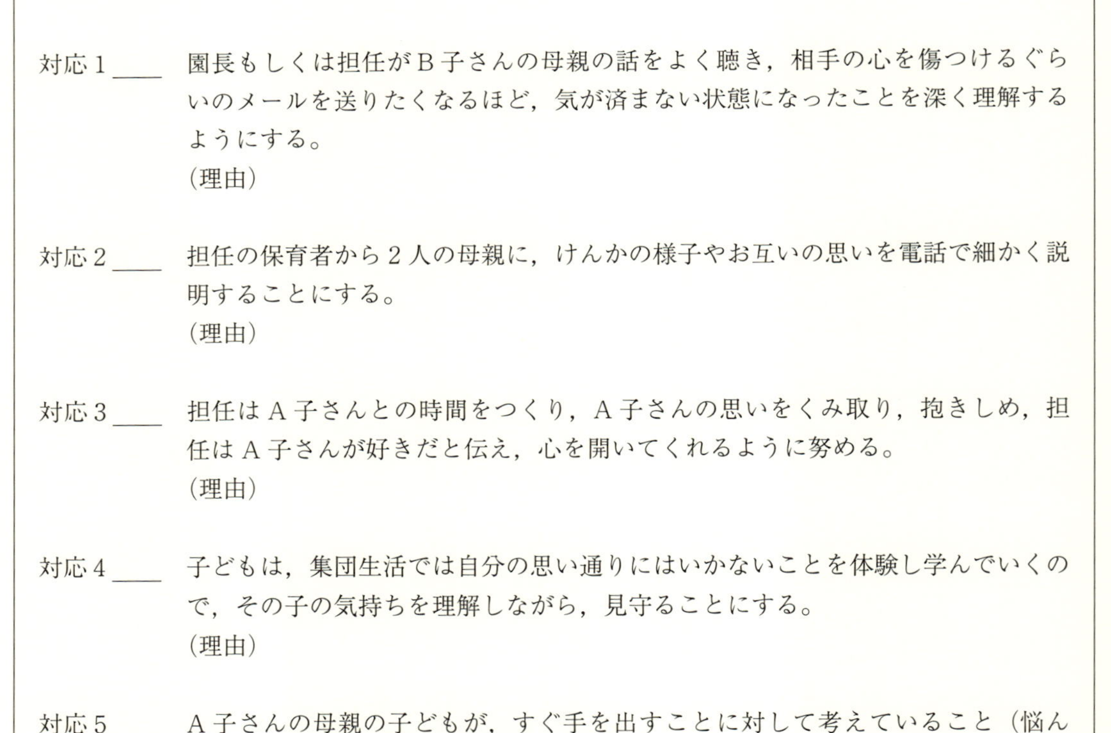

対応１＿＿　園長もしくは担任がＢ子さんの母親の話をよく聴き，相手の心を傷つけるぐらいのメールを送りたくなるほど，気が済まない状態になったことを深く理解するようにする。
（理由）

対応２＿＿　担任の保育者から２人の母親に，けんかの様子やお互いの思いを電話で細かく説明することにする。
（理由）

対応３＿＿　担任はＡ子さんとの時間をつくり，Ａ子さんの思いをくみ取り，抱きしめ，担任はＡ子さんが好きだと伝え，心を開いてくれるように努める。
（理由）

対応４＿＿　子どもは，集団生活では自分の思い通りにはいかないことを体験し学んでいくので，その子の気持ちを理解しながら，見守ることにする。
（理由）

対応５＿＿　Ａ子さんの母親の子どもが，すぐ手を出すことに対して考えていること（悩んでいること）にもっと理解を深めるように働きかける。
（理由）

「ある日の幼稚園」ふりかえり用紙

1．今の実習の中で，あなたはどの程度，グループに参加している実感がありましたか？
（どのような点から？）

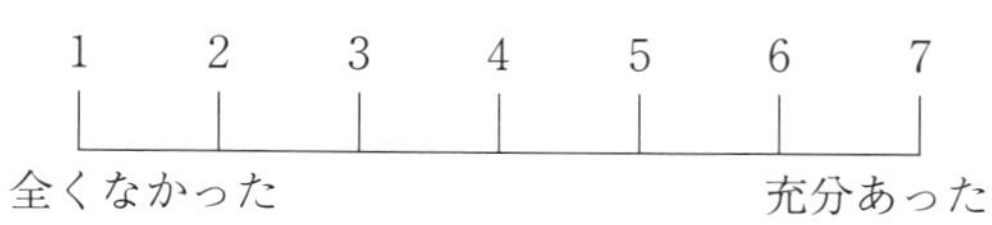

2．今の実習の中で，あなたはどの程度，グループはコンセンサスができたと思いますか？
（どのような点から？）

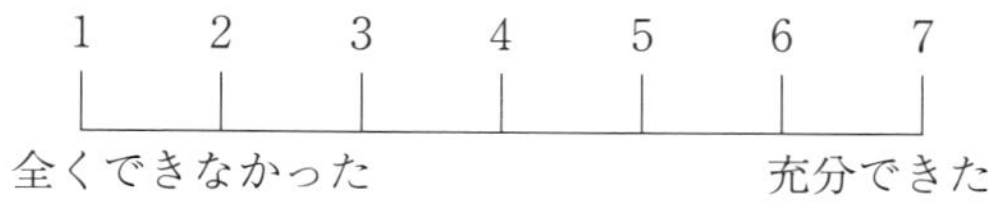

3．討議の際のプロセスで気づいたことや，あなたが意識的に働きかけたことは？　特に，少数意見や多数意見を話し合う中で気づいたことは？

4．グループ討議の中で，他のメンバーの言動で気づいたことや印象に残っていることは？
また，それらがグループやあなたにどのような影響を与えましたか？　気づいたことを書いてください。

＜誰の＞　　　　＜どのような言動が，どのような影響を＞

＿＿＿＿＿＿＿＿＿＿　：

＿＿＿＿＿＿＿＿＿＿　：

＿＿＿＿＿＿＿＿＿＿　：

＿＿＿＿＿＿＿＿＿＿　：

＿＿＿＿＿＿＿＿＿＿　：

5．話し合う過程で，見えていなかったけれども見えてきたことや，思いがけない発見，気づき・学びなどは？

⑥　正解のないコンセンサス実習「これからの時代を生きていくために」

コンセンサス実習「これからの時代を生きていくために」

ねらい：

・グループの中に起こっているプロセスに気づき，働きかける
・将来の仕事について考えるきっかけを得る

手　順：

1．導入

2．個人決定

3．コンセンサスの留意点の説明

4．グループ討議実施

5．結果の発表

6．ふりかえり用紙記入

7．わかちあい

8．インタビューとコメント

実習「これからの時代を生きていくために」

私たちは，社会環境の変化とともに，いろいろな価値観や能力をもった人たちと生きています。以下に，E.H.シャイン（1990）の考え方を参考にして，これからの時代を生きるために働く者がもつ6種類の力（彼はキャリア・アンカーとよぶ）が示されています。あなたは，どの力を大切にすべきだと思いますか？　6つのリストの中から，大切だと考える力を2つ選んで［　］の中に○印を付けてください。

専門性を高める力：[　　　　]
エンジニアは設計力，営業マンはセールス能力，教師は教育力を高めるといったように，それぞれの職種で専門性を高める力が大切である。

全般的な管理能力：[　　　　]
責任ある立場に立って，組織全体の方針を決め，自分の努力で組織の成果に影響を与えることができる管理能力が大切である。

自律・独立する力：[　　　　]
仕事をする際には，自分のやり方や自分のペース，自分で納得する仕事の標準をもって，それに照らし合わせながら仕事ができる力が大切である。

起業家的創造をする力：[　　　　]
新しい製品やサービスを研究開発したり，財務上の工夫で新しい組織を作ったり，市場分析や広告宣伝などで新しい事業を起こしたりする力が大切である。

奉仕・社会貢献をする力：[　　　　]
医療，看護，社会福祉事業，教育，聖職などのように，世の中をもっとよくしたいという価値観をもって，社会でそれを具現化する力が大切である。

純粋に挑戦する力：[　　　　]
不可能と思えるような障害を克服したり，解決不能と思われてきた問題を解決したり，極めて手強い相手に挑戦をして挑んでいく力が大切である。

※E.H,シャインは，上記の6つの他に，「保障・安定」，「生活様式」の2つの力を加えて，8つキャリア・アンカーを提唱しています。

実習「これからの時代を生きていくために」

グループで話し合って，これからの時代を生きていくために大切な力を2つ選んでください。

項目＼メンバー名							グループの決定
専門性を高める力							
全般的な管理能力							
自律・独立する力							
起業家的創造をする力							
奉仕・社会貢献をする力							
純粋に挑戦する力							

※メンバー名と各自の選択者を記入してください。
※充分話し合ってグループの総意として2つを決めてください。

「これからの時代を生きていくために」ふりかえり用紙

1．今の実習の中で，あなたは

1）どの程度，自分の意見を伝えることができましたか？
（どのような点から？）

1　2　3　4　5　6
できなかった　　充分できた

2）どの程度，他の人の意見を聴くことができましたか？
（どのような点から？）

1　2　3　4　5　6
できなかった　　充分できた

3．自分の将来の仕事についての考え方などで，気づいたり発見したことにはどのようなことがありますか？

4．グループのメンバー（あなたも含めて）の動きについて印象に残っていることや感じたこと，グループで課題に取り組んでいる際の，グループ全体やあなたへ与えた影響，などを記入してみてください。

＜誰の＞　　＜どのような言動が　　どのような影響を＞

自　分：

＿＿＿＿：

＿＿＿＿：

＿＿＿＿：

＿＿＿＿：

＿＿＿＿：

5．その他，気づいたことや感じたこと，今回のグループワークから学んだことは？

⑦　正解のあるコンセンサス実習「安全管理のポイント」

コンセンサス実習「安全管理のポイント」

ねらい：

・グループでコンセンサスによる意思決定を体験してみる
・グループの中に起こっているプロセスに気づき，働きかける

手　順：

1．導入

2．個人決定

3．コンセンサスの留意点の説明

4．グループ討議実施

5．結果の発表・正解の発表

6．ふりかえり用紙記入

7．わかちあい

8．インタビューとコメント

出典：国立日高青少年自然の家企画指導専門職（2009）安全管理のポイント，南山大学専門職大学院等教育推進GP教え学び支え合う教育現場間の連携づくり――ラボラトリー方式の体験学習を核とした２つの連携プロジェクト――報告書，271-275.

「安全管理のポイント」状況・課題

あなた方指導者は大学生のボランティアスタッフとともに，小学生を対象に夏のキャンプを計画しています。その準備を進めている中で，安全管理について指摘があり，ボランティアスタッフのトレーニングを行うことになりました。実際に行うキャンプでの活動場面を想定して以下の問題を設定しました。ボランティアスタッフへのトレーニングを行うためには，指導者の知識や考え方が一致していなければなりません。そこで……。

まず，個人でそれぞれの問題に答えてください。その後，グループで話し合い，指導者としてもっとも適切だと思われるものをコンセンサス（全員の合意）で決定してください。

							グループ決定
1．ナタの使用							
2．雷からの避難							
3．川に落ちたときの対応							
4．気分が悪いときの対応							
5．スズメバチの攻撃から逃れるには							
6．スズメバチを避ける対策							
7．ヘビを避ける対策							
8．天気の予測							
9．活動前の効果的な注意方法							

出典：
1，4，5，7，8はキャンプのリスクマネジメントエクササイズ　（社）日本キャンプ協会発行（2007）
2，3は上記資料を参考に国立大雪青少年交流の家職員が作成
6，9は国立大雪青少年交流の家職員がオリジナルで作成

「安全管理のポイント」の状況設定

1．野外炊事で燃料に使う太いまきを，ナタで割らなくてはならない。安全にナタを使うために注意するポイントは？
①必ず両手に軍手を着用してまきを割る。
②まきを持つ手だけに軍手を着用し，ナタは素手で持つようにする。
③そばでナタを使う人がいる場合は，できるだけ肌の露出を避ける。
（メモ）

2．キャンプ場で野外炊事をしていたところ，急に天気が悪くなり，雷鳴が近づき雨が降ってきた。これ以上野外炊事を続けることは無理なので，避難することにしたが，避難はどこへ？
①炊事場の近くにある，宿泊しているテントの中。
②炊事場の近くにある，大きな木の下。
③炊事場から少し離れたところにある，車の中。
（メモ）

3．ゆるやかな流れの大きな川岸で魚釣りをしていたところ，足を踏み外して川の中に落ちてしまった。川の流れはゆるやかだが，水深は深く背がたたない。自分がそれを見ていたとしたら？
①すぐに助けをよび，岸から流されている人を励まし，周辺の状況を伝える。
②すぐに助けをよび，自らも川の中に入って救助を試みる。
③すぐに助けをよび，そこにいる人の中で泳ぎの得意な人に川に入ってもらう。
（メモ）

4．夏の気温が高く蒸し暑い日に登山をしていたところ，約1時間登ったころ，1人の子どもが気分が悪くなり歩けなくなった。身体を見ると全身に冷や汗をかき，皮膚はべとべとである。顔面は蒼白で頭も少し痛いという。このときに必要な処置は？
①涼しいところへ連れて行き，冷たいタオルで体をふいたり，冷たい水で頭を冷やす。
②服をゆるめ，上半身を高くして寝かせ，汗をふいてやる。
③足を高くした体位で寝かせ，汗をふき，保温する。
（メモ）

5．ハイキングで山の中を歩いているとき，急にスズメバチが2～3匹飛んできて，身体にまとわりつくように飛び回ってはなれない。いくら追っ払ってもすぐに近づいてくる。こんなとき，あなたはこれ以上スズメバチの攻撃を受けないようにするためには？
①すぐに今来た道を戻る。
②そこに止まって，身体を低くして，ハチが去るのを待つ。
③身体をできるだけ低くして，静かに歩いていく。
（メモ）

6．森の中でハイキングを行い途中で昼食を食べる計画がある。このエリアでは数年前から，スズメバチが多く見られるようになった。スズメバチを避けるための対策として適切なのは？

①スズメバチは春の巣作りのときに活発に活動するので，その時期を避ければ問題はない。

②スズメバチは赤や黄色といった目立つ色が好きなので，赤や黄色の服を避けるように指示する。

③スズメバチは甘いにおいに集まりやすいので，ジュースやチョコレートなどを持たせないように指示する。

（メモ）

7．山の中をハイキング中，「マムシ注意！」の立て札が何ヶ所も立っている湿地に来た。周りにはヘビがいそうな草むらが多く，道はその中を通っている。そこでヘビに襲われないようにするためには？

①ヘビに気づかれないよう，足音を立てないで静かに進む。

②足もとに注意して，枝で草をたたいたりして大きな音を出しながら歩いていく。

③できるだけ急いで，今来た道をもどる。

（メモ）

8．今日はみんなで高い山に登る予定だが，朝から天気があまり良くなく，これから晴れてくるのか，雨が降るのかわからない。そこで，周りの様子を見て天気を判断することにした。次のうち正しいのはどれ？

①朝，クモの巣に水滴がついていたので雨が降る。

②ツバメが低く飛んでいたので雨が降る。

③山が遠くに見えていたので雨が降る。

（メモ）

9．野外活動の経験が少ない子どもたちに対して，活動を行う前に注意を促す場合，もっとも効果的と考えられるのは？

①大きなケガや命にかかわるものに焦点を当てて，危険のポイントを説明する。

②活動の中で予想される危険のポイントをすべて理解させることが重要なので，細かなものまで含めて多くの知識を伝える。

③自分たちで考えさせることが理解につながるので，何も指示をしない。

（メモ）

「安全管理のポイント」の正解についての説明

1.「ナタの使用」　正解＝②

ナタを使ってまきを割るときには，ナタを持つ手は滑らないように軍手をつけず素手のままで，まきを持つ手はトゲやナタの刃から守るために軍手をつける。

2.「雷からの避難」　正解＝③

雷が近づいてきたら，作業が途中でもまず避難しなければならない。避難場所として安全なのは

1　鉄筋コンクリートや木造の本格的な建物の中

2　自動車・列車などの乗り物の中

3　洞窟の中　など

逆に危険なのは

1　テントの中やビーチパラソルの下（ポールに落雷の危険あり）

2　高さ５～30メートルの物体（樹木，電柱，鉄塔など）から４メートル以内の場所

3　山頂，尾根，河川敷，田畑，会場，湖上，ゴルフ場などの開けた場所

3.「川に落ちたときの対応」　正解＝①

まずは救助を呼ぶことが必要。その上で二次災害を防ぐため，水に入らずにできることをすべて試みる。水の中にいる人を落ち着かせるためにも，声をかけることは大きな助けとなりうる。浮き輪の代わりになりそうなペットボトルや発泡スチロールの箱などを投げ入れたり，近くにロープや棒があれば，救助者自身の安全を確保しつつ陸上から救助を試みることも可能です。

4.「気分が悪いときの対応」　正解＝③

気温や湿度の高い野外や室内で，長時間運動していたり，活動しているとなりやすい熱中症には，日射病・熱射病～顔面紅潮，皮膚は乾燥，体温が上昇する

熱疲労・熱けいれん～顔面蒼白，皮膚はベトベト，体温は上がらない

がある。この問題の症状は熱疲労・熱けいれんなので，身体を冷やすことは不要であり，顔面蒼白なので下半身を高くして保温することが必要である。

5.「スズメバチの攻撃を逃れるには」　正解＝①

スズメバチの巣に近づくと，まず２～３匹のハチが近づいてきて，身体にまとわりついて威嚇行動をする。これは巣が近くにあり，これ以上近づくなというハチの警告で，これ以上巣に近づくと，ハチの大群の攻撃に遭う可能性がある。このような偵察ハチの動きを見たら，それ以上巣に近づいては危険で，すぐにその場から離れることが必要である。

6．「スズメバチを避ける対策」　正解＝③

スズメバチは甘いにおいに集まりやすいので，飲み物やおやつの内容に注意する必要がある。なお春の巣作りは女王蜂のみが行い，働き蜂がふ化する夏以降に巣が大きくなり注意が必要である。また黒っぽい色はスズメバチの攻撃行動を刺激すると言われている。

7．「ヘビを避ける対策」　正解＝②

マムシは攻撃性が弱く，積極的にヘビの方から攻撃してくることはほとんどない。そのためヘビのいそうなところでは，大きな音を出したり声を出したりして人の存在を知らせることでヘビは逃げていく。静かに歩きヘビに近づいて驚かせたり，あわてて動いてヘビを踏んだりすることは危険である。なおヘビは夜行性なので夜はさらに注意が必要である。

8．「天気の予測」　正解＝②

雨の降る前は気圧が下がり，小さな虫が低く飛ぶため，それを食べるツバメも低く飛ぶことになる。クモの巣に水滴がついたり，山が遠くに見えるのは高気圧の現象で，天気は良くなる

9．「活動前の効果的な注意方法」　正解＝①

野外での行動について注意を促すことが大切なので，大きなケガや命にかかわる危険性を具体的にイメージできるよう伝えることが必要である。何も指示がなければ，行動を注意することの必要性を理解できない。細かなことまでたくさんの注意を受けては，注意に関する視点がかえってあいまいになってしまい，重大な危険を避けることへの注意がおろそかになってしまう。

「安全管理のポイント」ふりかえりシート

名　前（　　　　　　　　　　　）

今の活動を思い出して書きましょう。

1．あなたは，どのくらい言いたいことが言えましたか。

全く言えなかった	あまり言えなかった	言えた	充分言えた

（理由）

2．コンセンサスはどの程度できたと思いますか。

全くできなかった	あまりできなかった	できた	充分できた

（理由）

3．自分が影響を受けた他の人の言動を書きましょう（複数書いてもかまいません）。

4．この活動をして，気づいたことや思ったことを書きましょう。

⑧　正解のあるコンセンサス実習「どのような仕事が理想的？」

実習「どのような仕事が理想的？」

ねらい：

・グループの中に起こっているプロセスに気づき，働きかける
・将来の仕事について考えるきっかけを得る

手　順：

1．導入

2．個人決定

3．コンセンサスの留意点の説明

4．グループ討議実施

5．結果の発表

6．ふりかえり用紙記入

7．わかちあい

8．インタビューとコメント

実習「どのような仕事が理想的？」

2017年６月15日～７月２日，内閣府は全国18歳以上の男女を対象とし，層化二段無作為抽出法によって10,000人を選び，調査をしました。(有効回答者6,319人：男性2,945人（63.2%），女性3,374人（65.6%）：年齢別男女回収数【男：女】は，18～19歳【47：27】，20代【220：247】，30代【304：408】，40代【476：570】，50代【471：510】，60代【670：725】，70以上【757：887】)，その調査の中で，

「世の中には，いろいろな仕事がありますが，あなたにとってどのような仕事が理想的だと思いますか（複数回答可）。」

という質問をしました。このとき次に挙げる６つのうち，最も多く挙げたと思うものを１とし，以下順に，２，３，……と同じ順位は付けないで，最も挙げられることの少なかったと思うもの６までの順位を，各項目の左の線上に記入してください。

自分の決定理由を余白にメモしておくと，後の討議に役立つでしょう。

＿＿＿＿＿＿　自分にとって楽しい仕事

＿＿＿＿＿＿　高い収入が得られる仕事

＿＿＿＿＿＿　失業の心配がない仕事

＿＿＿＿＿＿　収入が安定している仕事

＿＿＿＿＿＿　自分の専門知識や能力が生かせる仕事

＿＿＿＿＿＿　世の中のためになる仕事

グループ討議　集計表

メンバー名								グループ決定
楽しい仕事								
高い収入の仕事								
失業の心配のない								
収入が安定した								
専門・能力生かす								
世の中のために								

＊１．メンバー名と各自の順位を記入する

＊２．特に司会者はおかずに，討議しながら，グループの総意としての順位を決定する

「どのような仕事が理想的？」
調査結果

2017年６月15日～７月２日，内閣府は全国18歳以上の男女を対象とし，層化二段無作為抽出法によって10,000人を選び，調査をしました。（有効回答者6,319人：男性2,945人（63.2％），女性3,374人（65.6％）：年齢別男女回収数【男：女】は，18～19歳【47：27】，20代【220：247】，30代【304：408】，40代【476：570】，50代【471：510】，60代【670：725】，70以上【757：887】），その調査の中で，

「世の中には，いろいろな仕事がありますが，あなたにとってどのような仕事が理想的だと思いますか（複数回答可）。」

という質問をしました。このとき次に挙げる６つのうち，最も多く挙げたと思うものを１とし，以下順に，２，３，……と同じ順位は付けないで，最も挙げられることの少なかったと思うもの６までの順位を，各項目の左の線上に記入してください。
自分の決定理由を余白にメモしておくと，後の討議に役立つでしょう。

60.1％　自分にとって楽しい仕事

17.7％　高い収入が得られる仕事

23.9％　失業の心配がない仕事

59.7％　収入が安定している仕事

41.0％　自分の専門知識や能力が生かせる仕事

29.2％　世の中のためになる仕事

そのほかに，「健康を損なう心配がない仕事」というのがあり，32.6％の回答率であった。「その他」が0.3％，「わからない」が2.6％であった。

(3) コミュニケーションと活動的な実習

3種類の基本的なコミュニケーション実習と，身体を動かしたり創作活動など，チームでクリエイティブなアクティビティを行ったりできる活動的な実習5種を掲載している。

また，アクティビティをともなう実習の5種類は，研修プログラムを設計する際に，椅子に座りグループ討議など，言語的活動を中心とする実習の実施が多くなりやすいので，言葉を使うだけでなく，身体運動的な活動も含めたコミュニケーションを必要とするグループ活動の実習を紹介している。いずれも前述の問題解決実習や，コンセンサス実習とのコンビネーションを考えて教育プログラムを設計していくとよいだろう。

① 「流れ星」

コミュニケーションの実習としての「流れ星」は，導入として活用しやすい実習であり，いろいろな学習場面で利用することができる。とりわけ，コミュニケーションを学ぶワークショップなどでは，筆者にとっては必須の実習と言ってもよく，短い時間でコミュニケーションの難しさや楽しさを学んでもらっている。また，場合によっては，流れ星を描いた後，ていねいにふりかえり用紙を用いてふりかえることも可能である。

② 「はなし・きく・みる」

実習「はなし・きく・みる」では，話す役割の人と聴く役割の人，そして観察する役割の人にそれぞれ分かれ，話す役割の人と聴く役割の人とが対話をする様子を観察者をおくことで，それぞれのコミュニケーションのありように気づく実習である。コミュニケーションを観察する視点としては，ネルソン＝ジョーンズ（1990　相川（訳）1993）が記しているボディ・メッセージ，音声メッセージ，言語メッセージの視点からの観察シートが準備されている。特に，日頃意識されていないノンバーバルなコミュニケーションの様子に気づくことが可能になる。

③ 「きく」

実習「きく」では，2人の学習者があるルール（相手の言ったことを自分の言葉で要約する）をもとに対話をし，同時に観察者をつけて，その様子も観察する実習である。この実習を通して，相手が伝えたいことを日頃どのように聞いているかに気づいたり，相手の思いをていねいに聴く体験が生まれたりする実習である。日常のコミュニケーションのテンポのよさと異なり，ルールがあることの不自由さを学習者は訴えることがあるが，コミュニケーションの基礎的なトレーニングの実習としてはとても重要な実習である。

④ 「名画鑑賞」

グループのメンバー数は，3人から8人ぐらいまで幅広く実施可能である。模造紙と太めの10色ほどのカラーペンを準備する。模造紙をキャンパスに見立て，描く順番を決めて，無言で，順番にファシリテーターの指示に従って，図形を順に描いてもらう。描き終わった後，模造紙に描かれた名画にタイトルを個人で決定し，その後話し合いを通して1つの名画の題名を決めるといった一連のグループ活動である。その活動を通してグループの中で起こっているプロセスに気づくふりかえりを行う。

⑤ 「交通渋滞」

6～7人を2つのサブグループに分け，それぞれのサブグループメンバーが，1つのステップマーカーを挟んで，それぞれ一直線に並び，あるルールのもとで，サブグループのメンバーが完全に入れ替わることがゴールの実習である。向かい合っている前の方のメンバー同士のコミュニケーション（相互作用）

は豊かになるが，後方のグループは置いてきぼりになる可能性がある。その意味では，ある種の組織実習として扱うこともできる。メンバーが相互に話しやすくするならば，一直線ではなく，馬蹄形の設定で行うのも，１つのバリエーションである。

⑥「タワー・ビルディング」

比較的シンプルな素材（B６のカード100枚）を用いて，グループの創意工夫をもとに，できる限り高く，安定したタワーを作ることがグループの課題である。この実習は，ある程度研修を積み上げてきて，総合実習的なグループワークとして利用することもできるし，リーダーシップやチームビルディングをテーマにする研修などでは，このグループ体験を中心に据えて，プログラムを設計することも可能である。

⑦「オブジェづくり」

この実習は，ファシリテーターによって準備されたさまざまな準備物を素材にして，できる限りクリエイティブな作品（高さ，安定性，そして美しさを備えた作品）を作りあげることを課題とする実習である。研修などで，野外が利用できる施設環境で，自然のものも含めたさまざまな素材（たとえば，丸太，ロープ，椅子やその他自然の素材など）が準備可能であるならば，野外での体験はスケールも大きくなり，より活動的なグループワークとなり，グループメンバー相互のフィードバックも豊かになる。もちろん，素材を工夫することによって，部屋の中で行うこともできる。研修のプログラムの位置としては，グループセッションの初めの頃よりは，少しグループの相互作用が豊かになり，グループの中に信頼関係などが芽生え始めたときなどは，この実習の１つの実施時期ともいえるだろう。注意が必要なのは，グループ状況が反映されたオブジェが作成される可能性がある。そのため，オブジェ作成後，グループの様子や個々のメンバーの様子が浮き彫りになる可能性があるので，いろいろなグループの問題状況が起こる可能性が感じられる場合には，それらもファシリテーターは扱うつもりで実習実施を考える必要がある。

⑧「ブロック・モデル」

レゴブロックのような数種類の色と形のブロックを準備し，いくつかの同じ色と同じ形のブロックをグループの数分とモデル分の準備をする。そして，モデル用のものを用いて，モデルの形を作り，それをついたてなどを隔ててセットして，各グループがそのモデルを何度も見に行きながら，設計図を作り，モデルと全く同じものを作るのがゴールである。設計図を作るミーティングの時間をどの程度とるかとか，いつモデルと同じものを制作し始めるかなど，グループの意思決定の問題やコミュニケーションの視点から，グループプロセスへの気づきを促しやすい実習である。制作物の完成度と完成時間の総合得点によって，グループ間の競争を引き起こすことから，チームビルディングの課題としても活用できる。使用するブロックは，どのような種類のブロックでも実施可能である。

アクティビティをともなう実習の基本的な進め方としては以下ような手順が考えられる。

ねらいの例：

・グループの中で課題解決するときに起こるプロセス（自分や他者のかかわり方，コミュニケーションのありよう，リーダーシップや意思決定の仕方など）に気づき，働きかける。

手順：

（１）導入：ねらいの説明
（２）制作に向けての話し合い
（３）制作タイム

（4）プレゼンテーション
（5）実習のふりかえり―ふりかえり用紙記入とわかちあい―
（6）インタビューとコメント

準備するもの：

ａ．プログラムのねらいと手順書（各学習者1枚）
・実習の指示書とは別に，プリントを準備することもある

ｂ．実習の指示書（各学習者1枚）
・実習「交通渋滞」（p.244）にあるように，ａ.のねらいと手順と併せて課題も記すことも可能である

ｃ．ふりかえり用紙（各学習者1枚）
・プログラムのねらいと関連させたふりかえり用紙を作成する
・時には，アクティビティを通して気づいたメンバーへのフィードバックだけを記すことができるようなふりかえり用紙を準備することもある

ｄ．準備する教材
・それぞれの実習紹介のページに記載している

①　コミュニケーション実習「流れ星」

実習「流れ星」

ねらい：

コミュニケーションの過程で起こるさまざまなことがらに気づき，学ぶ

手　順：

1．導入
2．「流れ星」の実習実施
3．ふりかえり：近くの人と描いた絵を見せ合いながら，気づいたことをメモ
4．インタビューとコメント

「流れ星」の実施のファシリテーターのメッセージ
準備として，白紙（A４）を参加者に１枚ずつ配付する。

実習開始

「これから私が言うとおりに，白紙に絵を描いてください」
「白紙を横に使います」
「まず，画面の右上の隅から左下の方に向けて，流れ星が１つ落ちてきました」
「その星の下に１軒の家があります」
「その家の正面に大きな池が１つあり，小舟が１隻浮かんでいます」
「その家の玄関の右手には犬小屋があって，大きな犬が１匹吠えています」
「その家の後方に大きな木が１本あります」
「その木の上に三日月がかかっています」
「月に向かって雁が３羽飛んでいます」
「以上です」

出典：津村俊充・星野欣生（1996）流れ星，Creative Human Relations Vol.II，コミュニケーション―人と人とのかかわりを深めるために（pp.39–49）．株式会社プレスタイムをもとに作成

②　コミュニケーション実習「はなし・きく・みる」

実習「はなし・きく・みる」

ねらい：

コミュニケーションの過程において，どのようなことが起こっているか気づくとともに，自分の話し方，聴き方の特徴に気づく

話すスキル，聴くスキル，見るスキルを養う

流　れ：

1．導入
2．実習の実施
　　役割を決める
　（1）第1ラウンド
　　　1）話し合いと観察
　　　2）気づきのメモと観察記録の整理
　　　3）わかちあい
　（2）第2ラウンド
　（3）第3ラウンド
3．ふりかえり
4．インタビューとコメント

実習の進め方

（1）役割（話す人，聴く人，観る人）を決める
（2）話す人と聴く（たずねる）人とが向かい合い，観る人は2人のやりとりが聴こえ，見える位置に座る
（3）ファシリテーターから複数のテーマが提示され，話す人が1つテーマを選ぶ
（4）それぞれの役割を担いながら，対話をする（10分），同時に観察シートをもとに観察する
（5）話す人，聴く人は2人のやりとりの間に気づいたことをメモし，観察していた人は，観察シートを整理する
（6）3人で，気づきや学びをわかちあう

第1回のテーマ例：　a．私のふるさと
　　　　　　　　　　b．私の子どもの頃の遊び
第2回のテーマ例：　a．今関心があること
　　　　　　　　　　b．今気になっていること
第3回のテーマ例：　a．私が大切にしていること
　　　　　　　　　　b．私がこれから取り組みたいこと

出典：津村俊充・星野欣生（1996）たずね・こたえ・観察する，Creative Human Relations Vol.II，コミュニケーション―人と人とのかかわりを深めるために（pp.153-170）．株式会社プレスタイムをもとに作成

「コミュニケーション」の観察シート

<table>
<tr><th colspan="4">観察メモ</th></tr>
<tr><td colspan="2">名　前</td><td></td><td></td></tr>
<tr><td rowspan="4">ボディ・メッセージ</td><td>（1）表情（喜び，興味，驚き，おそれ，悲しみ，怒り，嫌悪または軽蔑）</td><td></td><td></td></tr>
<tr><td>（2）目の動き（まなざしの方向やアイコンタクトなど）</td><td></td><td></td></tr>
<tr><td>（3）ジェスチャー（身振り，手振り，大きさ，力強さなど）</td><td></td><td></td></tr>
<tr><td>（4）姿勢（身体の向き，腕や脚は），相手との距離など</td><td></td><td></td></tr>
<tr><td rowspan="5">音声メッセージ</td><td>（5）大きさや高さ（声の大きさ，早口で話す，ささやきと叫び声の極端さ）</td><td></td><td></td></tr>
<tr><td>（6）強調（特定の句,単語,音節などを強めて話す，平板に話す）</td><td></td><td></td></tr>
<tr><td>（7）発音（明瞭な話し方，ぼそぼそとした話し方など）</td><td></td><td></td></tr>
<tr><td>（8）アクセントや力強さに特徴があるか？</td><td></td><td></td></tr>
<tr><td>（9）間と沈黙（話に変化を与えているか？）</td><td></td><td></td></tr>
<tr><td rowspan="3">言語メッセージ</td><td>（10）たずねたいことや言いたいことが言えているか？</td><td></td><td></td></tr>
<tr><td>（11）自分のことを話しているか？</td><td></td><td></td></tr>
<tr><td>（12）感情（気持ち）の表現は？</td><td></td><td></td></tr>
<tr><td rowspan="2">聴く</td><td>（13）相手の気持ちを理解しようとしていたか？</td><td></td><td></td></tr>
<tr><td>（14）相手の発言内容を確認し，正確に理解しようとしていたか？</td><td></td><td></td></tr>
<tr><td rowspan="3">その他</td><td>（15）雰囲気（緊張，堅さ，開放，なれなれしさなど）</td><td></td><td></td></tr>
<tr><td>（16）話があちこちに飛んだり・構えや飾りはなかったか？</td><td></td><td></td></tr>
<tr><td>（17）その他</td><td></td><td></td></tr>
</table>

③　コミュニケーション実習「きく」

実習「きく」

ねらい：

コミュニケーションの中で，どのように聞き，話しているかに気づく。

手　順：

1．ねらいと手順及びルールの提示と説明
2．デモンストレーション
3．実習の実施（3～4名1組に分かれて，テーマについて一定のルールを守って話し合う）
4．実習のふりかえり
5．まとめ

ルール：

1．発言する人は，その前に発言した人が，言わんとすることをなるべく自分の言葉に置き換えて，「Aさんは，……ということを言いたいのですか？」というように，Aさんに確認する。
＊確認する際には，「Aさんは，……ということを言いたいのですか？」，「Aさんは，……ということを聞きたいのですか？」というように，主語に相手の名前をつけながら，また，そのことは相手が言いたいことなのか，尋ねたいことなのかについても明確にするようにする。

2．Bさんが確認をしたら，それに対してAさんは，Bさんの確認の発言が自分の本当に言いたかったことと一致しているのならば「はい」と言い，ちがう場合には「いいえ」と言う。
＊これには妥協せず，少しでも真意と違っていたら，思い切って「いいえ」と言うこと。【Yes】【No】の意志表示をはっきりすることで，話し手の問題も，聞き手の問題も明確になっていく。

3．Aさんが「はい」と言ったら，Aさんの発言に続けて，今度はBさんが自分の言いたいことを話す。
＊逆に，Aさんが「いいえ」と言った場合には，Bさんはもう一度言い直してみる。そこで，Aさんが「はい」と言えば，Bさんは発言ができる。
＊しかし，もしもう一度「いいえ」と言われた場合は，Aさんが自分の言いたいことをBさんに再度話してから，Bさんに発言権が移る。
＊つまり，Aさんが「はい」と言ってはじめてBさんは発言権を得る。ただし，2回「いいえ」と言われたときには，Aさんに再度話してもらった上で発言権を得ることになる。

4．今度は，Bさんが発言者になり，それに対してAさんがルール通りに答えていく。

出典：津村俊充・星野欣生（1996）聴く，Creative Human Relations Vol.II，コミュニケーション―人と人とのかかわりを深めるために（pp.105-127）．株式会社プレスタイムをもとに作成

「コミュニケーション」の観察

	話し手	話し手
名　　前		
（1）目の動き（まなざしの方向等）		
（2）声の調子や話す速さなど		
（3）姿勢や表情など		
（4）ジェスチャー（身振り，手振りなど）		
（5）感情（気持ち）の表現		
（6）雰囲気（緊張，堅さ，開放，なれなさしさなど）		
（7）その他		

④　活動的な実習「名画鑑賞」

実習「名画鑑賞」

ねらい：

・グループプロセス（グループの中で，お互いの間で起こっていること）に目を向ける
・体験から学ぶことを学ぶ

手　順：

1．導入：ねらいと手順の説明
2．名画づくり
3．題名づくり
4．題名の発表と名画鑑賞
5．実習のふりかえり：ふりかえり用紙記入とわかちあい
6．インタビューとコメント

名画づくりの進め方（この枠内の記事は，別に印刷をしてファシリテーターが持つ）

（1）グループごとに模造紙を囲んで座り，絵を描く順番を決めてもらう
（2）（描く順番が決まった後，無言で）まず，１番目の人に好きな色のカラーペンを選んでもらう。そして，目の前にある自分のグループの模造紙を大きなキャンパスに見立てて，「直線を一本描いてください。長さ，角度，位置は自由です」と伝える。
（3）１番目の人が描き終わったことを確認して，２番目の人に好きな色のカラーペンを選んでもらい，（2）の要領で，「三角形」を描いてもらいます。三角形の大きさ，位置などは自由です。
（4）同じように，３番目の人には「円」を描いてもらう。大きさ，位置は自由です。
（5）４番目の人には「１番目の人が描いた直線よりも短い直線」を，好きなところに描いてもらう。位置は自由です。
（6）５番目の人には，「正方形」を描いてもらう。大きさ，位置は自由です。
（7）６番目の人には，「波線」を描いてもらう。波の深さ，長さ，位置は自由です。
（8）人数が6人より多いときには，「五角形」や大きさの違う「三角形」や「四角形」を描いてもらいます。また，人数が6人より少ない場合には，２回目に描く人を決めておくと，模造紙の名画も豊かになるでしょう。
（9）名画が描かれた後，沈黙のまま，描かれた名画に描くメンバーがいろいろな角度から見て，タイトルを１つ以上つけてもらいます。
(10) 全員がタイトルをメモできたら，無言を解き，それぞれのテーマを伝えながら話し合い，１つのテーマに決める。(15分)
(11) 各グループごとにテーマと特徴をプレゼンテーションする。

出典：津村俊充・星野欣生（1996）名画鑑賞　Creative Human Relations Vol. Ⅲ，アイスブレーキングとクロージング（pp. 27–42）．株式会社プレスタイムをもとに作成

実習「名画鑑賞」ふりかえり用紙

グループの仕事としては，描く順番を決め，色ペンを選び，いろいろな線を描いた後，まず自分でテーマを決め，グループで１つのテーマを決定することを行いました。そして，プレゼンをしました。

さて，今の実習の中で，どのようなことにあなたは気づきましたか？

1．グループの中でのコミュニケーションについて

自分はどのように話したり，聴いたりしていましたか？　他のメンバーはどのようなコミュニケーションをしていましたか？　グループの中でのそれぞれのメンバーのコミュニケーションの特徴で気づいたことは？

2．グループの意思決定の仕方について

グループの話し合いの過程で，いろいろなことを決めていく場面があったと思います。それぞれの場面でどのような決め方をしましたか？

3．グループの中でのお互いの影響関係について

課題を達成するために，課題を始め出すはたらきや他のメンバーの発言を促すはたらきなど，メンバーのいろいろな言動がメンバーやグループに影響を与えていたと思います。自分自身も含めて各メンバーの言動がグループやメンバーにどのような影響を与えていましたか？

⑤　活動的な実習「交通渋滞」

実習「交通渋滞」

ねらい：

グループの中での課題を解決するときに起こるプロセス（自分や他者のかかわり方，コミュニケーションのありよう，リーダーシップや意思決定の仕方など）に気づく

手　順：

1．導入：ねらいと手順の説明
2．課題の説明
3．ルールの説明
4．実習の実施（場合によっては，途中で作戦タイムをとる）
5．ふりかえり：ふりかえり用紙記入とわかちあい
6．インタビューとコメント

※特に，ふりかえり用紙を使用しなくても，口頭だけでふりかえりをすることもできるだろう。アイスブレーク的に使用する際には，そのようなふりかえり用紙を用いない方がベターであることもある。

準備段階：スタート時に，マークとなるプレートを人数分＋1個準備し，一列に並べる。2つのグループが中心のマークを挟んで向かい合って一列（もしくはU字形）に並んだマークの上に立つ。

課　題：両グループが全員反対側に移動し，順番を変えずに並ぶこと

ルール：

1．移動するときには，前進はできるが後戻りはできない
2．前に1コマ進むことができる
3．1コマ飛ばして前に進むこともできる
4．自分の側のメンバーは飛ばすことができないが，相手のメンバーを1人超えることができる
5．並んだ順は崩さず，全員が反対側に移動したら終わる

出典：国立赤城青少年交流の家企画指導専門職（2009）交通渋滞，南山大学専門職大学院等教育推進GP教え学び支え合う教育現場間の連携づくり――ラボラトリー方式の体験学習を核とした2つの連携プロジェクト――報告書，290-291.

実習「交通渋滞」ワークステップ

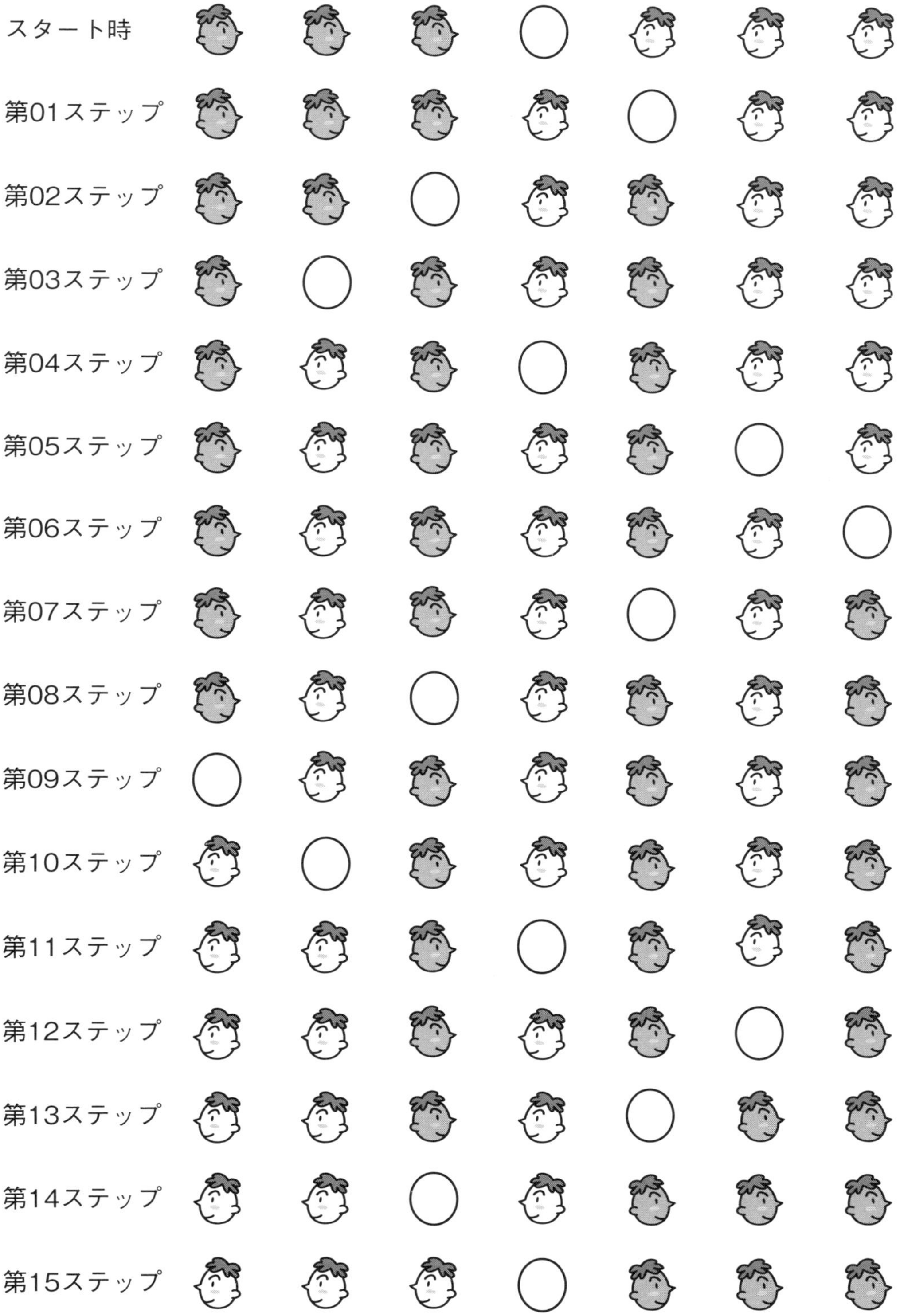

スタート時

第01ステップ

第02ステップ

第03ステップ

第04ステップ

第05ステップ

第06ステップ

第07ステップ

第08ステップ

第09ステップ

第10ステップ

第11ステップ

第12ステップ

第13ステップ

第14ステップ

第15ステップ

⑥　活動的な実習「タワー・ビルディング」

実習「タワー・ビルディング」

ねらい：

・グループで話し合い，タワーを作る過程で，お互いの間で起こること（たとえば，自分自身のコミュニケーションの様子やかかわり方，他のメンバーの様子，グループ全体の雰囲気や課題の進め方，ものごとの決め方，リーダーシップ，など）に気づき，その体験から学ぶ。

課題：

グループの課題は，与えられた素材を用いて，タワーを作ることです。タワーは，できるだけ高く，できるだけ安定したものを製作してください。なお，作品は自立している必要があります。

プレゼンテーションでは，各グループの発表時間は１分間です。プレゼンの際には，タワーの名前と特徴（アピールポイント）を伝えてください。タワーは，高さ・安定性・プレゼンから審査され，最優秀タワーが１つ決定されます。

手順：

１．導入・課題の説明　（10分）

２．どのようにタワーを作るかを話し合う　（10分）

３．製作タイム　（30分）

４．プレゼンテーション　（10分）

５．ふりかえり用紙記入　（15分）

６．グループでのわかちあい　（25分）

タワー制作の材料：コクヨ　シカ-10W　100枚入　各グループに１パック
Ａ４白紙10枚＋八つ切画用紙５枚　各グループ
タワーの台紙として，厚模造紙１枚　各グループ
ホッチキス，のり，セロテープ，はさみ　各グループ１つ

出典：中村和彦・津村俊充（2009）実習「タワー・ビルディング」南山大学人間関係研究センター紀要　人間関係研究，９，120-127.

実習「タワー・ビルディング」 ふりかえり用紙

1．この実習の中で，あなたは……
　どれくらい参加した実感がもてましたか？（どのような点で）

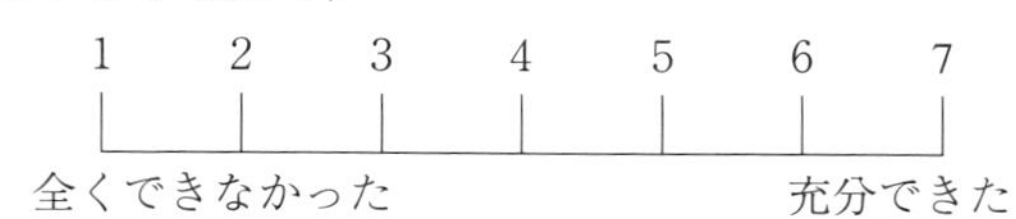

2．課題に取り組んでいる間のグループ全体のプロセス（たとえば，コミュニケーションの様子，リーダーシップや影響関係，目標の共有化，グループの規範＝決まりごと，意思決定のされ方，進め方や手順化，全体の雰囲気やその変化，など）について，気づいたことを記入してください。

＜話し合い段階＞

＜製作段階＞

3．グループのメンバー（あなたも含めて）について，参加やかかわりの様子，印象的な動きや働きかけなど，そして，それらがグループ全体やあなたへ与えた影響，を記入してみてください。

＜誰の＞　　　　＜どのような言動が　どのような影響を＞

＿＿＿＿＿：

＿＿＿＿＿：

＿＿＿＿＿：

＿＿＿＿＿：

自　分　：

4．その他，気づいたこと・感じたこと・学んだことは？

⑦　活動的な実習「オブジェづくり」

「オブジェづくり」

ねらい：

・グループプロセスに気づき，意識的にメンバーに働きかける

課題：

1．与えられた素材を用いてオブジェをつくる。そのオブジェにはテーマがあること。
　また，オブジェは，高さ・安定性・美しさを備えていること。なお，作品は自立していること。

2．テーマと作品の発表時間は1分間とする。

手順：

1．導入・課題の説明　（10分）

2．オブジェづくり　（40分）

3．発表準備　（5分）

4．作品発表　（25分）

5．ふりかえり用紙記入　（20分）

6．わかちあい　（25分）

準備する素材：

☆屋外で行う場合：環境に合わせていろいろな素材を準備

☆屋内で行う場合：たとえば，模造紙，色画用紙，白紙，色セロファン，クレパス，ブロッキーなどクリエイティブ素材などの他に，はさみ，のり，ホッチキス，セロテープなど。

出典：津村俊充・星野欣生（1996）オブジェづくり，Creative Human Relations Vol.III，チームワーク≪グループプロセス≫―楽しく仕事をするために（pp.203–222）．株式会社プレスタイムをもとに作成

「オブジェづくり」ふりかえり用紙

1．今の実習の中で，あなたは

1）どの程度，自分の意見やアイディア，気持ちを述べることができましたか？
（どのような点から？）

1	2	3	4	5	6
できなかった					充分できた

2）どの程度，他者の意見やアイディア，気持ちを聴くことができましたか？
（どのような点から？）

1	2	3	4	5	6
できなかった					充分できた

3）どの程度，グループに参加している実感がありましたか？
（どのような点から？）

1	2	3	4	5	6
なかった					充分あった

2．グループプロセスで気づいたことはどのようなことがありますか？　あなたは，どのようなことを働きかけようとしましたか？　そのときの自分の気持ちや他のメンバーの反応などで気づいたことにはどのようなことがありますか？

3．グループ活動の中で他のメンバーはどのような動きをしていましたか？　気づいたことを列挙して下さい。

（誰の）　　　　　　　　（どのような言動が）

____

____

____

____

____

4．その他，この実習で気づいたり学んだりしたことにはどのようなことがありますか？

⑧　活動的な実習「ブロック・モデル」

実習「ブロック・モデル」

ねらい：

・チームで課題を達成する過程で起こる事柄（自分や他者の動き，コミュニケーションやリーダーシップのありよう，作業の進め方など）に気づく

課題：

グループに与えられたブロックを用いて，モデルとまったく同じものを作る

時間：　35分以内

進め方：

1．計画・準備

・モデルと同じものを作るための最も有効な方法を話し合う。
・この間ブロックに手を触れてはいけない。
・モデルを見に行くことができるのは，グループから常に1人であること。ただし，交替は自由。その際，モデルに手を触れてはいけない。

2．組み立て作業

・計画，準備が終わったら，組み立て作業に入ることを，スタッフに告げて作業に入る。
・組み立て作業を始めたら，モデルを見に行くことはできない。
・組み立て作業が終わったら，スタッフに知らせる。

3．審査

・所定時間が過ぎたところで，スタッフが作品を審査する。
・審査は，作品点を100点満点とし，その不完全さに応じて減点していく。（1ヶ所，2点減点を目安に）
・さらに，時間点を1分1点として，35から所要時間を差し引いたものを，作品点に加算してチームの得点とする。

出典：津村俊充・星野欣生（1996）ブロック・モデル，Creative Human Relations Vol.IV，リーダーシップ―活躍するリーダーを育てるために（pp.27-49）．株式会社プレスタイムをもとに作成

実習「ブロック・モデル」 ふりかえり用紙

1．この実習の中で，あなたは……
　どれ程，自分の意見や考え，アイディアを言うことができましたか。（どのような点で）

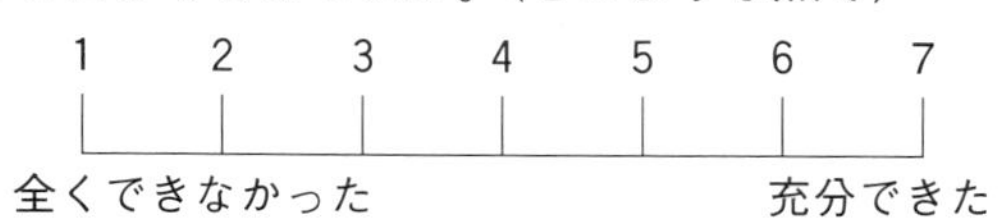

2．この実習の中で，あなたは……
　どれ程，他のメンバーの意見や考え，アイディアを聴くことができましたか。
　（どのような点で）

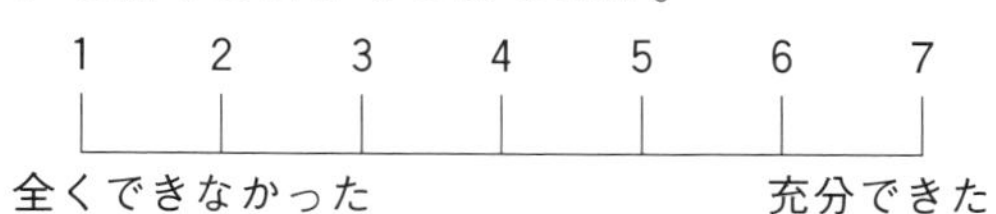

3．課題に取り組んでいる間のグループ全体の様子（＝グループプロセス：たとえば，コミュニケーションの様子，リーダーシップや影響関係，意思決定のされ方，進め方や手順，全体の雰囲気やその変化，など）について，感じたことや気づいたことを記入してみてください。

4．グループのメンバー（あなたも含めて）の動きについて印象に残っていることや感じたこと，グループで課題に取り組んでいる際に，グループ全体やあなたへ与えた影響，などを記入してみてください。

＜誰の＞　　　　＜どのような言動が　どのような影響を＞

＿＿＿＿＿＿：

＿＿＿＿＿＿：

＿＿＿＿＿＿：

＿＿＿＿＿＿：

わたし　：

5．その他，気づいたことや感じたことなどを通して，チーム活動から学んだことは？

引用・参考文献

福山清蔵（1998）．カウンセリング学習のためのグループワーク（p.55）日本・精神技術研究所

林芳孝（2009）．実習「トシ君のおつかい」簡易版　体験学習実践研究，9，55–59.

国立赤城青少年交流の家企画指導専門職（2009）．交通渋滞　南山大学専門職大学院等教育推進GP教え学び支え合う教育現場間の連携づくり――ラボラトリー方式の体験学習を核とした2つの連携プロジェクト　報告書，290–291.

国立日高青少年自然の家企画指導専門職（2009）．安全管理のポイント　南山大学専門職大学院等教育推進GP教え学び支え合う教育現場間の連携づくり――ラボラトリー方式の体験学習を核とした2つの連携プロジェクト　報告書，271–275.

間宮基文・林芳孝（2007）．オリジナルの問題解決実習「5人のツアーガイド」の設計について――作成過程を含めた実習プログラムの紹介　体験学習実践研究，7，53–64.

中村和彦・津村俊充（2009）．実習「タワー・ビルディング」南山大学人間関係研究センター紀要　人間関係研究，9，120–127.

Nelson–Jones, R.（1990）. *Human Relationship Skills: Training and Self–help.* Cassell Publishers Limited.（ネルソン・ジョンズ，R. 相川充（訳）（1993）．思いやりの人間関係スキル――一人でできるトレーニング　誠信書房

日本学校GWT研究会（1994）．坂野公信（監修）協力すれば何かが変わる《続・学校グループワーク・トレーニング》（p.43）遊戯社

日本キャンプ協会（2007）．キャンプのリスクマネジメントエクササイズ

大塚弥生・羽佐田拡大・近藤友紀・山下優理（2010）．オリジナル実習「東京観光」体験学習実践研究，10，44–54.

杉山郁子・古田典子（グループファシリテーターズ・シーズの会）新説・桃太郎

津村俊充（2010）．問題解決実習を用いたラボラトリー方式の体験学習による学びの可能性を考える――看護医療領域における教育のための素材づくり　体験学習実践研究，10，1–20.

津村俊充（2011）．問題解決実習「ハッピーファーマーズ」体験学習実践研究，11，53–56.

津村俊充・星野欣生（1996）．ブロック・モデル　Creative Human Relations Vol. Ⅳ．リーダーシップ――活躍するリーダーを育てるために（pp.27–49）プレスタイム

津村俊充・星野欣生（1996）．聴く Creative Human Relations Vol. Ⅱ．コミュニケーション――人と人とのかかわりを深めるために（pp.105–127）プレスタイム

津村俊充・星野欣生（1996）．名画鑑賞　Creative Human Relations Vol. Ⅲ．アイスブレーキングとクロージング（pp.27–42）プレスタイム

津村俊充・星野欣生（1996）．流れ星　Creative Human Relations Vol. Ⅱ．コミュニケーション――人と人とのかかわりを深めるために（pp.39–49）プレスタイム

津村俊充・星野欣生（1996）．オブジェづくり　Creative Human Relations Vol. Ⅲ．チームワーク《グループプロセス》――楽しく仕事をするために（pp.203–222）プレスタイム

津村俊充・星野欣生（1996）．たずね・こたえ・観察する　Creative Human Relations Vol. Ⅱ．コミュニケーション――人と人とのかかわりを深めるために（pp.153–170）プレスタイム

津村俊充・楠本和彦・山下洋史（2006）．問題解決実習「めざせワールドカップ2006」（英語＆日本語バージョン）の創作――さまざまな学習者との交流と学びを深めるために　体感学習実践研究，6，56–68.

鵜飼浩美・村上敏子・立松容子（2004）．オリジナル実習「いろいろな人が住むマンション」体験学習実践研究，4，14–22.

横浜市GWT研究会（1989）．坂野公信（監修）学校グループワーク・トレーニング（p.91）遊戯社

第V部

プロセス・エデュケーション実践のための諸理論を理解する

第16章

プロセス・エデュケーションのためのミニレクチャー

これまで紹介してきたプロセス・エデュケーションの考え方とファシリテーターの実践的スキルと態度を生かしながら，プロセス・エデュケーションを展開する際の基本的な理論やモデルをミニレクチャーとして平易な言葉で紹介しています。

意図としては，読者の皆様がトレーニングや研修，また学校教育などでの授業を実践されるときに，学習者に諸理論やモデルをわかりやすく解説するときの補助資料になればと考えています。よって，教育プログラムの展開に併せて，これらのミニレクチャーを学習者に紹介していただければ，幸いです。

内容は，下記の通りです。

1．「ラボラトリー方式の体験学習」とは
2．ラボラトリー方式の体験学習を構成する4つの要素
3．人間関係を観る視点：コンテントとプロセス
4．体験学習の循環過程
5．「ふりかえり」とは
6．ラボラトリー方式の体験学習のファシリテーターとは
7．体験学習の循環過程を促進するファシリテーション
8．実習を用いた教育プログラム設計と実施するファシリテーターの仕事
9．「ラボラトリー方式の体験学習」と「ベーシック・エンカウンター・グループ」との比較：2つのアプローチの誕生の違いより
10. これからの教育者を養成するための2つの視点
11. 人間関係とは何か
12. JOHARI（ジョハリ）の窓
13. フィードバックの留意点
14. コミュニケーション・プロセス
15. コミュニケーションの障害要因とは
16.「聴く」ことの大切さとそのスキル
17. グループ・プロセスを観る視点
18. 社会的相互作用の循環過程

1．～5．　ラボラトリー方式の体験学習実施時の基本的な視点について解説している。
6．～10.　ファシリテーターとは何かを考えるヒントになる話題を解説している。
11.～13.　人間関係を相互に学び合うために必要な視点を解説している。
14.～16.　コミュニケーションのプロセスの基本的な考え方を解説している。
17.～18.　グループダイナミックスの代表的な話題を解説している。

これら18のトピックスに関して，18のミニレクチャーを動画でご覧頂けるように，YOUTUBE に「つんつんのミニレクチャー」として紹介しています。読者の皆様のご意見（動画へのコメントなど）を参考にしながら，随時，ミニレクチャーシリーズは追加していく予定でいます。URL は，http://www.youtube.com/watch?v=W2l8ADafmZA

1.「ラボラトリー方式の体験学習」とは

1946年に誕生し，1947年よりNTL（National Training Laboratories）によって主催されてきている体験学習を用いたトレーニングは，「ヒューマン・リレーションズ・ラボラトリー」とよばれたり，ラボラトリーメソッドによる体験学習またはラボラトリー方式の体験学習とよばれたりしています。この“ラボラトリー”という言葉を“実験室”と訳すと，第三者によって操作的に人間を操って実験やトレーニングをするようなイメージを与え，「誰かが誰かを実験にかける」，「学習者がモルモットになる」といったような響きに聞こえるかもしれません。

しかし，ラボラトリー方式の体験学習における本来の“ラボラトリー”とは「自分が自分のことをいろいろ試してみる（実験してみる）場」という意味で，実験という言葉の意味は「実験の主体は学習者自身」なのです。ファシリテーターによって工夫された学習場面で，そのときその場にいる人々とのコミュニケーションやグループワークなど，そこに生じた生の人間関係（プロセス）を素材にして，自分が自分自身を深く見つめ直したり，他者との関係のもち方を点検したり，新しい行動様式（たとえばリーダシップとか聴く態度など）をグループの中で試したり，グループや組織の人間関係を改善するために新たな試みをしたりする場なのです。すなわち，“ラボラトリー”は他者との関係を創り出しながら，自分自身のこと，人間関係そのものをその中で主体的に学習する場を意味しています。

一般に学校教育の中にあって，教育は過去に誰かが見出した知識を教育者から学習者に伝達され，それを学習者が理解し記憶する過程を通して学ぶ「概念学習」あるいは「知的学習」といわれる一斉授業の形式で行われています。それは，文化伝承型の教育ともいえます。

しかし，ラボラトリー方式の体験学習は，“今ここ”での自分の生の体験を他者とともに吟味することによって，学習者の態度や行動の変化・成長を生み出す学習方法なのです。それゆえ，ラボラトリー方式の体験学習を実施する教育者のことを「先生」とか「教師」とはよばず，ファシリテーターという呼称を用います。何かの知識を教える「教師」ではなく，学習者が豊かな体験ができるような場を創り出すこと，そしてその体験から自らのことを内省したり，他者を観察したりして，それらの気づきを学習者とともにわかちあうことができ，そこから学習者が自らの課題を見つけ出し，新しい行動を獲得できるように，学びを促進するという意味で「ファシリテーター（促進者）」という呼称を使っているのです。

学習者は，自らが参加し，体験することで興味・関心が生まれ，その学びの場に意欲的に取り組むことは容易になると考えられます。その期待から，野外教育や就労体験から学ぶ教育場面でも「体験学習」とよばれ参加型の学習方法が実践されています。しかし，そうした「体験学習」はともすれば「体験だけ」学習に終わっているのではないかといった指摘があります。体験から学びに発展させるためには，「ラボラトリー方式の体験学習」のいくつかの諸理論・モデルが有効になります。その核となる考え方には「体験学習の循環過程」や「人間関係を観る視点：コンテントとプロセス」があります。その他に，体験と概念を結びつけるためにも，ファシリテーターにとって諸理論やモデルの理解は必要になります。

2．ラボラトリー方式の体験学習を構成する4つの要素

ラボラトリー方式の体験学習では，4つの要素が大切にされています。

（1）集中的なグループ体験

学習者相互の対話を中心に行われる集中的な体験グループの代表的なものは，Tグループセッションとよばれます。8～10人ほどの小グループ内の“今ここ”で起こっていることを学習の素材として，学習者自身の他者とのかかわり方やグループメンバー相互の影響関係などを吟味していく場です。

Tグループセッションでは，日常の生活状況とはかなり異なる枠組みが設定されています。そこでは，あらかじめ決められた話題や手続きは特になく，ただメンバーとともに過ごす時間と空間が決められているだけです。日常生活において固着化した役割や地位にともなう行動の仕方，「このように考えなければならない」とか「このように行動すべきである」といった枠組みから自由になり，学習者自らがもつ本来の欲求や価値観に気づき，新しい行動の試みを通して学び成長する場となります。そのためには，メンバー相互に防衛的な気持ちを減少させ，率直な自己開示やフィードバックが自由に行われるようになる相互信頼の風土の形成が重要になるのです。

（2）構造化された実習とふりかえり

前述の集中的なグループ体験と異なり，ファシリテーターが何らかの意図をもって実習課題を提示し学習者の気づきを深め，学びを得るために計画されたグループ体験も大切なプログラムの要素の1つです。

計画された体験は「構造化された」体験，一般には「実習」とよばれます。ファシリテーターは，トレーニングのねらいによって，コミュニケーションのありように気づくことに焦点を当てたり，またはグループのダイナミックスの理解や，リーダーシップのありように気づくことに焦点を当てたりして，学習者の学びのニーズに合わせて設計する必要があります。

実習を実施した後は，基本的に，学習者はどのような体験をしたのか，その体験の中ではどのようなことが起こっていたのか，なぜそのようなことが起こったのか，また学習者にとって自分の新しい課題は何かなどを吟味するためのステップを踏むことができるようにふりかえりの時間を設定することは重要です。

（3）小講義

小講義は，体験からの学びを学習者が深めたり，学びを一般化したりすることを促進する機能をもっています。学習者の行動の意味を明確化したり，新しい行動の獲得や発見に向けて機能する認知的モデルなどを提供することは，トレーニングの場だけでなく日常の体験の中においても，「いかに学ぶか」を学習する可能性を高めることになります。

トレーニングの進行に合わせた認知的な学習材料の提供の仕方には，ファシリテーターからの小講義の他に，小冊子などの印刷物を資料として配布して読書を勧めることもあります。

（4）記入用紙・チェックリストなどのインストルメント

チェックリストや記入用紙とは，カウンセラーがクライエントの心理状態を測定し，カウンセラーという第三者が解釈を試みるための道具を指してはいません。あくまでも，学習者が自分自身やグループについての理解を深めるための道具として活用するものです。

これらの道具には，自分自身の一般的な傾向をみるためのチェックリストもありますが，集中的なグループ体験や構造化された体験の後で用いる「ふりかえり用紙」も含まれます。

3．人間関係を観る視点：コンテントとプロセス

他者と話したり，共に仕事をしたりしているときに，一人ひとりの中にいろいろなことが起こっています。それは，相手に対する気持ちや自分の心の中でいろいろと考えていることなどさまざまです。話題や仕事といった内容や結果を“コンテント”とよびます。一方，自分の中に，相手の中に，２人の関係の中に，グループの中に，組織の中に，また自然や環境との関係の中にさまざまな事柄が起こっていることを“プロセス”とよんでいます。

１人の個人のプロセスをとらえる視点として，感情，思考，そして行動の３つの視点から，データを集めることができます。さまざまな体験を通して，これらのデータを集めることにより学習者の人間関係の傾向や特徴を見出すことができます。さらに，この特徴を分析し，自らの人へのかかわり方を改善していくことも可能になるのです。

一方，相手にもさまざまなプロセスが起こっています。実は，このプロセスが，他者との関係に大きく影響しているとともに，自分自身の行動にも影響を与えているのです。他者との関係の中で，相手から何を言われたかといったコンテントによって影響を受けますが，もう一方相手からどのように言われたかといったプロセスによって影響を受けることが多くあります。賞賛や奨励の言葉をもらうときにも，どのように伝えられるかで，心に響いたり，どことなくむなしく聞こえたりする経験が読者のみなさんにもあるのではないでしょうか。

プロセスを大切にするということは，たとえば，チームの活性化のために何が大切かといったテーマで話し合いをしていても，そのグループの話し合いが活発でないならば，そのプロセスを取り上げ，改善に向けて取り組まなければチームの活性化の本質的な問題解決にはならないといえるでしょう。

コンテントとプロセスを図に表すと，図16−1のように考えられ，コンテントとプロセスとの関係を，海に浮かぶ氷山のように描くことができます。表面に現れているのがコンテントであり，その下に潜んでいる，または起こっているものをプロセスとよぶとわかりやすいでしょう。

プロセスは，刻々と変化します。自分の思い（プロセス）を言葉にしてグループのメンバーに伝えると，またそのことから新しい思い（プロセス）が自分自身にも相手にも起こってきます。プロセスは，川の流れのように絶え間なく変化していくのです。それゆえに，プロセスに気づきわかることは難しいのですが，できる限り“今ここ”で起こっているプロセスに着目しながら，そのプロセスの気づきを生かし，学ぶことができるようになることが，究極のラボラトリー方式の体験学習の目標であると考えています。

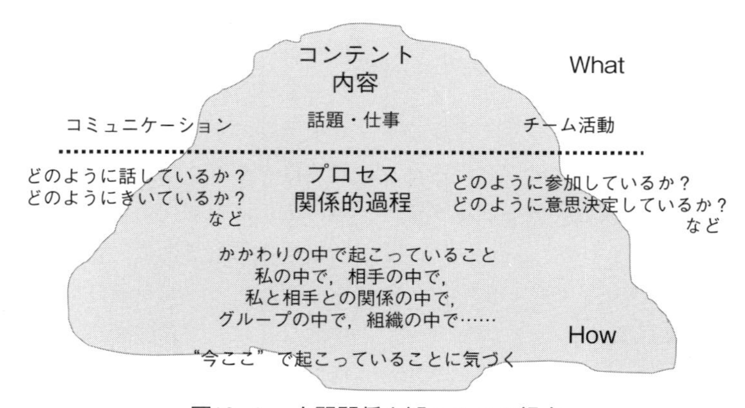

図16−1　人間関係を観る２つの視点

4．体験学習の循環過程

「ラボラトリー方式の体験学習」による教育プログラムでは，単に体験だけで終わらないためにも，学習者が体験した活動から一連の学習過程を通して，学びをふりかえることを通して，学びとして成立すると考えています。それが，体験学習の循環過程です（図16-２）。

ステップ１　体験すること

私たちは日常何らかの体験をしています。学校での体験，家庭やプライベートな世界での体験など，日常生活すべてが体験であるといえます。教育・研修では，教室といった学習の場で，ファシリテーターがあるねらいのもとで学習者に提供する実習（exercise）などによる体験もあります。

ステップ２　意識化する：体験の内省と観察

体験したことを内省したり観察したりするステップです。特に，何を話したかとか，どのような結果であったかといった仕事の内容や結果，コミュニケーションの話題のようなコンテント（内容）だけでなく，自分の中に，相手の中に，関係の中に，グループの中に，また組織の中に何が起こっていたかといったプロセス（関係的な過程）に焦点を当てて観察したり気づいたりすることが，体験から学ぶためには大切になります。自分一人の気づきだけでなく共に体験したメンバーの気づきも共有し合うことによって学びの広がりと深みが生まれるのです。そのために，体験した後でふりかえり用紙にプロセスを記入し，そのふりかえり用紙をもとにわかちあうことが大切になります。

ステップ３　分析する：一般化する

このステップでは，集められたデータに基づいて学習者がどのような傾向をもっているのかとか，なぜそのようなことが起こったのかといった分析を試み，自分，他者，グループについて考えます。ここでは，自分の行為や他者の行為が良かったとか悪かったといった評価に終わらず，その行為についてしっかりと意味づけをしていくことが重要になります。

ステップ４　仮説化する

ステップ３で考えたことを活用して，次の機会または新しい場面で学習者が成長のために具体的に試みたい行動を考える（成長のための仮説化）ステップです。この仮説化を通して自分の新しい行動を計画し，実験的に試みることによって学習者の行動レパートリーは広がり，対人関係能力や社会的スキルを習得することになります。実験的な試みを実行し，成功させるためにはできる限り具体的な行動計画を立てることが大切になります。この仮説化した試行的行動を実践することが，ステップ１の新しい具体的体験になり，その体験を意識化（内省・観察）し，分析・一般化し，そして仮説化するといった学びの循環過程により学習者は成長していくのです。

体験学習は，自らが主体となって動き体験し学ぶ楽しさを味わうとともに，自らの力で学ぼうとする学習への主体的・自立的な態度も育てることができると考えています。このことは，“生きる力を育てる”教育の実践，具体的には，「総合的な学習」の授業展開に，この体験学習を導入することはとても有効であると考えられます。

体験学習のステップは，問題解決のステップであるともいえます。体験学習のそれぞれのステップを実践する力は，「感受性」，「思考力」，「応用力」，「行動力」であり，体験学習はこれらの能力を必要とすると同時に，体験学習の実践を通してこれらの能力を育てていくことができると考えられます。

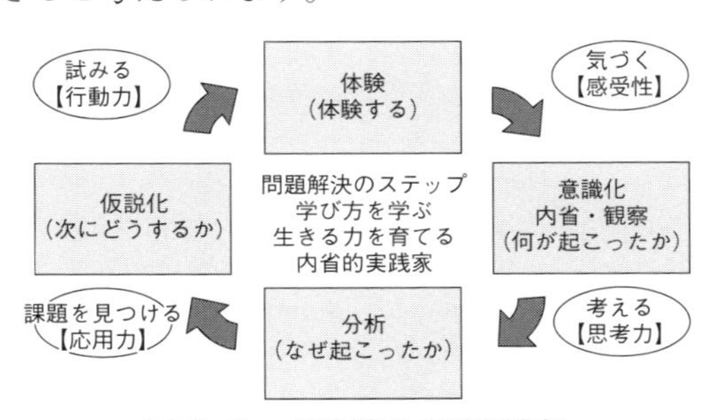

図16-２　体験学習の循環過程

5．「ふりかえり」とは

ふりかえりは，体験から学ぶためには欠かすことができない活動といえます。体験学習における循環過程を思い起こしてください。体験を通して学ぶためには，体験するだけでなく，まずは，どのような体験をしたのか，学習者は体験を内省することが大切になります。体験学習における循環過程の「意識化（内省・観察）」のステップを指し，学びのためのデータ収集の活動です。体験をした人が自分のありよう（個人レベルのプロセス参照，第２章２））をていねいにふりかえることと，それと同時に他のメンバーが気づいたことを拾い出す作業を行います。多くの場合には，ふりかえり用紙に書かれている問いかけが，参加者に内省する視点を与えることになります。

次に，それらの気づきを，グループのメンバーとし，わかちあうことが大切になります。自分の気づきを自己開示したり，他のメンバーからの気づきを聴いたり，フィードバックを受けたり与えたりする活動です。この活動が豊かになるためには，ファシリテーターは，グループ内のコミュニケーションが自由にできるような場を創る必要があります。このわかちあいの活動を通して，体験学習における循環過程の次のステップである「分析」，なぜそのことが起こったのかなどを吟味するときをもちます。グループでそのような時間をもてない場合には，ふりかえり用紙やジャーナルなどを用いて，自分の特徴や傾向，グループの現状などを考えてみる問いを提示しておくこともできます。ふりかえりの中には次回のグループ活動に向けてや，日常生活での自分のありようを改善するために，学習者が新しく試みる課題（仮説）を立てることまで含まれています。こうしたふりかえりをいかに学習者の状況に合わせながら進めることができるかがファシリテーターの大切な仕事にもなります（図16−３）。

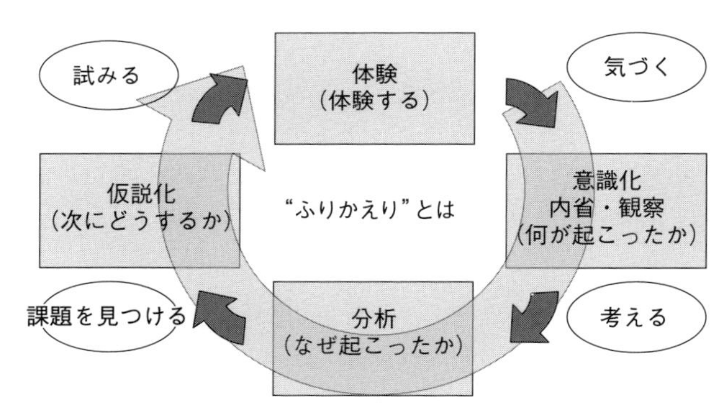

図16−３　体験学習の循環過程におけるふりかえり

6．ラボラトリー方式の体験学習のファシリテーターとは

図16-4は，ラボラトリー方式の体験学習におけるファシリテーターが，どのような視点をもち，どのように働きかけていくかについて，教育を実施する際の視点を中心にまとめたものです。ファシリテーターは，以下の項目のようなさまざまな視点をもち，研修を実施するとともに自らの資質向上に努めなければなりません。

（1）目的を明確にすること

ラボラトリー方式の体験学習のファシリテーターにとって，目的を明確にすることはもっとも重要なことです。学習者の状況や，研修の必要性や期待などを把握した上で，学習者とともにどのような学びの場をつくり上げていくのかを明確にして目的を設定することが，研修の核となります。その目的をもとに，具体的なねらい，プログラム内容，ふりかえりのもち方などが考えられます。また学習共同体として，学習者とファシリテーターが共通の目的をもつことは，ラボラトリー方式の体験学習にとっては重要なことです。

（2）体験に取り組む場づくり

ラボラトリー方式の体験学習では，学習者の自発的・主体的なかかわりから多くの学びが生まれます。そのためにファシリテーターは，学習者が「やってみよう」，「取り組んでみよう」と思える学びの場づくりをする必要があります。ねらいを充分に理解した上で，学習者の状況の把握をし，ファシリテーターとしてのスキルを充分に認識し，プログラム内容を吟味していきます。その際，学習者がもつ戸惑いや抵抗も含めて，“今ここ”でのかかわりの中で起こることを，大切にしていくことも忘れてはならないことです。

（3）研修中の学習者のプロセスを大切にすること

研修の内容は，ねらいを中心に学習者の状況，実施現場の状況などから考えられていきます。プログラムの中で，体験学習の循環過程が意識されていることも大切です。実施にあたっては，プロセスを大切にする視点を忘れずに，“今ここ”で起こっていることから，学習者がより多くの気づきを発見していくことを援助していきます。また，ファシリテーター自身がどのような介入をし，どのような影響を与えているのかにも意識をもっていなければなりません。

（4）ふりかえりの適切な実施

ラボラトリー方式の体験学習において，ふりかえりをどのような視点で，どのように行うかは，とても重要なことです。実習などの体験を通して，学習者にはどのような気づきや学びがあり，それぞれの学習者の言動が他のメンバーやグループに影響を与えていたかを，率直にやり取りすることが学びに繋がるからです。そのためにファシリテーターは，メンバーが安心して充分なやりとりができるように配慮をしなければなりません。ふりかえり用紙の工夫，時間の配分，メンバー相互のコミュニケーションの促進，時には１人になれる場づくりなどを考える必要があります。

（5）日常生活に生かすための配慮をすること

研修終了時には，研修の学びを明確化し，日常に生かしていくことができるようなプログラムを考える必要があります。また，研修を終えるに際して特別に配慮を必要とする学習者がいないかなどにも注意しなければなりません。日常に学びを活かしていくためには，研修後のフォローアップの機会を設けることも考えられます。また研修終了後には，ファシリテーターチームでフィードバックをし，実施内容の吟味やファシリテーターの介入の影響をふりかえり，今後のプログラムづくりに生かしていくことも重要なことです。

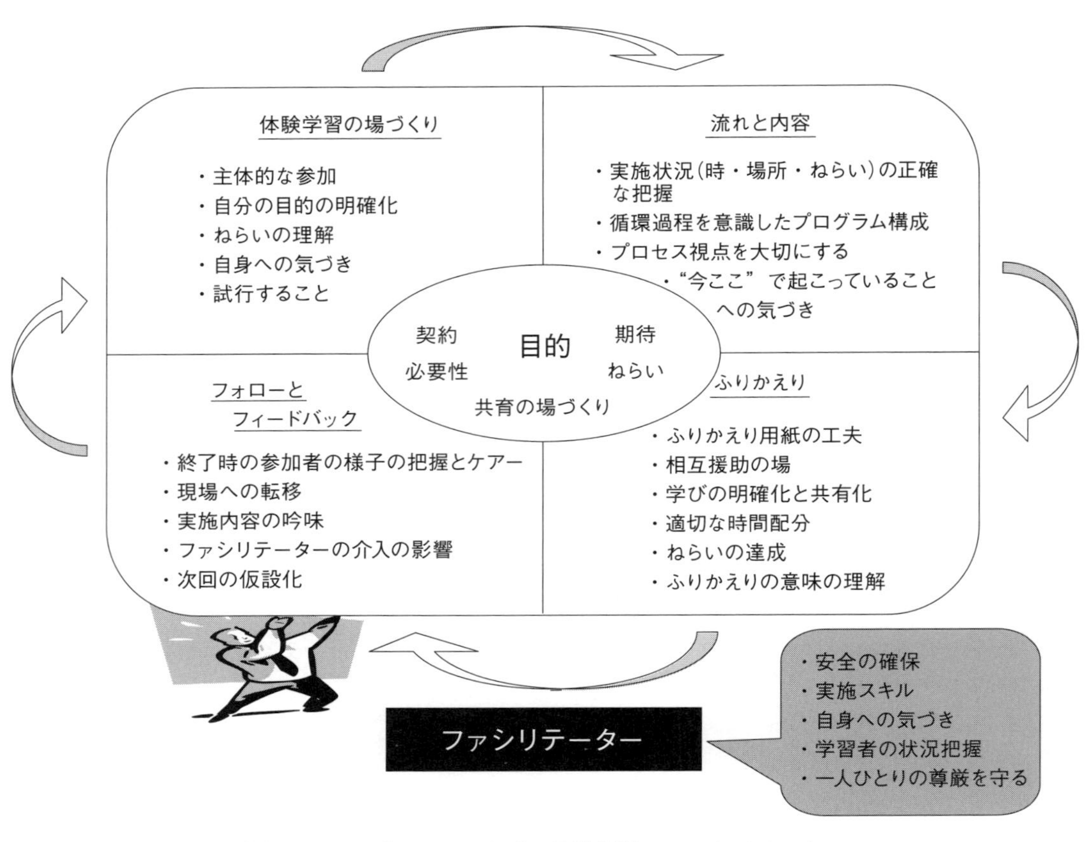

図16-4　ラボラトリー方式の体験学習のファシリテーター

図は，日本体験学習研究所（杉山，林，津村），2008　作成

7．体験学習の循環過程を促進するファシリテーション

学習者が体験から学ぶためには，単に何か知識を一方的に提供するだけでも成り立たないし，また学習者が何か体験をするだけでも学習は成り立たないのです。学習者が学ぼうとするねらいは何かといったことを明確にしながら，その学習者の学習目標に適切な体験を準備し，その体験から学びを深めるための体験学習のステップを学習者自身が通り抜けることができるような教育・支援が必要になります。その働きをする人のことを，“ファシリテーター（facilitator）”とよびます。すなわち，ファシリテーターは，何かを教えるという人ではなく，学習者がまさに体験学習のステップを循環することができるように体験を準備し，学習者に働きかけをすることが大きな仕事になります。ラボラトリー方式の体験学習によるトレーニングプログラムの留意点については，『人間関係トレーニング第２版』（津村他, 1992）を参考にしてください。プログラムとして準備された体験に学習者が参加して，その体験から学んでいくためのファシリテーターの働きかけとして，下記のような６つのファシリテーション（促進）機能があります（津村, 2010）。

ファシリテーターの仕事を，体験学習のステップの循環を促進することと関連づけて考えてみますと，６つの働きをあげることができます。それらの働きを，体験学習の循環過程の中に付置してみると，図16－5のようになります（津村, 2010）。

（１）気づき（awareness）の促進：体験したことからさまざまなデータを拾い出すことを促進する

問いかけ例：
- あなたは何をしましたか？　何をしなかったですか？
- あなたはその体験の中でどんなことを感じましたか？
- あなたはどんなことを考えましたか？　など

（２）わかちあい（sharing）の促進：体験したことから気づいたデータをお互いに報告し合うことを促進する

問いかけ例：
- 自分の気づいたことを今伝えられる範囲で伝えてみてください。
- 他の人も同じ反応をしましたか？　違いがありますか？　お互いに確認してみましょう。
- どんなふうに影響を与え合っていましたか？　など

（３）解釈すること（interpreting）の促進：個人やグループから出てきたことのデータの意味を明らかにすることを促進する

問いかけ例：
- それはどのように説明できますか？
- あなたにとってそれはどのような意味がありますか？
- なぜそのようなことをしたのでしょうか？　など

（４）一般化すること（generalizing）の促進：そのデータから抽象概念に発展させることを促進する

問いかけ例：
- そのことからあなたは何を学びましたか？
- それは他の体験とどのように結びついていますか？
- どのような原理や法則が働いていると思いますか？　など

（５）応用すること（applying）の促進：概念化したものを新しい状況の中で検証するための仮説や，変革するための行動目標を考えることを促進する

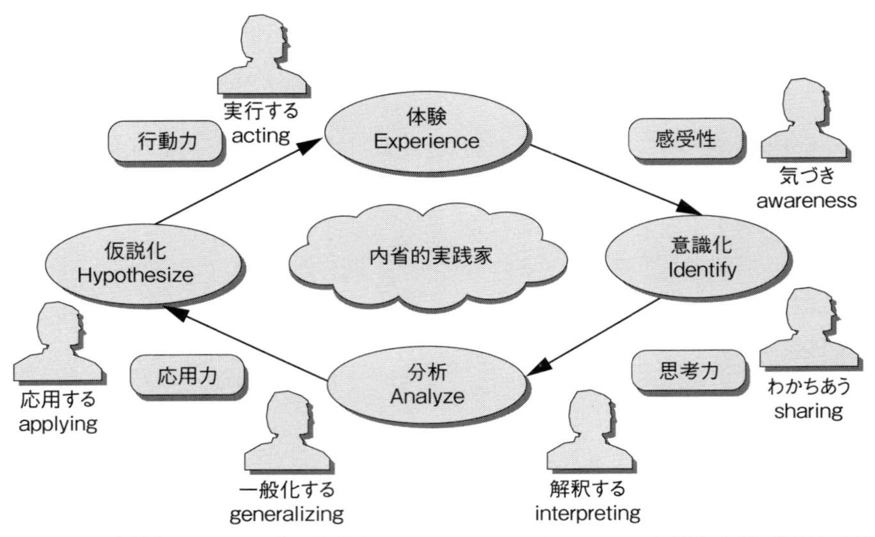

図16-5　体験学習のステップを促進するファシリテーターの６つの働きかけ（津村, 2010）

問いかけ例：
- どんなふうに他の場面に応用できますか？
- あなたの課題や行動目標にはどのようなことが考えられますか？
- あなたにとってそのことをさらに伸ばすにはどのようなことが考えられますか？　など

（6）**実行すること（acting）の促進**：仮説化したことを実際に試みている場をつくったり，実行したりすることができるように促進する

問いかけ例：
- あなたの課題を実行すること・しないことでどのような結果が得られますか？
- あなたの課題を実行するために必要なことは何ですか？
- 成功したら，自分にどのような報酬をあげたいですか？　など

ファシリテーターとして留意すべきことは数多くありますが，もっとも基本的な姿勢として，体験から気づき・学ぶ人は学習者自身であるということを忘れてはならないということです。時として，親切心，教育者心から，ファシリテーターが気づいていることや解釈したことを，学習者に伝えたくなることがあります。ファシリテーターからフィードバックするときには，そのフィードバックの授受がもつ功罪について吟味した上で行う必要があります。たとえ貴重なフィードバックとファシリテーターが考えた場合でも，ともすれば，他者から教えられたことは，学習者自身が発見した学びとは異なり，いわゆる学びの所有者感覚（ownership）をもてずに，逆に，そのことに気づくことができなかったという屈辱感を学習者に味わわせることになるという懸念も知っておく必要があります。

上記の６つの働きは，学習者自身が<気づく>，<わかちあう>，<解釈する>，<一般化する>，<応用する>，<実行する>ことであるということ，それをいかに促進することができるかが，ファシリテーターの仕事であることを肝に銘じておくことが大切です。そのためにも，ラボラトリー方式の体験学習を実施している現場においてファシリテーター自身が毎回教育体験から学び，問いかけのレパートリーを増やしていくことが大切になります。

8．実習を用いた教育プログラム設計と実施をするファシリテーターの仕事

実習を用いた教育プログラムを設計し，実施するためのファシリテーターの仕事は，大きくは，図16-6に示されているように，Ⅰ．プログラム実施前のプレ・スタッフ・ミーティング，次に，Ⅱ．教育プログラムの実施，そしてプログラム終了後のⅢ．ポスト・スタッフ・ミーティングです。もう少し詳細に見ていくと，次のようなステップから構成されます。

ステップ１：データ収集

もっとも効果的なトレーニングデザインやワークショップ・デザインを考えるために，大切なステップです。学習者がどのような状況にいるのか，何を学びたいと考えているのか，などをインタビューや観察などによりニーズ調査をします。グループメンバーのニーズやそのニーズがなぜ起こっているのかといったことに関するグループ特有のデータ収集は，問題解決や学習の成果を上げるための第一ステップといえます。

ファシリテーターは，学習者にとって何が必要なのかを気づくことが大切です。それらは知覚されたニーズといわれたりします。これらはあなたの過去の経験，価値観，予想，直感，もしくはあなたの熟練やトレーニングによって豊かに見出すことが可能になります。データ収集のステップでは，ファシリテーターチームで知覚したニーズを確認したりさまざまな意見を伝え合ったりしながら，納得のいくニーズを集めていきます。

ステップ２：データ分析

このステップでは，学習者が変化を求めていたり，学びたいと考えていたりするニーズの領域を決定することが大切になります。

データを分析することは学びたいと考えているニーズの領域（たとえば，コミュニケーション，リーダーシップ，自己理解など）や領域間の関連性を理解することが大切です。多くのデータが手に入ると，トレーニングやワークショップ，教育・研修などで取り扱う問題・課題で重要なものを決定することが大事な仕事になります。

ステップ３：目標や目的を明確にする

学習者が変化したいとか，学びたいとかと考えているニーズの領域が明確になると，トレーニング（ワークショップや教育・研修など）のプログラムをデザインするための目的をシンプルな文章で表現する必要があります。研修やワークショップ，授業などが成功するには，ファシリテーターが実施すべきプログラムの目的を明確かつ具体的に表現しておく必要があります。

行動変革における行動計画づくりなどで，以下のような留意点が示されることもあります。

行動計画づくりの５つの留意点

特殊性（Specifity）：具体的な目標，変える行動

成就性（Performance）：何をなすべきか明確である

主体的投入度（Involvement）：目標に自らかかわる

現実性（Realism）：目標達成可能なものである

観察可能性（Observability）：他人からも結果が見える

ステップ４：プログラムの開発

達成すべき目的のために，たくさんの視点からプログラムを検討しなければなりません。時間，お金，人的活動，物理的・道具的リソース，これらすべてを目標達成のためにどのように活用するかを考える必要があります。計画をするためにさまざまなアプローチが考えられます。このステップはとても重要ですから，このステップで時間をかなり使うことになります。プロ

ラボラトリーを創り出す
ファシリテーターの仕事

Ⅰ．プレ・スタッフ・ミーティング
①　データ収集の準備段階：ファシリテーター・チームの結成
②　学習者の理解：データの収集と分析
③　目標設定
④　プログラムの計画・立案：実習の選択やふりかえりの方法の決定など（実習を中心としたラボラトリーの場合）
Ⅱ．プログラムの実施
Ⅲ．ポスト・スタッフ・ミーティング
①　実施後の評価
②　次回に向けての課題

図16-6　ファシリテーターの仕事

グラムの計画は，目的の達成に向けてファシリテーターと学習者をガイドするための地図をつくり出すようなものです。

プログラムの計画に際して，強調しておきたい点は，ほとんどの教育プログラムの設計において，厳密で変更不可能な計画を立てるべきではないということです。なぜなら，状況の変化に合わせながら適宜修正を加える必要があるからです。学習者のニーズはプログラムの実施状況によって変化しますし，その都度，プログラムを修正したり追加したり取りやめたりと，プログラムを変化させる必要が起こります。

ステップ５：計画の実施

実際の教育プログラム実施のための準備をし，実際に実施します。

ステップ６：評価

教育プログラム実施後，実施状況に関して，さまざまな視点からふりかえり，自己点検・評価をする必要があります。私たちはいろいろな視点から評価を絶えず行っています。私たちはあらゆる決定の前後に評価を行っています。客観的また主観的な視点から，日常生活における食事であろうと，購入する家具であろうと評価をしています。私たちはそれらの評価に関して自己評価にたよるだけでなく，他者に尋ねることもあります。

トレーニングの評価は，教育プログラムの目的と密接に関連しています。評価はより複雑であり，慎重に，正直にまたタイムリーにしようとするならば，ファシリテーターは，教育プログラムの運営・実施のすべてのポイントで行う必要があります。また，期待される結果が得られたかどうかを学習者から情報を入手したり，学習者と関係する人々から研修の効果について情報を集めたりすることも必要になるかもしれません。

評価には２つのタイプの評価があります。プログラムの過程（形成的評価）とプログラム終了後の影響・結果（総括的評価）に関するタイプです。プログラムの過程，いわゆる形成的な評価は，ファシリテーターによってより迅速に行われる必要があります。「今私たちはどのように進んでいますか？」といった評価を通して得られる新しい情報から計画を柔軟に調節したり，その評価過程から新しい実習（アクティビティ）を考え出したりすることになります。総括的な評価では，研修の成果を，研修の目的と関連させながら実施します。また，研修の成果が現場でどのように生かされているかといった，フォローアップをともなうような評価も大切になります。

9.「ラボラトリー方式の体験学習」と「ベーシック・エンカウンター・グループ」との比較：2つのアプローチの誕生の違いより

ラボラトリー方式の体験学習とエンカウンター・グループ，もしくは構成的グループエンカウンターとの違いは何かについて，しばしば質問されます。その違いを知るには，やはりそれぞれのグループの誕生の違いをお話するのがいいでしょう。

ラボラトリー方式の体験学習は，1946年米国コネティカット州で，雇用機会均等法の遵守のためのリーダー養成から始まったとされています。社会心理学の領域の1つであるグループダイナミックス研究の創始であるレヴィン（Lewin, K.）らが州の教育局より依頼を受けて，ソーシャルワーカーや教育関係者，企業人を集め，講義やロールプレイングやグループ討議を用いたプログラムによるワークショップを行いました。ベネ（Benne，1964　坂口・安藤訳，1971）によると，グループ討議のときの学習者のやりとりの様子を話し合っているスタッフミーティングに参加したいという学習者からの申し出があり，Lewinはそれを了承したのです。そして，そのミーティングでは，スタッフ（研究者や観察者）と学習者と一緒になってグループ・プロセス（グループの中で起こっていること）についてを話し合ったとのことです。結果，ずいぶん相互に認識のズレがあることがわかり，学習者とスタッフがそのときその場で感じていたことや心の動きなどのデータを率直に出し合っていくことによって，真実のグループ・プロセスが明確になり，自分・他者やグループの理解を深めていくことができたのです。これは，とても衝撃的な発見でした。

その後，米国におけるNTL（National Training Laboratories）が1947年からメイン州ベセルで開催する「Tグループ（Human Relations Laboratory）」へ発展し，社会的感受性とコミュニケーションスキルの開発やリーダーシップの理解と実践のためのトレーニング，組織開発（Organization Development）などへの応用として教育プログラムは展開されていったのです。そこには，偏見の問題を取り上げながら（コンテント），グループの関係の中に偏見をもった見方が存在しているかどうか（プロセス）といった視点をもつこと，すなわち“コンテントとプロセス”の認識，とりわけプロセスに気づき学ぶことが特徴的なものとしてあります。また，体験から学ぶためのステップとして，社会科学方法論を応用した“学習の循環過程”といったアプローチが取り上げられているのも，重要な特徴です。

一方，ベーシック・エンカウンター・グループは，ほぼ同時期，1946年と1947年，シカゴ大学カウンセリングセンターに所属していた，クライエント中心療法の創始者でもあるカール・ロジャース（Rogers, C.）と仲間たちが，集中的グループ体験を実施したのが始まりとされています。それは，第2次世界大戦直後の復員軍人の心理的な問題を扱うことのできるカウンセラーを短期間で養成するといった要請に応えるためのものでした。そこでは，カウンセラーの資質の1つとしての“自己理解”を深める体験として，それとカウンセリング場面で有効であろう態度としての共感的に傾聴する態度の養成に主眼があったのです。その後，Rogersは，「集中的グループ体験は，おそらく，今世紀のもっともすばらしい社会的発明である」と述べ，グループを用いた人間関係トレーニングとして「ベーシック・エンカウンター・グループ（basic encounter group）」がアメリカ西海岸を中心に発展していったのです。そのグループ体験は，一人ひとりの人間の存在を尊重し，“今ここ”での関係に生きるとき，メンバー相互に驚くほどのエネルギーの集中が起こり，メンバー相互の理解や出会いが生まれ，そのとき個人やグループの変化成長が生起することを発見していったのです。

	ラボラトリー方式の体験学習	エンカウンター・グループ
グループダイナミックスへの関心	あり	なし
理論・モデルの提供	あり	なし
感情体験・概念化	感情体験とともに体験の概念化	感情体験の尊重
“今ここ”に焦点	あり	あり
グループの位置づけ	学習集団	体験集団

図16-7　2つのアプローチの比較

以上のことから，ベセルで始まったTグループを原点にもつラボラトリー方式の体験学習は，“グループ指向”，“体験から学ぶ教育指向”といわれ，一方エンカウンター・グループは，“個人志向”，“治療的な関係指向”といわれるゆえんであることがご理解いただけると思います。ラボラトリー方式の体験学習は，グループ体験をすることから行動変容，ひいてはグループや組織の変革に向けて学ぶことが大切になります。一方，エンカウンター・グループはグループの中で共感し合える体験ができることを通して，自己理解や共感的態度の育成が大切になるといえるでしょうか。

しかしながら，今日では，お互いのアプローチが融合し合いながら，グループ体験を用いたさまざまな活動に広がりを見せており，両者の違いを論議することにはあまり意味を見出すことができないと考えています（図16-7）。

ファシリテーターは目の前の学習者にとって，何が大切か，その視点からいろいろなアプローチができるスキルと態度をもっていることが大切だといえるでしょう。

10. これからの教育者を養成するための２つの視点

さまざまな教育にかかわる教育者の育成を検討するために，筆者は２つの次元を考えています。１つの次元は，教育者の学習者へのかかわり方が「伝達・指示型教育」であるのか，それとも「参加・対話型教育」であるのかといった視点です。「伝達・指示型教育」では，教育者が学習者に対して教育内容をいかに効率よく伝えるか，どのように指示するかといったことに関心が強く，学ぶ目標は教育者が学習者に与え，答えは学習者の外側にあります。

一方，「参加・対話型教育」では，教育者が学習者に学習活動にいかに参加を促せるか，また学習者自身に耳を傾け，いかに対話を生じさせることができるかといったことに関心が強く，さまざまな体験や学習者間の相互作用などを教育に活用することに教育者の関心は向いています。参加・対話型の教育としてのラボラトリー方式の体験学習では，学習者は，教えられる受動的な存在から自ら活動し発見する能動的な学習者として機能するようになるのです。

もう１つの視点として，教育の重点が「コンテント志向：成果・結果尊重」か，もしくは「プロセス志向：心理・関係的過程尊重」かといった次元です。「コンテント志向：成果・結果尊重」の教育では，教育活動を通していかに知識を豊かにしたかとか，学習の結果として学習者がどれほど早く情報や認知の処理ができるようなったかといった成果・結果尊重型の教育志向を示すことになります。一方，「プロセス志向：心理・関係的過程尊重」の教育は，教育活動の中にあって，そこにいる学習者の気持ちや感情などの内的な出来事をはじめとして，学習者と教育者との関係の中で，また学習者間のかかわりの中で生まれる心理的現象を学習の素材として取り上げることを大切にする教育志向であるといえます。今日，多くの組織体においても，人材育成の視点は，この「コンテント志向：成果・結果尊重」から「プロセス志向：心理・関係的過程尊重」へと変化してきているといっていいでしょう（図16−８）。

いわゆる伝統的な教育である概念学習と参加

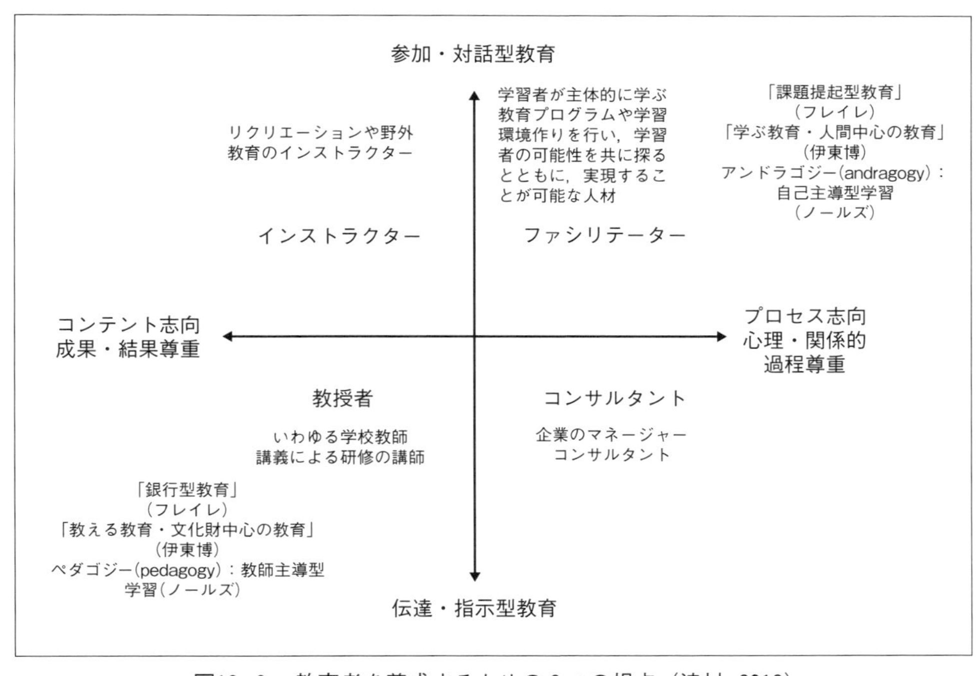

図16−８　教育者を養成するための２つの視点（津村, 2010）

概念学習と体験学習との比較	
概念学習	体験学習
知識伝達型教育	気づきの学習
答えは学習者の外にある	答えは学習者の中に
教える者ー教えられる者	共に学ぶ者
目標を与える	目標を見つける
受動的	能動的
↓	↓
知識習得・文化伝承型 結果指向	人間中心・問題解決型 プロセス指向

図16−9　概念学習と体験学習との比較（中村，2002を参照に作図）

型教育の体験学習とを，いくつかの視点から比較してみると，図16−9のように表すことができます。上記の比較は，ラボラトリー方式の体験学習を導入し，実施する際の視点としても有効になるでしょう。また，体験学習を実施する教育者であるファシリテーターがどのような働きを大切にするとよいかを考えるヒントになると思われます。

概念学習は，別の言い方をすれば知識伝達型の教育ということができます。一方，ラボラトリー方式の体験学習は気づきの学習とよぶことができます。体験をし，その体験の中で起こっているプロセスにどのくらい気づくことができるかがとても重要になります。体験学習の循環過程の第一歩が内省・観察をする「意識化(identify)」のステップであることからも理解できるでしょう。知識伝達型の教育では，答えは教育者の中にあり，その答えをいかに効率よく学習者に伝えることができるかが大きな教育の課題になります。それは，学ぶことの目標を他者から与えられることになり，その関係が続くことが生徒の受動性を生み出すことになるのです。

一方，体験学習では，気づきはすべて学習者の中にあり，そのことから学びがはじまるわけですから，答えは学習者自身の中にあるといえます。いかにその答えを学習者が見つけ出すことを支援することができるかが教育者であるファシリテーターの課題になるのです。学習者が自らの学びの目標を定め，そこにたどり着くために共に学び合う存在としてファシリテーターは機能するのです。この学習過程を体験することから，学習者は学ぶことへの能動性を身につけていくことになります。

11. 人間関係とは何か

私たちは，日常，人と出会い，人とかかわりをもちながら生活しています。そのように人とかかわること，すなわち「人間関係」っていったい何なのでしょうか。読者のみなさんの中には，もしかすると，人とかかわることがなければ楽なのにと思う人もいるかもしれません。またある人は，逆に人といることは楽しいことがいっぱいであるとか，同僚との関係や上下関係が難しいなどと，いろいろな思いや考えが浮かぶのではないでしょうか。

しかし，もし人とのかかわりがないとしたら，私たちはどのような生活をするのでしょうか。かかわりが全くないということを想像してみると，自分の名前を呼んでくれる人がいないということになり，きっと名前それすらも不要になるのではないでしょうか。私たちは，出会いがあったその瞬間，たとえば「はじめまして」と挨拶したとき，「私とあなた」を意識し始めるといってもよいかもしれません。すなわち，人との出会いがあったときに，その人間関係の中で「わたし」が生まれると考えることができます。そして，その関係が続く中で，相手との関係の中で喜びがあったり悲しみがあったり，うまくいったり失敗したりといろいろな体験を通しながら，私が育っていくと考えられます。

他者との関係の中で，せっかちな「わたし」になったり，人任せな「わたし」になったり，また私がやらなければと責任感が強い「わたし」になったりと，さまざまな「わたし」が育っていくことになります。読者のみなさんも，かかわっている人や，働く場所（たとえば職場での「わたし」や，家族の中での「わたし」など）によっていろいろな「わたし」がいることを実感される方が多いと思います。

さらに大切なこととして，人間関係が「わたし」を育てると考えるならば．逆に「わたし」が相手とかかわりをもちはじめたときに，「わたし」が生まれるとともに，実は「相手」を誕生させていることになり，そのかかわりが続くことで「相手」を育てていることになるといえるのです。いわば，「わたし」が目の前の「あなた」にどのようにかかわるかによって，「相手」を値打ちある存在にしたり，役立たずの「相手」に育ててしまったりすることになるのです。「相手」とどのような人間関係をもつかによって「相手」を生み育てていくのだという，このように考えると，人とかかわること—人間関係—がとても大切であると考えられます。人間関係は，人間が成長する場，教育の場，言葉を換えると共育の場であり，共に育ち合う場といえます（図16-10）。

私たちは，人間関係の中でどのような人間に生まれ，どんな存在になりたいと考えているのでしょうか。「人間は，誰も身近な人に愛され，尊敬され，認められたい」といった欲求をもっているといわれます。この欲求は人間関係の基本的な欲求といえます。この欲求を人間関係の中で充分満たすことによって，もっと他者から賞賛されたいと思う欲求が生起し，さらに自分の潜在力を発揮し成長したいという成長欲求（自己実現の欲求）が生まれるといった欲求の階層性を示したマズローの欲求階層モデルがあります。

私たちは，いかに人間関係が満たされた関係になるかによって，学びの意欲，成長の意欲は大きく影響を受けるのです。相互に信頼し合う関係を創り出すことによって，学習の場が学習者にとって意欲的で主体的な場になっていくと考えられます。

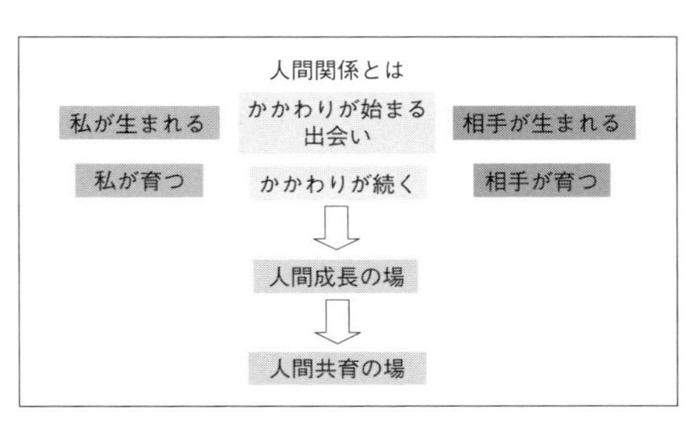

図16-10　人間関係とは何か

12. JOHARI（ジョハリ）の窓

JOHARI（ジョハリ）の窓のJOHARIとは，このモデルを発案したLuft, J.とHarry, I.の2人の名前を合成して【Joe（Joseph）＋Hari（Harry）＝Johari】と誕生した名称です。

ラボラトリー方式の体験学習を実践する1つの目標は，学習者相互にいかに信頼関係を構築することができるかであり，そのために何が大切であるかを体験しながら学び実現していくことにあります。お互いの関係の中に信頼を創り出すプロセスを図式的に表し，また個人やグループの成長を考えるための明確でわかりやすい枠組みを与えてくれるモデルが，「JOHARIの窓」です（柳原, 2005）。

「JOHARIの窓」は「心の4つの窓」ともよばれることがあります。これは，図16-11に示されたように，私自身のことを自分と他者とのかかわりの中でとらえようとするモデルです。すなわち，私のことを私自身が知っていることと知らないことがあり，また私のことを他人が知っていることと知らないことがあると考えています。

図に示されているように「Ⅰ．開放の領域」，「Ⅱ．盲点の領域」，「Ⅲ．隠している領域」，「Ⅳ．未知の領域」と4つの領域（窓）と命名されています。初期のグループやお互いにさまざまな懸念を抱いているような浅い関係においては，「Ⅰ．開放の領域」が狭いと考えられます。他者との関係の中でより自由で信頼できる関係を築き上げるとともに，ありのままの自分でありうるためには，「Ⅰ．開放の領域」を広げることに取り組むことが大切になると考えられます。

そのためには，「Ⅲ．隠している領域」の領域を小さくするための力として自分が知っていることや気づいていることを正直に語るといった“自己開示”と，「Ⅱ．盲点の領域」の領域を小さくする力として他者から自分自身のことについて気づいていることを伝えてもらう“フィードバック”の働きが重要になります。この“自己開示”と“フィードバック”が柔軟に行えるコミュニケーションを促進することにより，相互に信頼した関係づくりとありのままの自分の姿を発見したり思いがけない自分に出会ったりすることが可能になるのです（柳原，2005）。

ファシリテーターの仕事として，この2つの行動を促進することが人間関係づくりの学習場面では大切になると考えられます。また，このことは学習者間の人間関係だけなく，ファシリテーターと学習者との関係にもこの図式を参考にしながら相互の信頼関係を創り出していくことが重要になります。それは，ファシリテーターからの一方的な評価（フィードバック）だけではなく学習者からファシリテーターに対して感じていること，気づいていることを受け取るフィードバックが大切であることを示しています。

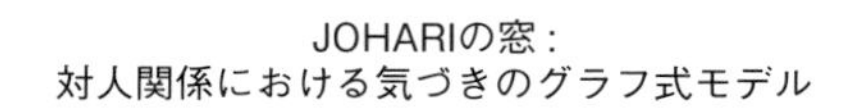

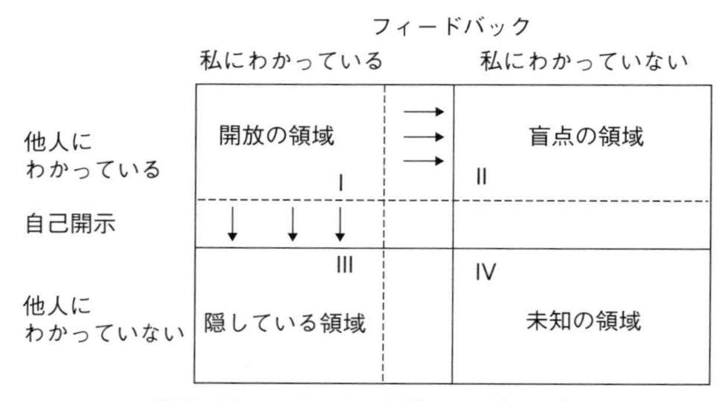

図16-11　JOHARI（ジョハリ）の窓

13. フィードバックの留意点

フィードバックという用語は，もともと，自動制御回路などの電子工学の分野の言葉です。人間関係を学ぶ研修では，「フィードバックとは，人間関係の中で，各人の行動が他者にどのような影響を与えているかに関する情報を提供したり，受け取ったりする情報の相互交換のプロセス」です。

フィードバックをする際の基本的な心構えとしては，「フィードバックとは個人やグループが成長するためになされるものであり，お互いの関係を深めるものである」ということ，すなわち，お互いに成長を願って起こることを前提にしておく必要があります。

フィードックの効用として，（1）学習者が自分の対人行動が自分自身の意図と一致しているかどうかを知ることができる，（2）お互いのかかわり方に気づき，真実の関係を創り上げることができる，（3）学習者が新しい対人行動を獲得するための強化をする働きがある，といえます。

そのためには，図16-12に示したように（1）良い悪いというように評価的にならずできる限り記述的になること，（2）伝え手の思いとして「私は……」というメッセージで伝える，（3）フィードバックの受け手のニーズに応える，（4）適切なタイミング（できる限り早い時点）で伝える，（5）多くの人からのフィードバックを受け取る，などの留意点が考えられます。フィードバックは，伝え手の言いっぱなしにならないように，フィードバックをめぐって，お互いに親密に話ができるような配慮をしたいものです。

それらの配慮をしたフィードバックとして，下図のフォーマットが考えられます（図16-13）。フィードバックする対象は，その人ではなくその人のとった行動に対して，その行動がどのようなインパクトを与えたかを，具体的には私が感じたこと，考えたこと，影響を受けて行動したことなどを語ることを奨励しています。

と同時に，フィードバックの基本は，自らの行動に関して，自らが気づくことができること，セルフフィードバック（モニター）をどの程度できるかも重要になります。ラボラトリー方式の体験学習を学ぶことによって，気づくことが豊かになることとは，セルフフィードバックが豊かにできることが1つ期待されているのです。このことは，自分の行為に関してフィードバック（モニター）できる情報を自らがキャッチすることができる力を育てているのです。

効果的なフィードバックの留意点

1. 記述的であること
2. 「私は……」のメッセージであること
3. 必要性が感じられること
4. 行動の変容が可能であること
5. 適切なタイミングであること
6. 伝わっているかどうかの確認をすること
7. 多くのメンバーからフィードバックをもらうこと

図16-12　フィードバックの留意点（津村，2005より作図）

フィードバックのフォーマット

あなたが＿＿＿＿＿＿をしたとき（行動）

インパクト（結果）を伝える

私は＿＿＿＿＿＿を感じました（感情）

私は＿＿＿＿＿＿を考えました（思考）

私は＿＿＿＿＿＿をしました（行動）

図16-13　フィードバックのフォーマット

14. コミュニケーション・プロセス

図16-14には，話す人を発信者，発信者のコミュニケーション内容を受け取る人を受信者と名づけているコミュニケーション・プロセスモデルが示されています。そのプロセスには，発信者と受信者の間に生起する記号化，送信，受信，解読化の４つのステップがあります。それぞれについて簡単に説明します（津村・山口, 2005）。

（１）記号化過程

発信者はまず自分が伝えたいこと（考えていること，感じていることなど）を受信者に伝達可能な言葉や身振り・表情などに変換する必要があります。このステップを“記号化”とよびます。

（２）送信過程

記号化された言葉などを発音したり，動作で示したりすることを送信とよびます。すなわち，言葉としての聴覚的な刺激や動作（ジェスチャーなど）に示されるような視覚的な刺激が信号となります。

（３）受信過程

送られてきた聴覚的・視覚的な刺激を受け取るステップを“受信”とよび，何らかの意味をもった記号として理解します。

（４）解読化過程

最後に，“解読”のステップがあります。それは，受信した記号を受信者の過去の体験や自分のもっている概念と照らし合わせながら，送信者が伝えようとする意味内容を理解しようとする過程です。

私たちは，相手から受け取った記号を自分の枠組〔主観的辞書〕の中で理解をします。その“主観的辞書”は，価値観，人間観，人生観，世界観，自己概念，相手に対する見方，性格などからつくられており，一人ひとり非常にユニークな世界をもっています。それゆえ，相手の世界を理解することはとても難しいのです。コミュニケーションとは，異なる２つの世界の間に共有性（Commonness）を成立させることだといわれる由縁でもあります。

コミュニケーションは受信者による“受信”“解読”の過程により決まるともいえます。すなわち，いかに相手の主観的な世界（枠組み）に立って聴くことができるか，共感的な理解ができるようになることが大切になります。コミュニケーションのトレーニングではこれらのプロセスを理解し，よき話し手，聴き手になることが研修の目的となります。

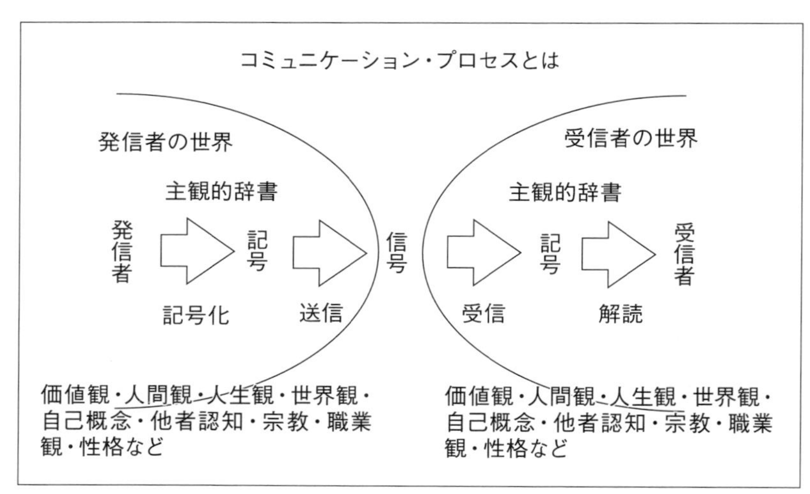

図16-14　コミュニケーション・プロセスモデル（津村・山口, 2005より）

15. コミュニケーションの障害要因とは

前述したようなコミュニケーション・プロセスのモデルがあります。それぞれの重要な働きとともにそれぞれのステップにおいてコミュニケーションの障害が生じる可能性をもっていることが考えられます。

各段階において起こり得る障害要因について簡単に記述します（図16–15）。

（1）記号化過程における障害要因

私たちは，自分が体験していることや考えていること，また気持ちなどをすべて言葉にできるわけではないし，相手と自分が使う言語の違いなども問題になります。外国の人とのコミュニケーションにおいて，相手にわかる言葉（外国語）で伝えたいのだが，適切な言葉が思い浮かばないなども記号化過程の障害の一例です。

（2）送信過程における障害要因

私たちは，自分が考えたことをすべて言葉にしているわけではありません。特に，考える速さは話す速さの10倍以上だといわれたりすることがあります。さらに，その伝え方において，語調が強くなったり，語尾が弱くなったりして，充分に相手に伝えきれないことも起こると考えられます。

（3）受信過程における障害要因

周囲が騒がしければ，相手の声は聞き取りにくくなるでしょうし，何か他のことに気が散っていると聞き逃すことになるでしょう。また，相手が話すことが長かったり，最初の言葉だけ印象に残って覚えていたり，最後の部分だけが残っていたりすることがあります。時には，相手が話していないことまでも聞いたつもりになってしまうことさえあります。

（4）解読化過程における障害要因

私たちは，生まれてから今日まで育ってくる中で形成された価値観，人間観，人生観，世界観，自己概念，相手に対する見方，性格などから影響を受けつくられた“主観的辞書”をもっています。まさに一人ひとりユニークな世界をもっているがゆえに，相手の世界を理解することはとても難しいのです。相手が伝えたいことが，受信者にとっては経験がないことであったり，逆にとても詳しいことであったりすると，発信者が言っていることは間違っている（私が考えていることの方が正しい）と理解して，受信者の“主観的辞書”で理解してしまい，誤解が生まれることがあります。

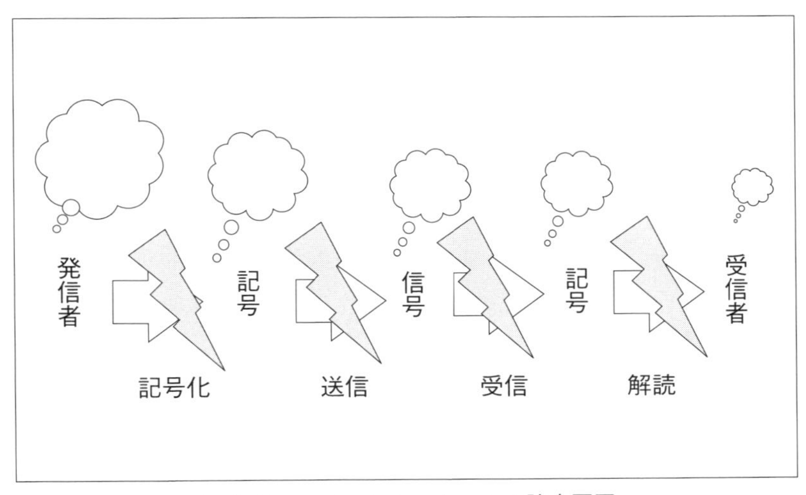

図16–15　コミュニケーションの障害要因

16.「聴く」ことの大切さとそのスキル

ネルソン＝ジョーンズ（Nelson–Jones, 1990）は,「聴く」ことは基本的なスキルであり，とても大切であると述べています。なぜならば，聴く行為は，主張する行為とは異なり，①話し手を肯定すること，そして②相手のことを知ることができると考えられています。それは，相手の方に身体を向けること，そして相手の話したことに相づちを打つこと，また相手の話に質問をすることで，相手に関心をもっていることを示すことができるからです。そして，その結果として，相手の考えていることや感じていることなどを理解することができるのです。

また，相手を知ることを通して，自分が考えていることが相手との考えと異なっていることを見つけたり一致点や共通点を発見したりしながら，③自分自身を知ることができます。相手を知る行為は，実は自分を知る行為につながっているのです。その結果，④人間関係において信頼と安定を築くことができるとも，Nelson–Jones は記しています。安定した関係，信頼し合える関係をつくるためには聴くことはなくてはならないのです。カウンセリングの場面においてもカウンセラーの仕事はクライエントの話を聴くことであり，聴くことを通してラポール（信頼関係）を築くことができるのです。

さらに，彼は，聴くことは，⑤年齢，性別，文化などの違いに橋を架けるという表現を使って，聴くことの大切さを語っています。

そして，Nelson–Jones は，相手を尊重する聴くスキルとして，以下の９つのスキルを示しています。

スキル１　自分と相手の違いを知る

相手の世界と自分の世界の違いを知って，相手の言いたいことを相手の世界に立って聴くことである。Nelson–Jones の言葉を使うと「相手の内的観点を理解する」ということである。

スキル２　尊敬と受容の態度を身につける

相手をどの程度受け入れ尊敬できるかが大切であり，このことを可能にするのは，いかに自分自身を受け入れ尊敬できているかと関係していると述べられている。

スキル３　ボディ・メッセージを上手に送る

相手に関心や興味をもっていることを示すためには，言葉の内容だけでなく，相手との距離や姿勢，表情など身体から発するメッセージが大切になる。

スキル４　音声メッセージを上手に送る

話し手が自分の感情に聞き手が関心をもち応答してくれていると感じるのは，言葉の大きさや速さ，強調，間と沈黙など音声メッセージの適切さが大切になる。

スキル５　「きっかけ」,「小さな報酬」,「開いた質問」を使う

相手に話をしてもらうきっかけをつくったり，うなずきや「うんうん」などの小さな報酬を与えたり，「それはどういうこと？」といった開いた質問を行うことは相手への関心を示すメッセージとして大切である。

スキル６　語句を言い換える

相手の言っていることをただ繰り返すのではなく，相手の真意を自分の言葉で言い換える応答の仕方は大切である。

スキル７　感情を反射させる

言っている出来事だけでなく，相手の感情を自分の言葉で拾いあげるようなことができれば相手との感情的な交流が豊かになっていく。

スキル８　感情と理由を反射させる

相手の感情を共感的に理解するためには，相手の感情が生まれた理由を拾い出しながら,「～だから，あなたは～と感じたのですね」と相手の内的な観点（主観的世界）を映し出すように応答することである。

スキル９　禁止事項を避ける

相手が話すことを避けたくなるような指図や先導，評価や避難・攻撃などをせずに，受容的な雰囲気をつくり出すことは大切になる。

17. グループプロセスを観る９つの視点

（１）個々のメンバーの様子

各メンバーがどのように参加しているか？　各メンバーにどのような感情が起きているか？

それをどのように表現したり，他のメンバーが受け入れたりしているか？　メンバー間にサブグループが生まれているか？　などです。

（２）コミュニケーション

発言回数が多い人は誰か？　少ない人は誰か？　沈黙をメンバーはどのように解釈しているか？　話しかけるのが多い人，話しかけられるのが多い人は誰か？　話し合いは知的なレベル・気持ちのレベルのコミュニケーションであるか？　などです。

（３）リーダーシップ

グループ活動が始まると，誰もが何かの働きを担いながら，仕事が進みます。影響力が強い人は誰か？　その影響関係に変化があるか？　メンバー一人ひとりがどのような働きをしているか？　メンバーの働きには，「課題達成機能(performance)」と「集団の形成・維持機能(maintenance)」の２つがあります。

リーダーシップ理論には，PM 理論のように１人のリーダーが上述の２つの働きをできるようになることを目標にするモデルもあれば，すべてのメンバーが働きを分けもち責任を共有してグループ活動を実行することを目標とするシェアードリーダーシップ理論の考え方もあります。そのほかに，状況により上述の２つの働きを変化させることによって集団の生産性を高めることができるとする状況論的リーダーシップ論もあります。

（４）グループの規範

グループの中でしてはいけないこと（暗黙のルール）が生まれているか？　それを強化しているのは誰か？　そのことがグループの目標にどのような影響を与えているか？　などです。

（５）意思決定

グループ活動が始まると，いろいろな時点で意思決定をする必要が起こります。その意思決定は，多数決か，全員合意か，少数者による支配か，暗黙の了解みたいなものかなど，意思決定のあり方を吟味してみることは大切です。

（６）グループの目標

グループのメンバーは，今取り組んでいることに関心をもっているか，今やっていることに対して共通理解があるか，またグループが最終的に達成しなければならない目標がすべてのメンバーに明確になっているか，などです。

（７）時間管理

メンバーは時間に対する意識がみられるか？　それはどのような行動にみられるか？　誰がどのように時間を管理しているか？　具体的に時間に関する提案や指示がされているか？　などです。

（８）仕事の手順化（組織化）

目標達成のためにどのような手続き・手順がとられているか，あるいは，無計画に進められているか，またメンバーに役割が分担されているか，そのことが目標達成にどのように影響しているか，などの視点です。

（９）グループの雰囲気

グループの全体的な見方をグループの雰囲気で表すことができます。たとえば，仕事をしようとする雰囲気か，遊び感覚で楽しもうという雰囲気か，逃避的か，活気があるかなど，また友好的，同情的雰囲気をよしとする傾向があるか，葛藤や不愉快な感情を抑えようとする傾向があるか，などです。

18. 社会的相互作用の循環過程

リピット（Lippit, 1982）は，集団の中でメンバーがしばらく過ごしていると，メンバー特有の行動傾向が生まれることを見出しています。彼は，「私がいなくてはこのグループは活動ができないだろう」と自分をそのようにとらえている人は，集団の中でだんだん「はなのたかお（鼻が高く）」君になり，「私はこのグループでは，あまり役に立たない」と考えている人は，しだいに「きのよわし（気が弱く）」君になってくるというメカニズムが起こることを見出しています。このメカニズムは「社会的相互作用の循環過程（Circular Process of Social Interaction：CPSI と略される）」とよばれます。図16-16が，この循環過程のステップを示したものです。

人々は集団の中で自分自身について何らかの考えや感情【自己概念】をもっています。その自己概念のもとで，他者に対する行為の【意図】が生まれ，その意図で他者に向けて【行動】を示します。それが他者への【行動のアウトプット】となります。はなのたかお君は，「僕はこのグループの中でいなくてはならない存在だ【自己概念】」と思い，少し沈黙があると，私が何か提案しないと動き出さないから私が言わなければという【意図】で，「私にはいいアイディアがあります」と言って，働きかけ【行動のアウトプット】を行います。

その行動を他者の内的な過程として，他者の中にある相手に対する期待や思いなどのスクリーンを通して，認知することになります。そして，認知した結果，メンバーへの反応への意図が生まれ，はなのたかお君に反応することになります。はなのたかお君を他のメンバーは，「やっぱり彼は意欲的で彼に従っていれば事は進むなあ」【彼に対する態度】と考え，「彼にここは任せておこう」という【意図】でもって，「あなたの考えで進めていってください」と【反応】することになります。

そして，それをはなのたかお君の近くのスクリーンを通して，自己概念を高めていくことになります。

その結果，はなのたかお君は，「やはり私のアイディアが認められた」【知覚のスクリーン】と考え，「やっぱり私はここでは必要とされている」と自己概念を確かなものにしていくメカニズムがCPSIなのです。

きのよわし君の場合も，このようなメカニズムで，どんどん，きのよわし君になっていくと

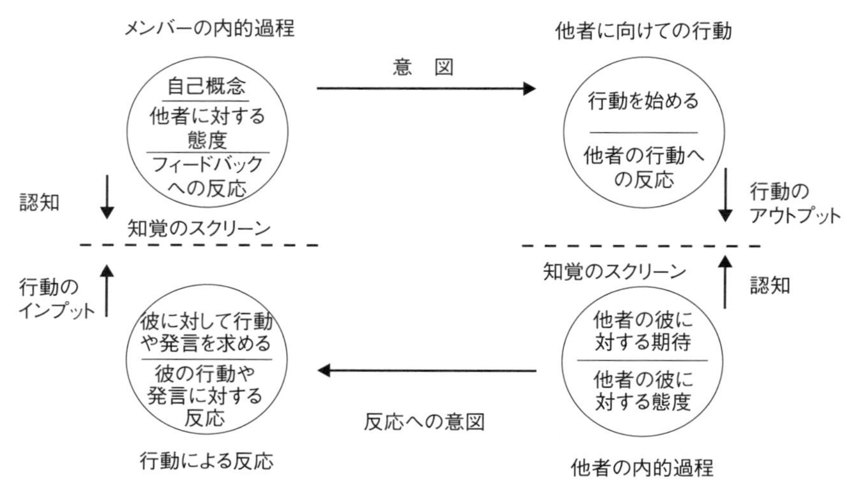

図16-16　社会的相互作用の循環過程のステップ（津村, 2005より）
Circular Process of Social Interaction

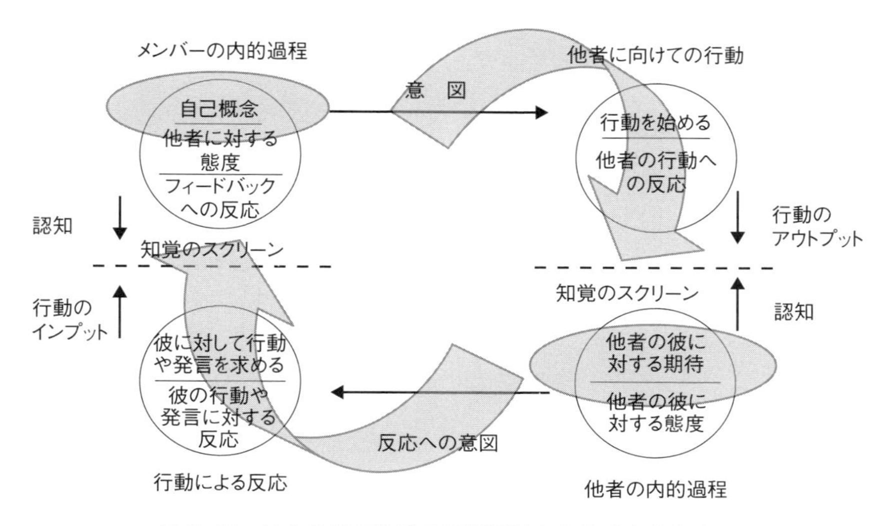

図16-17　社会的相互作用の循環経過から抜け出すために

考えられます。

このパターン化したメカニズムから抜け出すためには，いくつかの方策が考えられます（図16-17）。1つは，自己概念を視点を変えて，とらえ直してみることです。きのよわし君の場合,「私は，グループのメンバーと同じだけ値打ちのある意見やアイディアをもっている」という自己概念を書き換えることです。2つ目に，そうした私なら何ができるかを考え，意図と行動を変化させることです。「私のアイディアはこのグループに必要だ」という【意図】で，「私には，こんなアイディアがあります」と【行動】を起こすことです。ただ，上記の2つだけでは，この循環過程のメカニズムは断ち切れません。そのような意図的な変革を求めた行動を,「今日の彼はいつもと違って，はっきり発言しているなあ」というように他のメンバーが認知する（気づく）ことが大切になります。さらには，その気づきをもとに相手に「ぜひ聴いてみたいので，あなたの意見を話してください」といつもと異なる【反応】を明確にすることです。その結果として，きのよわし君が,「私もメンバーに影響を与える意見が言える」と新しい【自己概念】を形成し始めることができれば，新しい循環のメカニズムが誕生するのです。

このCPSIのメカニズムからも理解できるように，私たちの人とのかかわり方のありようは，他者との関係の中においてつくり出されるということなのです。

引用文献

Benne, K. D. (1964). History of the T-group in the laboratory setting. In Bradford, L.P., Gibb, J.R. & Benne, K.D. (Eds.), *T-gourp theory & Laboratory Method*. Chapter 4（pp.80-135）. New York: John Wiley & Sons.（ベネ, K. D. 坂口順治・安藤延男（訳）(1971). ラボラトリにおけるTグループの歴史　三隅二不二（監訳）感受性訓練――Tグループの理論と方法（pp.111-179）日本生産性本部）

Lippit, R. (1982). The Circular Process of Social Interaction. In Porter, L. & Mohr, B. (Eds.), *Reading Book For Human Relations Training*.（pp.75.-77）National Training Laboratories.

Nelson-Jones, R. (1990). *Human Relationship Skills : Training and Self-help*. Cassell Publishers Limited.（ネルソン＝ジョーンズ，R. 相川充（訳）(1993). 思いやりの人間関係スキル――一人でできるトレーニング　誠信書房）

中村和彦（2002). ファシリテーターとしての教育者　津村俊充（編）教職研修総合特集　子どもの対人関係能力を育てる――子どもの心と体をひらく知識と技法（pp.184-187）教育開発研究所

杉山郁子・林芳孝・津村俊充（2008). ラボラトリー方式の体験学習のファシリテーターとは　平成19年度文部科学省委託専修学校教育重点支援プラン（キャリア指導の推進）ラボラトリー方式の体験学習実施に向けたファシリテーターガイドブック「自ら学ぶ姿勢の学生」をつくる教員の教育力向上プログラムの開発プロジェクト（pp.27-28）

津村俊充・山口真人（2005). 人間関係トレーニング第2版――私を育てる教育への人間学的アプローチ（p.198）ナカニシヤ出版

津村俊充（2005). 成長のためのフィードバック　津村俊充・山口真人（編）人間関係トレーニング第2版――私を育てる教育への人間学的アプローチ（pp.66-68）ナカニシヤ出版

津村俊充（2010). 体験学習とファシリテーション　津村俊充・石田裕久（編）ファシリテーター・トレーニング――自己実現を促す教育ファシリテーションへのアプローチ（pp. 2-6）ナカニシヤ出版

津村俊充（2005). 社会的相互作用の循環過程――役割の固着化と成長への脱出　津村俊充・山口真人（編）人間関係トレーニング第2版――私を育てる教育への人間学的アプローチ（pp.58-61）ナカニシヤ出版

津村俊充・山口真人（2005). コミュニケーションのプロセスと留意点　津村俊充・山口真人（編）人間関係トレーニング第2版――私を育てる教育への人間学的アプローチ（pp.80-84）ナカニシヤ出版

柳原光（2005). ジョハリの窓――対人関係における気づきの図解式モデル　津村俊充・山口真人（編）人間関係トレーニング第2版――私を育てる教育への人間学的アプローチ（pp.62-65）ナカニシヤ出版

おわりに

2012年10月に初版を出版して以来，６年あまりが経過しました。この間，私は2015年３月末日をもって南山大学を退職し，同年４月に一般社団法人日本体験学習研究所（Japan Institute for Experiential Learning： JIEL（ジャイエルと読みます））を開設しました。JIEL も本年，５周年を迎えています。JIEL では，ラボラトリー方式の体験学習の中心的な学びのＴグループをコアとした人間関係に関わるさまざまな講座を実施してきています。

それらの講座は，「コンテントとプロセス」と「体験学習の循環過程」といった「プロセス・エデュケーション」の考え方を中心に据えて開催しています。各種公開講座を開講しながら，この6年あまり「コンテントとプロセス」について参加者と共に探求し，とりわけ「グループダイナミックス」に対する考え方や見方を再吟味してきました。

E. シャイン著『プロセス・コンサルテーション――援助関係を築くこと』（白桃書房）に書かれている考え方の再検討や，W. B. レディ著『インターベンション・スキルズ――チームが動く，人が育つ，介入の理論と実践』（金子書房）の翻訳活動を通して，グループダイナミックスの見方の再検討や，それらからインスパイアされたグループダイナミックス図とファシリテーターの働きかけ関する小論を，本改訂新版では紹介することができました。

また，改訂新版として「体験学習の循環過程」に関する記述も，「体験学習の循環過程」の学習サイクルとしての紹介にとどまらず，コルブの考え方も引用しながら，学び方のスタイルや学習の志向性など幅広い視点から「体験学習の循環過程」について詳細に記述することを試みました。読者のみなさま方が「体験から学ぶこと」を大切にしたプログラムのデザインと実践を行われる際に，本書に記載されている体験学習の循環過程をさらに展開していただけると幸いです。本書を活用した教育プログラムの設計と実践から学習者にとって深い気づきと学びが生まれることを願っています。

初版出版時に取り上げることができなかった，ラボラトリー方式の体験学習の核である「Ｔグループ（人間関係トレーニング）」に関しても，2007年に上梓した『臨床社会心理学』（東京大学出版会）に掲載された「グループワーク」の章を東京大学出版会，坂本真士先生，丹野義彦先生，安藤清志先生の許諾をいただき，一部修正し再掲させていただく形で「Ｔグループ」の誕生と実際を掲載することができました。この場を借りて御礼申し上げます。

初版の『プロセス・エデュケーション』の出版からはじまり，2018年に出版することができた翻訳書『インターベンション・スキルズ――チームが動く，人が育つ，介入の理論と実践』，そして今回の改訂新版の出版においては，上述の既刊の出版社等との交渉から著者の思いだけが詰まった原稿をていねいに本書の形に仕上げていただけましたのは，すべて金子書房編集部井上誠編集長の多大なるご尽力のおかげであります。末尾ではありますが，深く感謝いたします。

本書『改訂新版　プロセス・エデュケーション』が一冊あれば，教育担当者にとって人間関係に関わるテーマ，例えば，「人間関係づくり」，「コミュニケーション」，「自己理解＆自己発見」，「チームビルディング」，「リーダーシップ」，「ファシリテーション」などを主題とした教育・研修のプログラムを計画し，実践することができる書籍になることを目指しました。読者のみなさまに本書を手にとっていただき，学習者一人ひとりのプロセスを大切にした「プロセス・エデュケーション」の実践が日本各地で行われていることを夢見ています。

今日，学校教育にあっては，アクティブラーニングと称し，学習者が能動的・主体的に学び，深い学びが起こる教育活動が推奨されたり，キャリア教育やキャリコンサルティングにあっては，グループワークを活用したキャリア教育やグループファシリテーション能力が求められたり，企業組織においては，組織開発といった人間関係に着眼した組織やチームの改善を目指した働きかけが話題なったりしています。それらの活動のほぼ根幹にあるのは，体験から学ぶこと，プロセスに気づき働きかけ学ぶことを大切にしたプロセス・エデュケーションの考え方や手法です。

是非，読者のみなさまに「プロセス・エデュケーション」に関心をもっていただき，学校教育，企業教育関係者や組織開発コンサルタント，キャリアコンサルタント，キャリアカウンセラーはじめ，人の成長に関わる仕事に従事されている方々に広く活用していただけることを願っております。

津 村 俊 充

人名索引

事項索引

さ 行

た 行

な 行

は 行

ま 行

や 行

ら 行

わ 行

著者紹介

津村 俊充（つむら　としみつ）

名古屋大学大学院教育学研究科博士前期課程修了（教育学）。専門は，人間関係トレーニング（ラボラトリー方式の体験学習），社会心理学。南山大学名誉教授。日本人初となるNTL Institute のProfessional Member（2011年）。一般社団法人日本体験学習研究所代表理事・所長。著書として，『社会的スキルと対人関係』（共著 1996年 誠信書房），『Creative Human Relations 人間関係トレーニング全集』（共著 1996年 プレスタイム），『臨床社会心理学』（共著 2007年 東京大学出版会），『人間関係トレーニング第2版』（共編著 2005年 ナカニシヤ出版），『ファシリテーター・トレーニング 第2版』（共編著 2010年 ナカニシヤ出版），『プロセス・エデュケーション』（単著 2012年 金子書房），『実践 人間関係づくりファシリテーション』（編著 2013年 金子書房），『スクールカウンセリングと発達支援［改訂版］』（共編著 2018年 ナカニシヤ出版），『インターベンション・スキルズ――チームが動く，人が育つ，介入の理論と実践』（監訳 2018年 金子書房）。

改訂新版 プロセス・エデュケーション
学びを支援するファシリテーションの理論と実際

2019年7月26日　初版第1刷発行
2023年10月26日　初版第3刷発行
検印省略

著　者　津村俊充
発行者　金子紀子
発行所　株式会社 金子書房
〒112-0012　東京都文京区大塚3-3-7
TEL03-3941-0111(代)　FAX03-3941-0163
振替　00180-9-103376
URL　https://www.kanekoshobo.co.jp

印刷／藤原印刷株式会社
製本／有限会社井上製本所

ISBN978-4-7608-3274-3　C3037